_____ 님의 소중한 미래를 위해
이 책을 드립니다.

난생 처음
타이완

처음 타이완에 가는 사람이 가장 알고 싶은 것들

난생 처음
타이완

정해경 지음

메이트북스

메이트북스 우리는 책이 독자를 위한 것임을 잊지 않는다.
우리는 독자의 꿈을 사랑하고,
그 꿈이 실현될 수 있는 도구를 세상에 내놓는다.

난생 처음 타이완

초판 1쇄 발행 2018년 7월 16일   **초판 2쇄 발행** 2018년 11월 5일   **지은이** 정해경
펴낸곳 (주)원앤원콘텐츠그룹   **펴낸이** 강현규·정영훈
책임편집 안미성   **편집** 최미임·이가진·이수민·김슬미
디자인 최정아   **마케팅** 한성호·김윤성·김나연   **홍보** 이선미·정채훈
등록번호 제301-2006-001호   **등록일자** 2013년 5월 24일
주소 06132 서울시 강남구 논현로 507 성지하이츠빌 3차 1307호   **전화** (02)2234-7117
팩스 (02)2234-1086   **홈페이지** www.matebooks.co.kr   **이메일** khg0109@hanmail.net
값 15,000원   **ISBN** 979-11-6002-137-0 13980

메이트북스는 (주)원앤원콘텐츠그룹의 경제·경영·자기계발·실용 브랜드입니다.
잘못 만들어진 책은 구입하신 서점에서 교환해 드립니다.
이 책을 무단 복사·복제·전재하는 것은 저작권법에 저촉됩니다.

이 도서의 국립중앙도서관 출판시도서목록(CIP)은 e-CIP홈페이지(http://www.nl.go.kr/ecip)에서
이용하실 수 있습니다.(CIP제어번호 : CIP2018020320)

세계는 한 권의 책이다.
여행하지 않는 자는
그 책의 단 한 페이지만 읽을 뿐이다.

• 아우구스티누스(로마의 성인) •

지은이의 말

천의 얼굴을 가진
매력 만점 타이완

한국에서 2시간 30분이면 도착하는 타이완. 타이완 구석구석을 가지 않더라도 수도인 타이베이만으로도 제 몫을 다하는 이 매력적인 곳을 어떻게 이야기해야 할까? 천의 얼굴을 가진 타이완의 독특한 아름다움 때문에 타이완을 다녀온 사람들은 그 어떤 여행지보다 높은 만족감을 표시하고는 한다. 고대 역사에서부터 경이로운 자연경관과 최첨단 건물의 현대적 도시까지 다양한 볼거리와 먹거리가 넘치는 타이완은 대부분의 여행지를 지하철로 갈 수 있어서 해외여행이 처음이거나 중국어를 한마디도 못 해도 여행지로 선택하기에 후회 없을 만한 곳이다.

해외여행이 처음이든 아니든 상관없이 해외로 여행을 떠나게 되면, 어디를 구경하고 무엇을 먹어야 할지가 가장 큰 걱정거리가 된다. 몇 날 며칠 여행 가이드북이나 인터넷 검색을 통해 볼거리와 먹을거리를 찾고 이동 동선을 계획해야 한다는 것은 여행이 주는 설렘이기도 하지만, 한편으로는 큰 스트레스가 아닐 수 없다. 그렇다고 패키지여행은 하고 싶지 않으니 여행경험이 많은 나에게도 항상 고민되는 부분이었다. 이 책은 처음 타이완에 가는 사람들을 위해 수도인 타이베이 위주로 5박 6일간의 일정을 담고 있다.

정말 시간이 없다면 비행기 안에서 이 책을 펼쳐도 타이완을 여행하는 데 아무 문제가 없을 것이다. 이 책을 보고 따라간 여행이 제대로 된 여행이 될 수 있도록 최선을 다했다. 물론 타이완의 비밀스러운 매력을 찾아내는 것은 여러분의 몫이다. 이 책이 여러분이 만들고 싶은 자신만의 타이완 여행을 완성하는 데 좋은 길동무가 되리라 확신한다. 여행은 일상을 벗어난 환상이고, 삶은 환상을 벗어난 여행이다. 이제 당신 앞에 당신만의 타이완이 기다리고 있다.

　이 책을 쓰는 동안 참 많이 고단하고 힘들었지만, 내가 겪은 경험이 누군가에게 도움이 될 수 있을 것이라는 믿음으로 버텼다. 그 믿음 하나로 기꺼이 수많은 밤을 지새울 수 있었다. 이러한 기회를 준 원앤원콘텐츠그룹에 감사드린다. 또한 마음이 나태해질 때마다 조언을 아끼지 않는 임동숙 교수님, 언제나 아낌없는 격려와 용기를 북돋아주는 산티아고 동지 박보성 님, 늘 최고라고 응원해주는 하경아 작가님. 중국어 감수를 맡아준 이소영 님과 이정현 님, '대만 택시투어' 조유은 님, 그리고 존재만으로도 큰 위안이 되는 사랑하는 부모님과 가족들에게 감사하는 마음을 전한다. 그리고 무엇보다 타이완에서 만났던 이름조차 알지 못하는 친절한 시민 모두에게 감사하다.

　우리에겐 그리 많이 알려지지 않은 여행지였던 타이완은 〈꽃보다 할배〉 이후 타이완을 방문하는 관광객의 수가 기하급수적으로 늘었고 타이완은 어느새 가장 인기 있는 여행지가 되었다. 그것을 증명하듯 불과 1년 사이에 타이완은 새로운 지하철 노선이 개통되었고, 입장료와 교통비를 비롯해 대부분의 여행지들은 가격이 조금씩 상승했고 음식 가격 또한 상승했다. 가장 큰 변화는 타이완을 조금 더 깊고 폭넓게 여행하고자 하는 여행 트렌드의 변화가 아닐까 싶다. 이 책은 처음 타이완을 방문할 여행자들을 위한 책이지만 이번 개정판에는 변화된 여행 트렌드를 반영해 조금 더 깊고 다양한 타이베이를 느낄 수 있도록 구성했다.

정해경

contents

지은이의 말 :: 천의 얼굴을 가진 매력 만점 타이완 006

PART 1 꽃보다 타이완, 내 생애 첫 여행

01 타이완 기본 정보 016

02 타이완 여행 준비 019
여권 만들기 및 비자 만들기 | 항공권 구입하기 | 숙소 예약하기 | 환전하기 | 해외 인터넷 데이터 로밍 | 여행자 보험 | 면세점 이용하기 | 여행 짐 꾸리기 | 유용한 타이완 여행 정보 관련 사이트

03 꽃보다 타이완 떠나볼까? 026
출국 절차 | 입국 절차

04 꽃보다 타이완 교통 정보 034
타이베이 지하철 MRT 이용하기 | 타이완 철도 이용하기 | 타이완 버스 이용하기 | 타이완 택시 이용하기

아주 특별한 타이완 01 찍는 재미가 쏠쏠, 스탬프 투어 044

아주 특별한 타이완 02 타이베이 2층 관광버스 048

05 꽃보다 타이완 유용한 애플리케이션 050

PART 2 꽃보다 타이완, 5박 6일간의 여행기

1장 첫째 날, 올드 타이베이를 걷다

01 시간이 멈춘 곳, 보피랴오 리스제 058
보피랴오 리스제, 어떻게 가야 할까? | 보피랴오 리스제, 어떻게 돌아보지?

02 살며 사랑하며 기도하라, 룽산쓰 062
룽산쓰, 어떻게 가야 할까? | 룽산쓰, 어떻게 돌아보지?

03 타이완 사람처럼 먹는 첫 식사, 샤오웨이 찬차이 068
샤오웨이 찬차이, 어떻게 가야 할까? | 샤오웨이 찬차이, 어떻게 주문하지?

04 24시간 잠들지 않는 서점, 청핀수뎬 둔난뎬 072
청핀수뎬 둔난뎬, 어떻게 가야 할까? | 청핀수뎬, 둔난뎬 어떻게 돌아보지?

`아주 특별한 타이완` 100년을 이어온 타이완 시장 빙수집, 룽더우빙궈 076

2장 둘째 날, 올드 앤 뉴의 매력 가득한 타이베이

01 5천 년 역사의 보물을 품은 곳, 구궁보우위안 082
구궁보우위안, 어떻게 가야 할까? | 관람 후 스린역까지, 어떻게 가야 할까? | 구궁보우위안, 어떻게 돌아보지?

02 옛 양조장이 빚은 아날로그 감성, 화산 1914 원추앙위안취 090
화산 1914 원추앙위안취, 어떻게 가야 할까? | 화산 1914 원추앙위안취, 어떻게 돌아보지?

03 담배공장의 화려한 변신, 송산원추앙위안취 094
송산원추앙위안취, 어떻게 가야 할까? | 송산원추앙위안취, 어떻게 돌아보지?

04 타이베이 최고의 랜드마크, 타이베이 101관징타이 102
타이베이 101관징타이, 어떻게 가야 할까? | 타이베이 101관징타이, 어떻게 돌아보지?

`한걸음 더 01` 도심 위를 걷는 특별한 기분, 스카이 워크 108
`한걸음 더 02` 타이베이 101을 바라보는 또 하나의 세상, 쓰쓰난춘 110
`한걸음 더 03` 도시 변두리 철거촌의 재탄생, 바오창옌 국제예술촌 114

05 대만식 가정요리의 진수, 신예 116
신예, 어떻게 즐겨볼까?

`아주 특별한 타이완 01` 타이베이의 상징, 위안산다판뎬 118
`아주 특별한 타이완 02` 망고빙수 절대강자, 아이스몬스터 중샤오치지엔뎬 122

3장 셋째 날, 대자연의 경이와 신비를 만나는 하루

01 자연과 인간이 함께 만든 최고의 풍경, 타이루거 협곡 126
　　타이루거 협곡, 어떻게 가야 할까? | 타이루거 협곡, 어떻게 돌아보지?

02 입맛대로 골라먹는 푸드코트, 브리즈센터 150
　　브리즈센터, 어떻게 가야 할까? | 브리즈센터, 어떻게 주문하지?

아주 특별한 타이완 01　북두칠성을 원해? 치싱탄　154

아주 특별한 타이완 02　한 폭의 그림 같은 곳, 쑹위안베관　156

아주 특별한 타이완 03　출출할 때 최고의 간식, 청지마수　158

4장 넷째 날, 색다른 매력이 가득한 타이베이

01 타이완의 상징, 궈리중정지녠탕 162
　　궈리중정지녠탕, 어떻게 가야 할까? | 궈리중정지녠탕, 어떻게 돌아보지?

02 느리게 걷고 싶은 그곳, 융캉제 168
　　융캉제, 어떻게 가야 할까? | 융캉제, 어떻게 돌아보지?

03 세계 10대 레스토랑, 딘타이펑 본점 174
　　딘타이펑 본점, 어떻게 가야 할까? | 딘타이펑 본점, 어떻게 주문하지?

04 상하이 요리 전문점, 까오지 178
　　까오지, 어떻게 즐겨볼까?

05 100년 역사가 깃든 단짜이몐, 두샤오웨 융강점 180

한걸음 더 01　칭티엔제의 명소, 칭티엔치류　182

한걸음 더 02　고즈넉함이 있는 곳, 둔황슈량과 칭티엔차관　184

한걸음 더 03　소박한 종이 디자인가게, 핀모어랑항　186

06 뜨거운 온천물에 마음까지 힐링, 신베이터우 188
　신베이터우, 어떻게 가야 할까? | 신베이터우, 어떻게 돌아보지?

07 타이베이의 낭만이 흐르는 곳, 단수이 198
　단수이, 어떻게 가야 할까? | 단수이, 어떻게 돌아보지?

한걸음 더 04　단수이 라오제, 이건 꼭 먹어야 해!　208

08 타이베이 제1의 야시장, 스린 야시장 210
　스린 야시장, 어떻게 가야 할까? | 스린 야시장, 어떻게 돌아보지?

아주 특별한 타이완　타이베이 최초의 곤돌라 타고 떠나는 여행, 마오콩　216

5장 다섯째 날, 타이베이 근교 여행을 떠나다

01 1천만 년의 시간 여행, 예류 228
　　예류, 어떻게 돌아보지?

02 소원 실은 천등이 하늘을 난다, 스펀 234
　　스펀, 어떻게 돌아보지?

03 수이진주의 숨은 보석, 진과스 238
　　진과스, 어떻게 돌아보지?

04 골드러시의 비경을 간직하다, 수이난퉁 244
　　수이난퉁, 어떻게 돌아보지?

05 골목길을 누비며 나만의 보물찾기, 주펀 248
　　주펀, 어떻게 돌아보지?

06 타이완에서 맛보는 훠궈, 쥐 타이베이 헝양디엔점 254
　　쥐 타이베이 헝양디엔점, 어떻게 가야 할까? | 쥐 타이베이 헝양디엔점, 어떻게 주문하지?

| 아주 특별한 기차여행 01 | 광산 철길 따라 푸동푸동(두근두근) 기차여행 258
| 아주 특별한 기차여행 02 | 그 시절을 추억하고 싶다, 징퉁 262
| 아주 특별한 기차여행 03 | 아기자기한 시골 간이역, 핑시 268
| 아주 특별한 기차여행 04 | 탄광촌에 고양이가 사는 마을, 허우퉁 270
| 아주 특별한 타이완 | 일석이조의 여행수단, 타이완 택시투어 274

6장 마지막 날, 굿바이 타이베이!

01 다양한 매력이 넘치는 번화가, 시먼딩 280
　　시먼딩, 어떻게 돌아보지?

02 숟가락으로 먹어야 하는 면, 아쫑몐셴 286
　　아쫑몐셴, 어떻게 가야 할까? | 아쫑몐셴, 어떻게 주문하지?

03 뷔페식으로 즐기는 타이완 훠궈, 티엔와이티엔 290
04 알고 보면 정말 쉽다, 타이베이처잔역 292
　타이베이처잔역, 어떻게 가야 할까? | 타이베이처잔역, 어떻게 돌아보지?
아주 특별한 타이완 01 철도 기념품 가게, 타이베이제윈 296
아주 특별한 타이완 02 타이완 원주민이 생산한 기념품, 타이완하오, 띠엔 298

PART 3 꽃보다 타이완, 타이베이 카페 스토리

01 스타벅스 콘셉트 스토어, 스타벅스 맹갑점 302
02 유기농 차와 따듯한 음악, 촨먼즈차관 304
03 복합 문화공간, 타이베이즈지아 306
04 주걸륜이 운영하는 카페, MR. J 이파추팡 308
05 타이베이 원조의 쩐주나이차가 있는 곳, 춘수이당 송옌뎬 310
06 와플이 맛있는 브런치카페, 멜란지카페 1호점 312
07 100년 넘은 목조주택, 얼티아오퉁 뤼다오샤오예취 314
08 타이완 최초 양약방이 찻집으로, ASW 티하우스 316
09 100% 타이완 커피, 산커피 318

PART 4 꽃보다 타이완, 그것이 알고 싶다

01 타이완 영화 속 그곳 322
　주펀을 스타로 만든 영화 | 그때 그 시절, 완화의 생생한 풍경 | 음표 따라 떠난 단수이 여행 | 달라도 너무 다른 느낌, 핑시셴
02 매력 만점 타이완 편의점 326
　편의점의 다양한 상품
03 어디서 사면 좋을까? 펑리수 328

『난생 처음 타이완』 저자 심층 인터뷰 332

특별 부록 타이완 상세 지도

I ♥ Taiwan

PART 1 꽃보다 타이완,
내 생애 첫 여행

타이완
기본 정보

우리나라에서 약 2시간 30분이면 도착하는 타이완은 타이완해협과 중국 본토 사이 아시아 대륙의 남동부에 위치한다. 타이완은 면적이 3만 6천 km²로 고구마 혹은 담뱃잎 모양으로 위에서 아래로 길게 뻗어 있다.

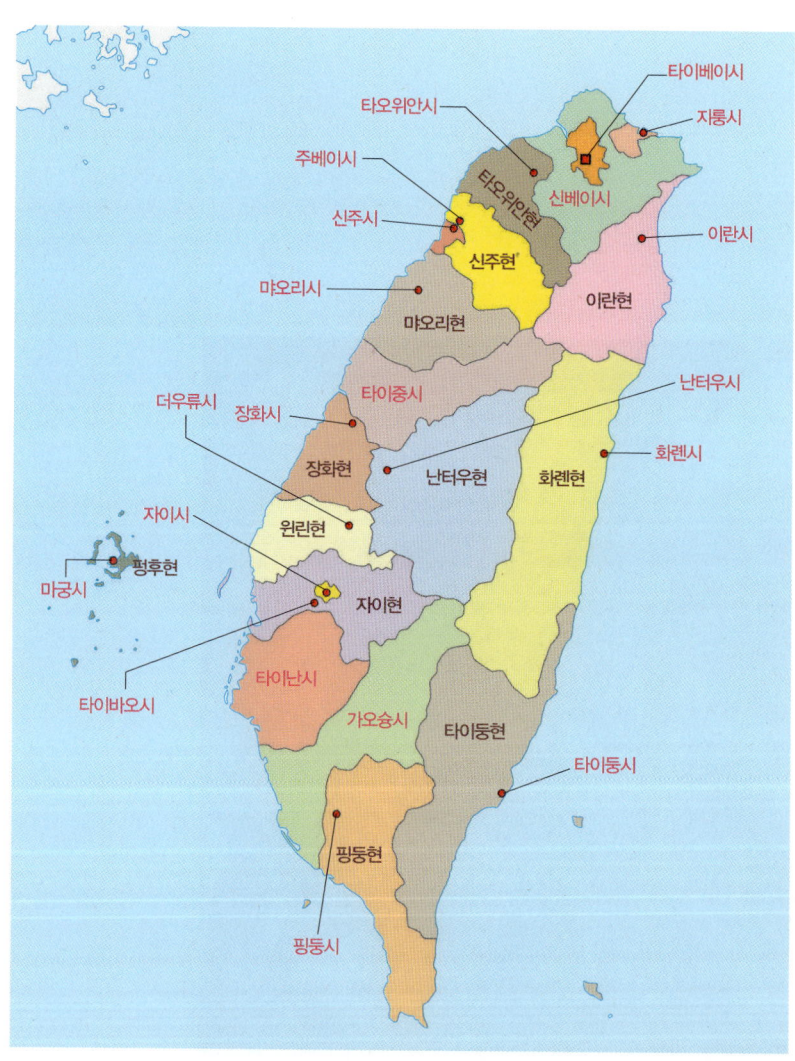

▶ 공식 명칭: 중화민국(中華民國, Repulic of China)

▶ 수도: 타이베이(臺北, Taipei)

▶ 언어: 공식 언어는 중국어인 만다린(중국 보통화)이지만 그 외 타이완어를 비롯해 원주민 방언까지 다양한 언어가 사용된다.

▶ 기후: 아열대 기후에 속하는 타이완은 사면이 바다로 둘러싸인 섬나라로 습도가 높은 편이다. 타이완의 연평균 기온은 약 22℃이지만 봄(3월~5월)에는 비가 자주 내리는 편이어서 조금 쌀쌀하게 느껴질 수도 있다. 여름(6월~9월 초)에는 장마와 태풍이 잦으므로 일기예보를 자주 확인해야 한다. 한여름 낮 최고기온이 보통 35℃까지 치솟기 때문에 높은 습도와 찌는 듯한 더위에 대비해 자외선 차단제는 필수다. 하지만 실내는 냉방 시설이 잘되어 있기 때문에 얇은 겉옷을 챙기는 것이 좋다. 가을(9월 중순~11월)에는 한국의 가을 날씨와 마찬가지로 쾌청하고 맑은 하늘을 볼 수 있으며 기온이 한국보다 높아 여행하기에는 최적의 시기로 꼽힌다. 그러나 10월 중순까지는 간혹 태풍이 올 수 있다. 겨울(12월~2월)의 기후는 온화한 편이지만 난방 시설이 없기 때문에 다소 춥게 느껴질 수 있고 한국의 겨울과 마찬가지로 해가 일찍 지는 점을 고려해야 한다. (타이완 기상청 날씨 정보: www.cwb.gov.tw)

▶ 시차: 한국보다 1시간 느리다. 서머타임은 없다.

▶ 통화: 뉴타이완 달러(NT$) 또는 위안(元)으로 표시한다. 지폐는 NT$1,000, NT$500, NT$200, NT$100가 있고, 주화는 NT$50, NT$10, NT$5, NT$1가 있다.

Tip. 타이완은 비가 자주 오는 편이어서 아침에 날씨가 맑았더라도 오후에 비가 내리는 일이 잦기 때문에 우산은 필수다. 타이완을 방문하기에는 가을이 가장 좋으며, 중국민족의 음력 설 연휴인 '춘제(春節)'에는 상점이 대부분 휴업하며 여행 비용이 증가하고 교통 체증이 심하므로 방문을 피하는 것이 좋다. 10월 중순경이 지나면 일몰 시간이 한국과 비슷해 오후 5시가 지나면 어둑어둑해지므로 여행계획을 세울 때 고려하자. 또한 여행지 대부분이 월요일에 문을 닫는 곳이 많으므로 여행 일정을 계획할 때 주의해야 한다.

▶ 전압: 보통 110V/60Hz를 사용한다. 5성급 호텔에서는 220V 사용이 가능할 수도 있다. 간혹 3성급 이상의 호텔에서는 자체 콘센트에 어댑터 시설이 있는 곳도 있지만 어댑터 시설이 없는 곳이 대부분이므로 220V를 110V로 바꿔주는 어댑터(일명 돼지코)를 준비해야 한다.

▶ 물: 호텔에서 제공되는 미네랄워터나 편의점에서 생수를 구입해 먹는 것이 좋으며 가급적이면 수돗물은 마시지 않는 것이 좋다.

▶ 우편: 타이완에서 기념 엽서를 보낼 경우 무게에 상관없이 엽서 1장당 NT$10이 들며 일주일 정도 소요된다. 그 외 편지나 소포 등은 무게에 따라 요금이 책정된다. 우체통 중 녹색은 국내용, 빨간색은 해외용이다.

▶ 타이완 현지 긴급 연락처

범죄 사고신고: 110
화재신고: 119
경찰서비스: 02-2381-7475
타이베이 시정부 경찰국 외사과 서비스센터: 02-2331-3561
외국인 타이완 생활정보센터: 886-800-024-111
대한민국 영사 콜센터: 00-800-2100-0404
주타이베이 한국대표부: 02-2758-8320~5(사건·사고시 내선 23 또는 29)

Tip. 대부분의 여행자들이 스마트폰, 카메라 등 여러 개의 전자제품을 한꺼번에 충전하는 경우가 많기 때문에 멀티탭을 준비해 가는 것이 편리하다.

타이완
여행 준비

1. 여권 만들기 및 비자 만들기

여권이란 국민이 해외여행을 함에 있어서 정부가 대외적으로 여행자의 신분을 증명하는 것으로 외국여행에는 여권이 필요하다. 여권발급신청서, 여권용 사진 1매 (6개월 이내에 촬영한 사진. 단 전자여권이 아닌 경우 2매), 신분증을 지참하고 발급기관을 직접 방문해 신청해야 한다. 여권을 찾을 때 직접 방문 수령이 아닌 우편 수령이 가능한 곳도 있으니 여권 발급시 해당기관에 문의할 것.

▶ **여권 접수처**: 각 시도 자치별 광역시청·도청·시청·군청 등 전국 236개 여권과에서 발급 가능하다. 주민등록지와 상관없이 전국 어디에서나 접수가 가능하다. ▶ **외교부 여권 안내 홈페이지**: www.passport.go.kr/index.php ▶ **여권 발급 수수료**(전자여권 발급 기준): 단수여권(1년 이내) 2만 원, 복수여권(5년 초과 10년 이내) 5만 3천 원 ▶ **비자**: 관광 목적으로 90일 이내로 체재할 경우 비자가 필요 없다. 단, 여권유효기간이 반드시 6개월 이상 남아 있어야 한다.

> **Tip.** 외국에서 여권을 분실했을 경우: 가까운 경찰서에서 분실증명확인서(Police Report)를 받은 후 현지 한국대사관이나 영사관에서 귀국용 여행증명서를 발급받아야 한다. 필요한 서류는 분실증명확인서, 여권발급신청서, 여권용 사진 2매, 여권분실확인서, 본인임을 증명할 신분증(여권 복사본으로도 가능)이 필요하다. 이때 본인을 증명할 서류가 없다면 여행증명서 발급을 위한 시간이 좀더 오래 걸린다. 따라서 해외여행을 할 때는 여권용 사진 2매와 여권 복사본은 항상 준비하는 것이 좋고, 만약을 대비해 여권과 따로 보관하는 것이 좋다.

2. 항공권 구입하기

여행을 계획했다면 가장 먼저 해야 할 일이 바로 항공권 구입이다. 여행 날짜까지 여유가 많을수록 더 저렴한 항공권을 확보할 수 있고 항공사에 따라 다양한 프로모션이 진행되기도 하며 조기 발권(얼리버드 항공권)의 경우 할인 혜택을 제공하기도 한다. 특히 저가항공사의 경우 파격적인 가격으로 항공권을 확보할 수도 있으므로 여행을 계획했다면 최대한 빨리 예약을 하는 것이 좋다. 또한 성수기(6~8월)에 비해 비수기(2·11월)가 저렴하며 평일 출발이 주말출발보다 저렴하다.
동일한 항공권이라고 하더라도 항공사를 통해 항공권을 구입하는 것보다 인터넷 예약 사이트나 여행사를 통해서 항공권을 구매하는 편이 더 저렴하다. 다양한 조건이 붙기 때문이다. 그러므로 항공권 비교 사이트를 통해 최소 3군데 정도 가격을 비교해보는 것이 좋다.

항공권을 구매할 때는 이용에 제한이 없는지 꼼꼼히 확인해야 한다. 특히 할인 항공권의 경우 요금이 저렴한 대신 유효기간이 짧다거나 예약사항을 변경할 수 없다거나 혹은 예약사항 변경에 따른 수수료가 부가된다거나 경우에 따라서는 환불이 불가능하기도 하는 등 여러 가지 제약이 있다. 심한 경우에는 제반사항 변경이 되지 않아 입국이 거절되는 사례도 있다. 따라서 항공권을 구입하는 경우 각종 제약조건에 대해서 더 면밀하게 따져본 다음 구매를 결정하는 것이 좋다.

타이베이 지역으로 여행할 때는 타오위완국제공항과 송산국제공항 2곳을 이용할 수 있으며 소요시간은 대략 2시간 30분 정도다. 인천국제공항에서 출발하는 경우 타오위완국제공항을 이용하게 되며 대한항공, 아시아나항공, 캐세이퍼시픽항공, 에바항공, 중화항공, 타이항공 등 비교적 많은 노선이 운행되고 있다. 김포국제공항에서 출발하는 경우에는 송산국제공항을 이용하게 되며 비행편수는 많지 않지만 타이베이 시내에 공항이 위치하고 있어 지하철로 도심까지 약 20분 정도면 편리하게 이동할 수 있는 장점이 있다. 지방에서 출발하는 경우 타오위완국제공항을 이용하게 된다.

▶ 실시간 항공권 가격 비교 인터넷 예약 사이트
  인터파크: air.interpark.com
  와이페이모어: www.whypaymore.co.kr
  온라인투어: www.onlinetour.co.kr
  땡처리닷컴: www.072.com

3. 숙소 예약하기

타이완의 숙소는 최고급부터 비즈니스호텔, 호스텔, 배낭족을 위한 게스트하우스, 한인민박까지 다양하다. 보통 호텔이 1인실, 2인실 등 사람 수에 따라 요금을 책정하는 것과 달리 타이완의 경우 싱글룸과 트윈룸의 요금 차이가 없고 방 1개 단위로 가격이 계산된다.

항공권과 호텔을 따로따로 예약하는 것보다 항공권과 호텔을 동시에 해결할 수 있는 여행사의 '에어텔' 상품을 이용하면 여행자 보험, 면세점 할인 쿠폰, 환전 수수료 우대 쿠폰, 기본 여행안내자료 등이 제공되기 때문에 훨씬 더 알뜰하게 여행할 수 있다. 숙소를 예약하는 방법으로는 호텔 예약 사이트를 이용하거나 호텔 홈페이지를 통해 직접 예약하는 방법이 있다. 호스텔이나 게스트하우스의 경우 관리자에게 예약 요청 메일을 보내 예약하는 경우도 있다. 자신의 예산에 맞추어 호텔을 선택하면 된다. 호텔 예약 사이트를 이용할 경우 호텔 예약 사이트에 제시된 호텔의 사진을 100% 신뢰하면 안 된다. 사진으로는 호텔 구석구석을 살필 수 없는 데다가 실제와 사진이 다른 경우도 종종 있기 때문에 할인율의 폭이 크다거나 가격이 너무 저렴할 경우 의심해볼 필요가 있으며 호텔 이용 후기 등을 꼼꼼히 확인하는 것이 좋다. 최근에는 현지인의 집을 공유하는 에어비앤비(Airbnb)도 인기가 높다. 이 역시 이용자들의 후기 등을 꼼꼼히 체크하자.

▶ 호텔 예약 사이트를 이용하면 좀더 저렴하며 자신에게 맞는 호텔을 한눈에 볼 수 있다.
▶ 실시간 호텔 가격 비교 인터넷 예약 사이트
   아고다: www.agoda.com/ko-kr
   익스피디아: www.expedia.co.kr
   호텔패스닷컴: www.hotelpass.com
   호텔스컴바인: www.hotelscombined.co.kr

Tip. 타이베이의 여행지 대부분이 지하철인 MRT로 이동이 가능하며 많은 볼거리들이 지하철 단 수이 신이센과 반난센을 중심으로 위치하고 있다. 따라서 지하철 단수이센과 반난센이 교차하는 타이베이처잔역에서 가까운 곳에 숙소를 정하면 관광지까지 이동이 편리하다.

4. 환전하기

〈타오위완국제공항 환전소〉　〈타오위완국제공항 환전소〉　〈송산국제공항 환전소〉

우리나라 시중 은행의 큰 지점 외에는 뉴타이완 달러를 보유하고 있는 은행이 많지 않아 환전이 다소 불편하다. 가까운 은행에서 한국 원화를 미국 달러로 환전하고 타이완에서 다시 뉴타이완 달러로 환전할 수도 있지만, 환전 수수료를 이중으로 부담해야 하기 때문에 큰 금액이 아니라면 큰 차이가 없다. 공항에서 환전하면 편리하지만 환율이 높은 편이다. 따라서 사이버 환전 서비스를 이용하면 환율 면에서 유리하다. 신한은행과 외환은행 사이버 환전 서비스는 주거래 은행 고객이 아니어도 상시 환율우대가 가능하며 거래 고객이라면 추가 환율우대가 가능하다. 이용방법은 각 은행 홈페이지를 통해 사이버 환전 서비스를 신청한 뒤 공항에 있는 해당 은행 지점이나 자신이 방문하기 편한 은행 지점에서 수령하면 된다. 하지만 한국에서 환전을 못했다고 해도 걱정할 필요없다. 타오위완국제공항과 송산국제공항에서 원화를 뉴타이완 달러로 환전 가능하고, 뉴타이완 달러를 원화로도 환전 가능하다. 타이완 내에서는 한국 원화를 환전할 수 있는 곳이 흔치 않은 편이고 국제현금카드 이용은 다소 불편한 편이다. 더러 신용카드를 받지 않는 곳도 있어 미리 넉넉하게 환전을 해 가는 것이 편리하다. 한국 원화 환전은 타이베이 시내에 위치한 메가뱅크에서도 가능하다.

Tip. 서울역에 위치한 우리은행 환전센터의 경우 주거래 은행이 아니거나 환율우대쿠폰이 없어도 뉴타이완 달러의 경우 약 30~40% 환율우대가 된다. 365일 연중무휴로 영업(영업시간 06:00~22:00)하며 환전 가능 금액은 개인당 500만 원까지이며 수표는 받지 않고 현금카드(우리은행 및 그 외 은행도 포함)와 현금만 취급한다. 간혹 뉴타이완 달러가 소진되고 없는 경우도 있을 수 있으니 미리 확인하는 것이 좋다. 환율 면에서는 사설 환전소(환전상)이나 은행 스마트폰 앱, 은행 사이버 환전 서비스가 더 유리하다. 다만 은행 환전(스마트폰 앱, 사이버 환전 서비스)의 경우 하루에 환전할 수 있는 환전금액제한이 있고 은행에 따라 신청일 당일 수령불가 등의 제약이 있으니 참고하자.

5. 해외 인터넷 데이터 로밍

대부분의 숙소에서는 유무선 인터넷 사용이 가능하다. 하지만 우리나라처럼 어느 곳에서나 무료 와이파이를 쉽게 이용할 수 있는 편은 아니다. 아예 무료 와이파이를 제공하지 않는 가게도 있고, 카페나 패스트푸드점에서는 전용 와이파이 비밀번호를 입력해야 한다. 따라서 여행중에 인터넷이나 SNS를 이용해야 한다면 가입한 이동통신사에 데이터 로밍 서비스를 신청하거나 타이완 유심을 구입해야 한다. 국내 통신사 로밍의 경우 각 이동통신사별로 통상 하루에 1만원(부가세 별도)으로 무제한 데이터를 이용할 수 있다. 또한 특정 지역이나 기간별 데이터 정액 패키지 해외 로밍 상품도 있는데 하루 단위 상품보다 요금이 저렴하다. 타이완에서 유심을 구입시는 일정 금액을 미리 지불하는 선불요금제 형식으로 구매하는 방식이다. 사용 방법은 구입한 유심카드를 자신의 스마트폰의 유심카드와 교체한 후 전원을 껐다가 켜면 된다. 그러나 새로운 휴대전화 번호가 부여되기 때문에 타이완에서 구입한 유심카드를 사용하는 기간 동안은 한국의 휴대전화 번호는 사용할 수 없다. 하지만 인터넷을 기반으로 하고 있는 SNS 계정 등은 그대로 이용이 가능하다. 간혹 스마트폰 모델에 따라서는 국가별 잠금(컨트리 록, country rock)이 걸려 있어 유심카드 이용이 안 될 수도 있으니 출국 전에 미리 자신이 가입한 통신사를 통해 해외 유심카드 사용 가능 여부를 문의해보는 것도 한 방법이다. 자신의 여행일정과 스마트폰 사용 빈도를 고려해 국내 통신사 로밍이나 타이완 유심 구입을 결정하면 된다.

▶ 유심카드 구입시 필요한 서류: 여권

유심카드 가격: 2017년 5월 중화텔레콤(中華電信) 기준 A타입 3일 NT$300, B타입 5일 NT$300, D타입 7일 NT$500, E타입 10일 NT$500, F타입 15일 NT$700 등이 있다. 금액이 같은 경우 유심카드 가격 안에 포함된 무료 통화금액이 다르다.

유심카드 구입 장소: 타이베이 시내의 통신사 매장에서 구입해도 되지만 가급적이면 공항에서 구입하는 것이 편리하다. 타오위안국제공항은 타이완모바일(臺灣大哥大)·중화텔레콤(中華電信)·파이스톤텔레콤(遠傳), 3개의 이동통신사가 있고, 송산국제공항은 중화텔레콤에서 구입이 가능하다. 다만 현금만 가능하다.

〈타오위완국제공항 전화통신 서비스〉　〈송산국제공항 전화통신 서비스〉

> Tip. 국내에서 데이터 로밍 서비스를 신청하지 않아도 대부분의 스마트폰이 해외에서 자동으로 로밍되어 인터넷을 이용할 수 있다. 그러나 이 경우, 인터넷을 사용하면 국내 요금이 적용되는 것이 아니라 해외 요금이 적용되어 엄청난 무선 데이터 요금이 청구되는 일이 발생할 수 있다. 따라서 이를 방지하기 위해 본인이 가입한 이동통신사에 미리 해외 데이터 로밍 차단 서비스(무료)를 신청하거나 직접 스마트폰에서 '데이터 로밍 비활성화'로 설정하면 무선 데이터를 차단할 수 있다.

6. 여행자 보험

여행을 떠나기 전 여행자 보험은 되도록 가입하는 것이 좋다. 특히 여행 기간이 짧다면 더욱 간과하기 쉬운 것이 바로 여행자 보험이다. 그러나 만에 하나 현지에서 사고나 질병으로 병원을 이용하게 되면 외국인이라 엄청난 병원비를 물어야 하는 경우도 발생하고 도난을 당했을 경우에도 여행자 보험은 도움이 된다. 따라서 여행자 보험은 선택사항이 아니라 필수라고 해도 과언이 아니다. 여러 회사의 보험 상품을 비교해보고 미리 가입해도 되고 시간이 없다면 공항에서 가입해도 된다.

> Tip. 환전이나 여행상품 이용시 무료로 가입해주는 여행자 보험의 경우 보험금 지급에 단서조항이 있거나 사망보험금 외에 다른 보장내역이 빠져 있기도 하므로 보장내역을 꼼꼼히 살피자.

7. 면세점 이용하기

〈공항의 면세점 인도장〉

탑승 수속과 세관 신고 후 보안 검색을 마치면 면세점에서 쇼핑을 할 수 있다. 항공권을 발급받았다면(비행기 편명과 출발 시간, 여권번호 필요) 인터넷 면세점을 이용하거나 서울 도심의 면세점을 이용할 수 있다. 이곳에서 구입한 물품은 공항의 '면세품 인도장'에서 수령하면 된다. 면세물품 구매 한도액은 출국할 때는 3,000달러 이내, 입국할 때는 600달러 이내이다. 만약 600달러를 초과할 경우 세관 신고 후 세금을 납부해야 한다.

8. 여행 짐 꾸리기

필수 품목으로는 여권(분실에 대비해 여권 복사본과 여권용 사진 2매), 항공권(이메일로 받은 E-ticket 출력물), 호텔 숙박증(예약 확인증), 카메라(여분의 배터리, 메모리 카드), 어댑터(돼지코), 필기구와 수첩, 우산, 수영복(온천 이용시), 손목시계, 크로스 가방(여권, 여행 경비 등 귀중품은 따로 보관하는 것이 유용) 등이 있다. 그 외 개인 물품은 일정을 고려해서 준비하면 된다. 옷차림의 경우 봄가을의 기온은 우리나라보다 높지만 비가 자주 내리기 때문에 긴팔 옷을 준비해야 하고, 여름의 경우 냉방 시설이 잘 되어 있어 얇은 카디건 정도는 준비하는 것이 좋다. 특히 겨울의 경우 난방 시설이 없어 습한 날씨에는 꽤 쌀쌀하기 때문에 아열대기후라고 만만하게 여겨서는 안 된다.

9. 유용한 타이완 여행 정보 관련 사이트

타이완 여행을 계획중이라면 타이완에 관한 꼭 필요한 정보를 모아놓은 사이트를 방문해보는 것이 여행 계획을 세우는 데 도움이 된다. 웹사이트를 통해 타이완을 접하고 나면 처음 만나는 타이완이지만 훨씬 더 친근하고 가깝게 느끼게 된다. 타이완 관광청의 경우 어느 여행사 홈페이지 못지않게 알차고 유용한 정보가 가득해 타이완 여행에 대한 기대감을 높일 수 있다. 또한 타이완 여행에 필요한 가이드북과 지도를 비롯해 기념품 교환권이나 각종 할인쿠폰도 준비되어 있다. 매달 타이완 관광청(서울, 부산)에서 여행자의 편의를 돕기 위해 여행설명회도 열리고 있다. 다른 곳보다 타이완 관광청을 잘 활용하는 것도 여행의 지혜가 될 듯하다.

- ▶ 타이완 관광청: www.putongtaiwan.or.kr
- ▶ 타이완 철도국: www.railway.gov.tw
- ▶ 타이베이 지하철공사: www.metro.taipei
- ▶ 타이완 유스트래블: youthtravel.tw
- ▶ 타이완 하오싱(셔틀버스): www.taiwantrip.com.tw
- ▶ 타이완 투어버스: www.taiwantourbus.com.tw
- ▶ 다음 카페 대만 택시투어: cafe.daum.net/taiwantaxi
- ▶ 다음 카페 대만 손들어: cafe.daum.net/taiwan
- ▶ 네이버 카페 즐거운 대만 여행: cafe.naver.com/taiwantour
- ▶ 교통부 관광국 여행안내: www.taiwan.net.tw (한국어 제공)
- ▶ 타이베이 여행안내 홈페이지: http://www.taipeitravel.net/kr (한국어 제공)
- ▶ 타이베이 여행정보(타이베이 지하철 제공): https://www.travel.taipei/ (한국어 제공)

꽃보다 타이완
떠나볼까?

1. 출국 절차 (인천국제공항 출발)

출국하기

〈인천국제공항〉

대중교통을 이용해 인천국제공항(T1, T2)으로 갈 경우 공항철도와 공항 리무진 버스를 이용하면 된다. 공항철도의 경우 지하철 및 KTX 열차와 연결되어 있어 편리하다. 서울역에서 출발하는 공항철도 직통열차를 이용할 경우 약 50분이면 인천국제공항에 도착한다. 현재 인천국제공항은 2개의 여객터미널이 있다. 제1여객터미널의 경우 아시아나항공, 티웨이, 제주에어, 이스타항공, 진에어, 에어 서울 및 기타 외국항공사가 제2여객터미널의 경우 대한항공, 델타항공, 네덜란드항공(KLM)이 이용한다. 터미널을 착오하지 않도록 주의하자. 여객 터미널을 착오한 경우라면 공항철도를 이용하거나 인천공항터미널 무료순환버스를 이용하면 된다. 제1여객 터미널은 3층 8번 출입구 앞, 제2여객 터미널은 3층 5번 출입구 앞에 무료순환버스 정류소가 있다.

▶ 코레일 공항철도 홈페이지: www.arex.or.kr/jsp/main.jsp

공항 리무진 버스의 경우 서울시를 비롯해 수도권과 지방 등에 총 18개의 리무진 버스 노선이 운행되고 있다. 인천국제공항까지 바로 갈 수 있어 편리하다. 공항 리무진 버스를 이용하기 전에 공항 리무진 버스 홈페이지에 들어가 운행시간표를 꼼꼼히 확인해야 탑승에 차질이 생기지 않는다.

▶ 공항 리무진 버스 홈페이지: www.airportlimousine.co.kr

> Tip. 출국 수속을 비롯해 보안 검색 등으로 국제선 비행기에 탑승하기까지 시간이 꽤 걸리기 때문에 출발시간 2시간 전에는 공항에 도착하자. 여행성수기에는 대기시간이 더 오래 걸릴 수 있으니 주의해야 한다.

출국 절차

공항에 도착하면 탑승 수속(수하물 보내기), 병역·세관 신고, 보안 검색, 출국 심사를 거쳐 비행기에 탑승하게 된다.

▶ **탑승 수속**: 인천국제공항(T1, T2) 3층 출국장에서 탑승할 항공사의 체크인카운터(A~M)에서 탑승 수속을 받으면 된다. 해당 항공사 창구에 여권과 전자탑승권을 제시하고 비행기 좌석을 선택한 후 위탁 수하물(여행가방 등)을 부치고 출국장으로 들어가면 된다. 이때 기내 반입금지 물품(100ml가 넘는 액체류, 젤류, 스프레이류 등)은 반드시 위탁 수하물로 부쳐야 한다. 화장품 등 액체류, 분무(스프레이), 젤류(젤 또는 크림)로 된 물품은 100ml 이하의 개별 용기에 담아 1인당 1L 투명 비닐 지퍼백 1개에 한해 반입이 가능하다.

〈자동 체크인 키오스크〉

Tip. 출국시 자동 체크인이 가능한 항공사라면 자동 체크인 키오스크를 이용하면 빠르게 탑승 수속을 할 수 있다. 국토교통부에서는 국토교통부에서는 기내반입이 가능한 물품을 미리 확인할 수 있도록 '기내 반입금지 물품검색 서비스(https://avsec.kotsa.or.kr/avsc/main.do)'를 제공하고 있다. 여행 짐을 싸다가 애매한 물품이 있다면 인터넷 사이트를 통해 미리 확인하도록 하자. 국토교통부 홈페이지(www.molit.go.kr)에서 자세한 사항을 확인할 수 있다.

〈보안 검색〉

〈출국 심사〉

▶ **병역·세관 신고**: 병역 의무자일 경우 병무청에 국외여행 허가를 받고 출국 당일 법무부 출입국에서 출국 심사시 국외 여행허가증명서를 제출해야 한다. 또한 1만 달러를 초과하는 외화 소지자나 고가의 귀중품은 출국하기 전에 휴대물품반출신고(확인)서를 작성해야 입국시 면세가 가능하다. 세관에 신고할 사항이 없으면 보안 검색대로 이동하면 된다.

▶ **보안 검색**: 기내에 반입 물품을 점검받기 위해 휴대물품을 엑스레이 벨트 위로 통과시킨다.

▶ **출국 심사**: 심사대에 여권과 탑승권을 제시하고 여권에 출국 확인을 받은 후 심사대를 통과하면 출국 절차는 끝이 난다.

〈셔틀트레인 타러 가는 길〉

▶ 비행기 탑승(T1 기준): 출국 심사 후에 탑승게이트 1~50번을 이용하는 경우 여객터미널에서 바로 항공기에 탑승하고, 탑승게이트 101~132번을 이용하는 경우 셔틀트레인을 타고 탑승동으로 이동해야 한다. 여객터미널 27번과 28번 게이트 사이에 있는 에스컬레이터를 타고 내려가면 셔틀트레인을 타고 탑승동으로 이동할 수 있다. 이동거리는 짧지만 이용객이 많은 경우 다소 지체될 수 있으니 여유 시간을 넉넉하게 잡는 것이 좋다.

Tip. 대한민국 자동출입국심사시스템(Smart Entry Serice)은 사전에 여권정보와 바이오정보(지문, 안면)을 등록한 후 심사관의 대면심사를 대신해 자동출입국심사대(Smart Entry service)를 통해 약 12초 이내에 출입국 심사를 마칠 수 있는 편리한 제도다. 주민등록증을 발급받은 만 19세 이상 국민은 사전 등록 없이 바로 이용할 수 있다. 단 만 7~18세 미만, 개명, 생년월일 변경 등 인적사항 정보가 변경된 국민, 주민등록증 발급 30년이 경과된 국민의 경우 자동출입국심사 사전 등록 후에 이용이 가능하다. 자동출입국심사와 관련된 자세한 내용은 자동출입국심사서비스 홈페이지(http://www.ses.go.kr)를 참조할 것.

2. 입국 절차 (타오위완국제공항 제2청사 도착 기준)

입국하기

타이베이에 공항은 시 외곽에 위치한 타오위완국제공항과 시내에 위치하고 있는 송산국제공항, 이렇게 2군데가 있다. 김포국제공항에서 출발하는 경우에는 송산국제공항을 이용하게 되고, 그 외 인천국제공항을 비롯해 지방 공항에서 출발하는 경우에는 타오위완국제공항을 이용하게 된다. 타오위완국제공항의 경우 제1터미널(Terminal 1), 제2터미널(Terminal 2) 2개의 터미널이 운영되고 있는데 항공편에 따라 이용하는 터미널이 달라진다. 참고로 대한항공은 제1터미널을, 아시아나항공은 제2터미널을 이용한다. 각 터미널 간은 거리가 제법 있어 다른 터미널로 이동하게 될 경우 자칫 곤란한 상황이 발생할 수 있으니 자신이 이용한 터미널을 알아두는 것이 좋다. 또한 타이베이 시내에서 타오위완국제공항으로 가는 공항버스를 이용할 경우 수화물을 실을 때 터미널별로 구별해 넣기 때문에 자신이 이용한 터미널을 기억하는 것이 좋다. 혹 기억을 못할 경우 타이베이처잔역 공항터미널 벽면에 항공사별 이용 터미널이 표시되어 있으니 참고하자. 송산국제공항의 경우 1개의 터미널이 이용되고 있으며 시내로 이동할 경우 지하철로 편리하게 이동할 수 있다.

입국 절차

타이완에 입국할 때는 기내에서 입국 신고서를 작성한 뒤 공항에서 입국 심사를 받고, 수하물을 찾은 다음 세관 검사를 받으면 된다.

▶ 기내에서 입국 신고서 작성하기

```
9 8 8 0 2 8 5 3 6 7
```

入國登記表
ARRIVAL CARD

姓 **Family Name**
① Hong

護照號碼 **Passport No.**
② YJ0817

名 **Given Name**
③ Kil Dong

④ 出生日期 **Date of Birth**
1979 年 Year 02 月 Month 31 日 Day

國籍 **Nationality**
⑤ KOREA

⑥ 性別 **Sex**
[V] 男 Male   [ ] 女 Female

航班.船名 **Flight / Vessel No.**
⑦ KE017

職業 **Occupation**
⑧ Student

簽證種類 **Visa Type**
[ ] 外交 Diplomatic [ ] 禮遇 Courtesy [ ] 居留 Resident [ ] 停留 Visitor
[ ] 免簽證 Visa-Exempt [ ] 落地 Landing [ ] 其他 Others

入出境證/簽證號碼 **Entry Permit / Visa No.**

居住地 **Home Address**
⑨ Seoul, KOREA

來臺住址 **Residential Address in Taiwan**
⑩ The Grand Hotel

⑪ 旅行目的 **Purpose of Visit**
[ ] 1.商務 Business   [ ] 5.求學 Study
[V] 2.觀光 Sightseeing [ ] 6.展覽 Exhibition
[ ] 3.探親 Visit Relative [ ] 7.醫療 Medical Care
[ ] 4.會議 Conference   [ ] 8.其他 Others

公務用欄 Official Use Only

旅客簽名 **Signature**
⑫ 홍길동

WELCOME TO ROC (TAIWAN)
歡迎光臨台灣

① 성 | ② 여권번호 | ③ 이름 | ④ 생년월일 | ⑤ 국적 | ⑥ 성별 | ⑦ 비행기 편명 | ⑧ 직업 | ⑨ 한국내 주소 | ⑩ 현지 체류 호텔 | ⑪ 방문 목적 | ⑫ 서명

〈입국 심사대〉

▶ 입국 심사: 비행기에서 내려서 입국(入境, Arrival) 안내 표지판을 따라 걷다가 입국 심사(Immigration) 표지판을 따라가면 면세점을 지나 입국 심사대가 나온다. 내국인과 외국인으로 구분되므로 외국인 쪽에 줄을 선다. 미리 작성한 입국 신고서와 함께 여권을 제시하고 입국 확인을 받은 뒤 수하물을 찾으면 된다.

〈수하물 찾으러 가는 길〉

▶ 수하물 찾기: 입국 심사가 끝나면 수하물을 찾아야 한다. 전광판에서 자신이 타고 온 비행기 편명 옆 수하물 벨트의 번호를 확인하고 그 번호가 적힌 수화물 클레임(Baggage claim) 표지판을 따라 에스컬레이터를 타고 1층으로 이동해서 수하물을 찾으면 된다.

▶ 세관 검사: 세관 검사대(Custom)에서 신고할 물품이 없으면 그린 라인으로 통과해 공항 출구로 나가면 된다. 혹시 세관에 신고할 물건이 있으면 레드 라인에서 심사를 받은 후 세금을 납부하고 다시 검사대에서 확인을 받은 다음에 공항 출구로 나가야 한다.

〈환전소〉

Tip. 혹시 환전을 해야 한다면 입국 심사장 오른쪽에 국제상업은행 환전소(이용시간: 5:30~23:20)가 있어 한국 원화를 뉴타이완 달러로 환전할 수 있지만 환전을 하는 사이 입국 심사 줄이 늘어나 대기 시간이 길어질 수 있다. 따라서 환전을 해야 하는 경우 수하물을 찾고 난 뒤 출국장을 나가기 전에 있는 타이완은행의 환전소(24시간)를 이용하는 것이 효율적이다.

공항에서 시내로

타이완 타오위완국제공항 제1터미널과 제2터미널에서 타이베이 시내까지는 약 1시간이 소요되며 공항철도 및 공항버스와 택시를 이용할 수 있다. 타오위완 공항철도 MRT의 경우 타이베이처잔역까지 직통열차(보라색)와 보통열차(파란색) 두 종류가 운행되고 있다. 공항버스의 경우 타오위완국제공항에서 타이베이 시내 및 주요 도시로 운행하는 버스 노선이 여러 개 있는데 주로 궈광커윈(國光客運) 버스를 이용해 타이베이처잔역으로 이동한다. 공항버스 안내소에서 목적지를 보여주면 운행하는 해당 노선을 안내해준다. 공항 픽업 서비스를 제공하는 호텔에서 숙박한다면 픽업용 버스를 이용하면 된다. 송산국제공항에서 타이베이 시내까지는 지하철 원후셴 MRT로 이동하면 되고 주요 환승역인 타이베이처잔역까지 약 20분 정도 소요된다.

타오위완국제공항에서 타이베이처잔역 가는 방법(공항철도 MRT)

1. 1층 입국장에서 타오위완 공항철도 MRT 표지판을 따라 이동하면 된다. 운행시간은 06:00~23:00이다. 타오위완 공항철도 홈페이지: www.tymetro.com.tw

2. 타오위완 공항철도 MRT는 직통열차와 보통열차가 있는데 직통열차는 5개 역에만 정차하며 36분이 소요되고 보통열차는 모든 역에 정차하며 약 50분이 소요된다.

3. 타오위완 공항철도 MRT는 직통열차(보라색)와 보통열차(파란색)가 같은 곳에서 승차한다. 직통열차를 타야 한다면 반드시 보라색 열차인지 확인하자.

타이베이처잔역에서 타오위완국제공항 가는 방법(공항철도 MRT)

1. 타이베이처잔역에서 공항철도 MRT 표지판을 따라 이동하면 된다. 역 곳곳에는 공항철도 MRT 표지판을 쉽게 찾을 수 있다.

2. 타이베이역의 경우 직통열차와 보통열차 승차하는 곳이 다르니 직통열차를 타야 한다면 반드시 직통열차 타는 곳으로 이동해야 한다.

3. B1층에서는 현재 차이나항공, 에바항공, 만다린 항공, 유니항공의 경우 인타운 체크인 서비스가 가능하다. (이용시간 06:00~21:30, 항공편 출발 3시간 전 수속마감)

타오위완 공항철도 MRT 승차권 구입방법

1. 공항철도 역에 있는 자동발매기의 경우 파란색은 교통카드 구매 및 충전이, 보라색은 1회용 토큰 구매 및 교통카드 충전이 가능하다.

2. 타오위완 MRT 1회용 토큰. 자동발매기에서 한국어를 선택한 다음 목적지와 매수를 선택하고 돈을 투입하면 된다.

3. 1층 공항청사 타오위완 공항철도 MRT 서비스 센터에서 교통카드(이지카드, 이카통) 구매 및 충전이 가능하다. (교통카드 및 1회용 토큰 사용가능)

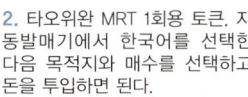
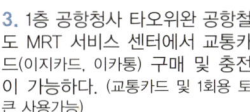

타오위안국제공항 제2터미널에서 타이베이처잔역 가는 방법(공항버스)

1. 공항 관광안내소에서 오른쪽으로 '커원버스(客運巴士, Bus to city)' 표지판을 따라 끝까지 이동한다.

2. 표지판을 따라 끝까지 이동 후 우회전한 다음 표지판을 따라 계속 직진한다.

3. 30m 정도 직진하다 보면 왼쪽으로 공항 버스 매표소가 위치하고 있다.

4. 제2터미널의 궈광커윈 버스 매표소는 2번 창구이며 가격은 NT$140, 왕복 NT$260이며 이지카드 사용이 가능하다(2018년 10월 기준). 배차간격은 10~20분으로 24시간 운행한다. 표를 구매했으면 3번 정류소에서 1819번 버스에 승차하면 된다.

5. 공항 버스는 제2터미널에서 출발해 제1터미널을 거쳐 시내로 향한다. 제터미널로 도착하는 경우 한 층 내려가면 공항 버스 매표소가 있으며 버스매표소는 7번이고 5번 승강장에서 1819버스에 승차하면 된다.

6. 수하물은 공항 버스 수하물 칸에 넣어야 한다. 이때 스티커 2장을 받으면 1장은 수하물에 붙이고 나머지 1장은 하차시 수하물을 확인할 때 쓰면 된다. 버스에 승차할 때 미리 내릴 장소를 운전기사에게 확인해두는 것이 좋다.

7. 타오위완국제공항에서 종점인 타이베이처잔역까지는 약 1시간 정도 예상하면 된다.

8. 최종 목적지인 타이베이처잔역 동쪽 출구에 도착하면 수하물을 인도받는다. 지하철 표시인 MRT 표지판을 따라가면 타이베이처잔역 안으로 이어진다.

> **Tip.** 타이베이처잔역은 고속철도역, 시외버스터미널, 기차역, 지하철 MRT 및 타오위완 공항철도 MRT가 모두 연결되어 있어 매우 복잡하며 자칫하면 길을 헤매기 쉽다. 지하철을 이용할 경우라면 MRT 표지판만 따라가면 된다.

타이베이처잔역에서 타오위완국제공항 가는 방법(공항버스)

1. MRT 타이베이처잔역 M2번출구로 나간다.

2. M2번출구를 나오면 왼쪽으로 보이는 검은색 건물이 궈광커윈 버스 정류장이다.

3. M2번출구 전에 있는 엘리베이터를 이용하면 궈광커윈 대합실로 바로 연결된다.

4. 매표소의 모습. 가격은 NT$140, 왕복 NT$260이며 이지카드 사용이 가능하다(2018년 10월 기준). 배차간격은 10~20분으로 24시간 운행한다.

5. 2번이 타오위완 공항방면이고 3번은 진산(예류)행 방면이다.

6. 버스는 제1터미널을 거쳐 제2터미널에 도착한다. 수하물을 실을 때 해당 터미널 칸에 수하물을 실어야 하니 자신의 터미널을 미리 확인하자.

공항버스 궈광커윈

타오위완 공항철도 MRT 타이베이역

꽃보다 타이완
교통 정보

MRT 노선도

1. 원후센(文湖線)
2. 단수이 – 신이센(淡水信義線)
3. 송산 – 신뎬센(松山新店線)
4. 중허 – 신루센(中和新蘆線)
5. 반난센(板南線)

1. 타이베이 지하철 MRT 이용하기

타이베이를 여행하는 최적의 교통수단은 바로 지하철 MRT다. 타이베이의 대부분 관광 명소가 지하철과 연결되어 있어 이동이 편리하다. 이용 방법은 서울의 지하철과 비슷하며 지하철 운행 시간은 06:00 ~ 24:00다.

MRT 홈페이지: www.trtc.com.tw

지하철 MRT 기본 안내

1. 지하철 개찰구

2. 지하철 좌석은 마주 보고 앉는 구조와 일자형으로 나란히 앉는 구조가 있다.

3. 지하철 승강장 벽면에는 지하철 진행 방향의 종점역이 표시된다.

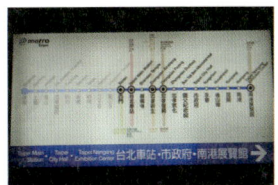

4. 지하철 철로 벽면에 붙어 있는 표지판에 현재 지하철역과 진행 방향의 역들을 표시하고 있다.

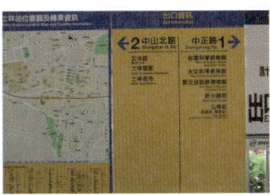

5. 지하철역 출구 앞에는 주변의 지도와 연계되는 버스 및 출구의 방향 안내가 잘되어 있다.

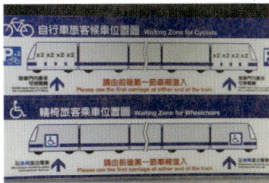

6. 주말과 공휴일에는 자전거를 가지고 지하철을 이용할 수 있는 차량이 운행되기도 한다.

Tip. 각 지하철 역사에서는 각종 전자기기를 충전할 수 있다. 다만 110V 어댑터가 있어야 가능하다. 그리고 원후셴은 지하철 첫 칸과 마지막 칸이 통유리로 되어 있어 색다른 기분을 느낄 수 있으니 원후셴을 이용할 경우라면 맨 앞 칸이나 뒤 칸에 승차하는 것도 여행의 또 다른 재미가 될 수 있다.

지하철 기본 예절

1. 지하철을 기다릴 때는 바닥에 그어진 흰 선 안쪽으로 서야 한다.
2. 짙은 코발트색 좌석은 노약자 및 임산부석이다.
3. 타이베이 지하철 안에서는 금연이며 음식물 반입은 물론 껌을 씹어서도 안 된다. 음식물 반입에는 NT$7,500, 흡연에는 NT$1만의 벌금이 부과된다.

승차권

▶ 유유카드(悠遊卡, Easy Card) 및 이카통(一卡通, IPASS): 타이베이의 버스와 지하철을 이용하기 위한 교통카드로 여행자들이 가장 많이 사용한다. 대중교통 이용시 편도 요금의 20%가 할인되고, 1시간 내에 지하철에서 버스로 환승하거나 버스에서 지하철로 환승할 경우 할인을 받을 수 있어 경제적이다. 유유카드 가격은 NT$100(환불불가)이며 승차권 구입 및 충전은 MRT역(공항 MRT 포함) 교통카드 자동판매 및 교통카드 충전기, 안내소 또는 개찰구, 편의점 등에서 가능하다. 교통카드 구입 후 카드 충전을 해야 이용할 수 있으며, 최소 NT$100부터 충전이 가능하다. 사용 후 남은 잔액에 한해 판매처나 모든 지하철에서 환불이 가능(수수료 NT$20)하지만 환불한 카드는 재사용이 불가능하다. 다만 카드 사용기간은 제한이 없기 때문에 환불하지 않은 카드는 언제든지 타이완에서 재사용이 가능하다. 잔액이 없더라도 마지막 구간은 한 번 더 사용 가능하며 다음 충전시에 그 부족분이 차감된다. 교통카드 1장으로는 한 사람만 이용할 수 있다. 자신의 교통카드 사용 내역은 지하철역 내 고객센터 옆의 조회기에서 확인할 수 있다.

▶ 타이베이 지하철 1일 승차권(One Day Card): 판매 가격은 NT$150(보증금 없음)로 하루 동안 타이베이 지하철 영업시간까지 횟수와 거리에 상관없이 지하철을 무제한으로 이용할 수 있다. 사용 날짜를 선택할 수 있으며 타이베이 지하철 개찰구 출입시에 카드를 대면 자동으로 개표가 시작된다. 1일 승차권 1장으로 한 사람만 이용할 수 있다.

▶ 지하철 24/48/72시간 티켓: 특정 시간 안에 타이베이 지하철을 무제한으로 이용할 수 있는 카드다. 판매 가격은 24시간용은 NT$180, 48시간용은 NT$280, 72시간용은 NT$380이다. 사용날짜를 선택할 수 있으며 타이베이 지하철 개찰구에서 처음 티켓을 사용한 시간부터 연속으로 24/48/72시간 사용이 가능하다. 승차권 1장으로 한 사람만 이용할 수 있다.

▶ 타이베이 펀 패스(Taipei fun Pass): 타이베이 패스 카드는 특정 기간 안에 타이베이 지하철과 타이베이 로고가 있는 버스를 무제한으로 이용할 수 있는 교통카드다. 카드 종류는 1일권(NT$180), 2일권(NT$310), 3일권(NT$440), 5일권(NT$700)이 있으며 마오콩 케이블카 1일권(NT$350)도 있다. 2일권 이상인 경우 첫날 사용하면 이어서 다음 날 바로 사용해야 한다. 카드를 사용하지 않았을 경우 7일 이내에 반환 신청을 하면 되는데 NT$20의 수수료가 있다.

▶ 편도(IC코인): 지하철을 한 번만 이용할 경우 지하철 역사의 자동발매기에서 구매할 수 있다. 지하철에 들어갈 때 IC코인을 개찰구의 센서 부분에 터치하고 지하철에서 나올 때 개찰구의 투입구에 IC코인을 넣으면 된다(NT$20~65).

-교통카드 자동발매기에서 구매하기

1. 교통카드 자동발매기

2. 자동발매기에서 한글버튼을 누른다.

3. 유유카드 구입(Easy Card Purchase) 버튼을 누른다. 충전을 원할 경우 충전(Add Value) 버튼을 누른다.

4. 유유카드에 관한 안내사항을 확인한 뒤 확인(Confirm) 버튼을 누른다.

5. 성인(Adult)과 아동(Concessionaire100) 중 선택한 후 지폐나 동전 NT$100를 투입하면 유유카드가 발매된다. 발매된 카드를 지하철에서 이용하려면 반드시 다시 충전을 해야 한다.(3번 참조)

6. 투입구에 유유카드를 삽입하면 자신의 유유카드 번호와 사용내역 등을 확인할 수 있다. 유유카드 반납은 MRT 창구직원을 통해 가능하다.

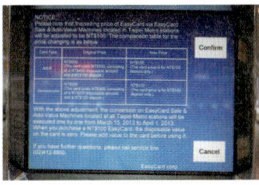  

자동발매기에서 지하철 승차권(1회용) 구입하기

1. 지하철 승차권 자동발매기
2. 자동발매기 위에 있는 지하철 노선도에서 지하철 요금을 확인한다.
3. ①해당하는 요금을 누르고 ② 해당 인원수를 누른다. 요금을 투입하면 편도(IC코인) 승차권이 발매된다.

 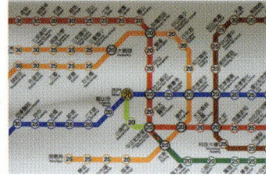 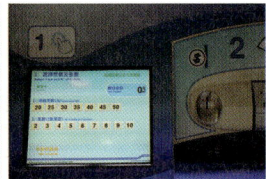

2. 타이완 철도 이용하기

타이완 철도의 종류

타이완 철도는 고속철도인 THSR과 일반철도인 TRA 2가지가 있다.

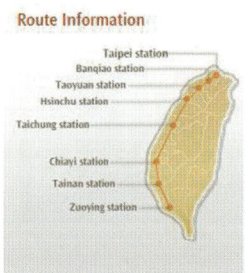

▶ THSR(Taiwan High Speed Rail): 타이완 고속철도로 '타이완가오 톄(台灣高鐵)'라고 부른다. 북쪽에 위치한 타이완의 수도 타이베이에서 타이완 남쪽 끝에 있는 가오슝까지 90분 만에 도착한다.

고속철도 홈페이지: www.thsrc.com.tw

출처 www5.thsrc.com.tw/en

▶ TRA(Taiwan Railways Administration): 일반적인 기차를 말하며 남북으로 자리 잡은 산맥으로 인해 주요 철로는 해안선을 따라 타이완을 일주할 수 있도록 연결되어 있다. 열차 종류는 좌석 지정 열차인 두이하오례처(對號列車)와 자유석 열차인 페이두이하오례처(非對號列車)로 구분된다. 두이하오례처는 쯔창하오(自強號), 쥐광하오(莒光號), 푸싱하오(復興號) 순으로 등급이 나뉘며 페이두이하오례처는 취젠처(區間車), 취젠콰이처(區間快車) 등으로 나뉘어진다. 기차의 등급이 높으면 가격이 비싸고 시설도 좋지만 우리나라와 달리 소요시간이 짧게 걸리는 것은 아니다. 승차권은 인터넷 예매의 경우 2주 전부터, 현장 예매의 경우 12일 전부터 구매가 가능하다.

출처 www.railway.gov.tw/en/CP.aspx?sn=16648&n=19538

타이베이 — 화롄 기차 예매 방법

타이완 동부에 위치하고 있는 국립공원 타이루거 협곡을 여행하기 위해서는 화롄까지 가야 한다. 화롄까지는 자가용이나 버스를 이용하기도 하지만 기차를 이용하는 것이 여러 가지로 편리하다. 타이루거 협곡은 현지인들에게도 인기가 높은 관광 명소이기 때문에 예매를 하지 않을 경우 원하는 날짜에 여행을 하지 못할 수도 있고 자칫하면 돌아오는 기차표가 없는 경우도 발생할 수 있다. 따라서 인터넷으로 기차표를 예매하는 것이 좋다. 타이루거 협곡은 이동 시간 포함 대략 7~8시간 정도가 소요되니 화롄역에는 오전 10시 전까지 도착하는 것이 좋으며 대략적인 소요시간을 감안해 돌아오는 열차 시간을 예상하면 된다. 인터넷 예매는 예매 날짜 2주 전 24시에 오픈되며 시차를 감안할 경우 한국 시간으로는 새벽 1시부터 예약이 가능하다.

타이완 철도국 홈페이지를 통해 인터넷 예약을 비롯해 예약 기록 조회, 예약 취소, 예약 번호 찾기, 예약 가능한 티켓 조회, 기차역 번호 조회, 신용카드 결제, 교통 안내소 등의 정보를 확인할 수 있다. 성수기에는 예매 오픈과 동시에 매진되는 경우가 있다. 이 경우 인터넷 결제 시한 3일이 지나면 결제되지 않은 취소표가 발생하니 3일 뒤 다시 확인해보면 된다.

타이완 기차 예약 시스템은 우리나라와 몇 가지 차이점이 있다. 첫 번째, 목적지까지 걸리는 소요시간은 기차 등급과 상관없다. 우리나라는 서울에서 부산까지 기차로 이동하는 경우 요금이 가장 비싼 KTX가 소요시간이 가장 적게 걸린다. 타이완은 그렇지 않다. 경우에 따라서는 운임이 비싼 기차가 운임이 저렴한 기차에 비해 소요시간이 더 걸리기도 한다. 두 번째, 기차 예약시 기차의 운행시간으로 예약하는 우리나라와 달리 기차 번호(Train Number)로 예약한다. 기차 운행시간으로 예매할 경우 여러 과정이 번거롭기도 하고, 무엇보다 자신이 예매하려는 시간 안에 표가 남아 있는 순서대로 자동예약이 되기 때문에 열차등급을 지정할 수 없다. 이런 이유로 요금을 비싸게 지불하고도 소요시간이 더 오래 걸리는 열차가 예매되는 상황이 발생하기도 한다. 세 번째, 왕복으로 예매할 경우 편도로 각각 예매하는 것보다 10%가 할인되며 예매 후 3일 이내에 결제해야 한다. 아동은 어른 요금의 50%가 적용된다. 네 번째, 외국인이라면 여권번호를 입력해야 예매가 가능하다.

―
타이완 철도국 홈페이지: www.railway.gov.tw/tw

Tip 1. 타이베이에서 출발하는 기차는 대략 오전 6시 30분에서 7시 30분 사이에 출발하는 기차편을, 돌아오는 기차는 화롄에서 약 7~8시간 정도 머무는 것으로 예상해 대략 오후 6시 이후의 기차편을 예매하면 된다. 또한 최종 도착역이 화롄인 기차를 이용하면 하차역을 실수하는 일을 방지할 수 있다.

Tip 2. 예매한 티켓의 경우 날짜와 시간 변경이 불가하며, 추후 스케줄 변동된다면 예약을 취소하고 다시 예매해야 한다. 인터넷 기차 예매 시스템은 예매 및 예매 취소까지 하루에 이용할 수 있는 횟수가 총 6회로 제한되니 참고하자.

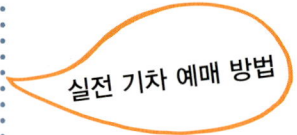
실전 기차 예매 방법

타이완 기차 예매는 기차번호 조회, 예약하기(편도 혹은 왕복), 결제하기 순서로 진행된다. 타이완 기차 예매 사이트: twtraffic.tra.gov.tw/twrail/English/e_index.aspx

❶ 기차 번호 조회하기

시간표(Timetable)를 선택한다. ⋯ 출발역(타이베이, Taipei)과 도착역(화롄, Hualien), 기차 종류, 여행 날짜와 시간을 선택한 다음 찾기(Search)를 누른다. ⋯ 기차의 정보(기차 종류, 기차번호, 소요시간, 가격)를 확인한다. ⋯ 출발 시간대의 기차번호를 메모한다. ⋯ 화롄에서 타이베이로 돌아오는 기차번호도 위의 순서대로 조회해 메모해둔다.

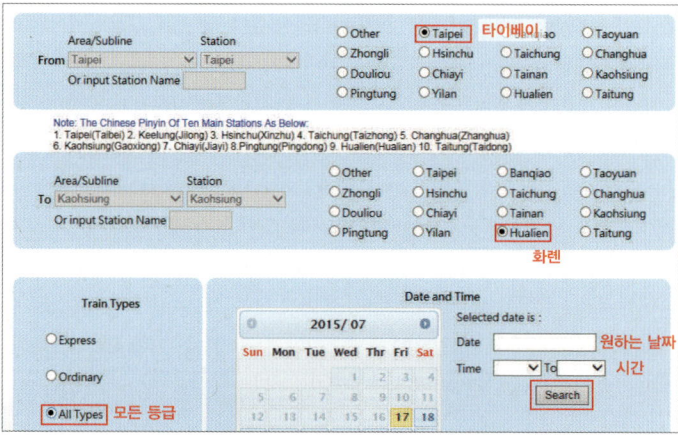

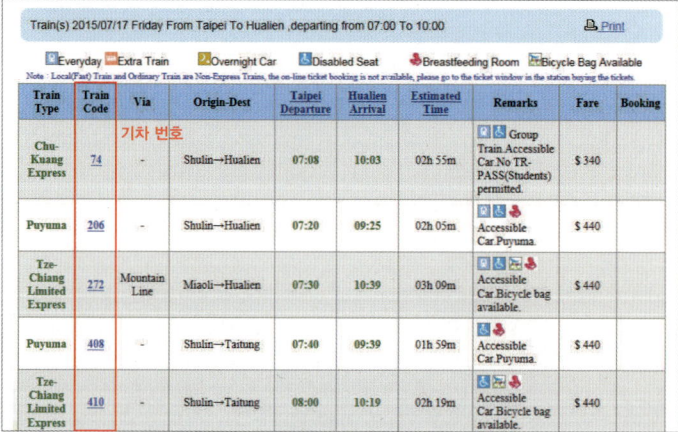

40

❷ **예약하기**(왕복 기준)

기차번호 조회 화면에서 왼쪽 하단의 예매하기(Order Tickets)를 누르면 예매 창으로 이동한다. ⋯ 왕복으로 예매하기(Order Round-Trip Tickets Using Train No.)를 선택한다. ⋯ 다음 화면에서 여권번호와 출발역(타이베이, Taipei), 도착역(화렌, Hualien)을 입력하고 여행날짜와 앞서 조회한 기차번호를 입력한다. ⋯ 일반좌석(Normal Carriage) 혹은 테이블좌석(Table-Carriage)을 선택한다. ⋯ 새 창에서 랜덤 숫자를 입력하면 예매 완료창이 뜬다. ⋯ 예매 사항을 확인한다. ⋯ 예약번호를 메모한다.

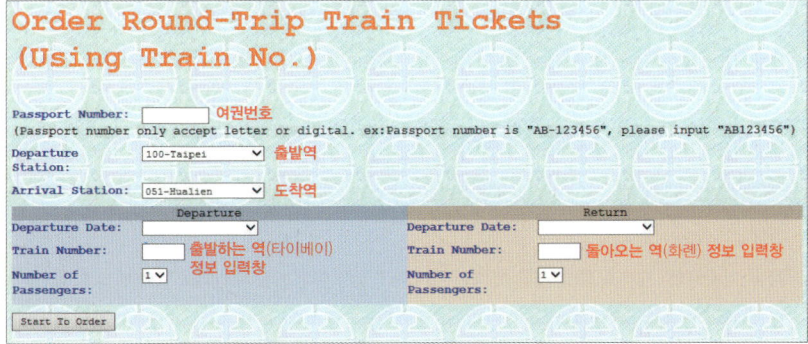

Tip. 예매가 완료되면 반드시 예약 번호를 따로 적어두어야 한다. 예매 완료 후 바로 결제를 하거나 나중에 결제를 할 때도 결제 창에서 예약 번호를 입력해야만 결제가 가능하다. 예약 번호를 기억하지 못하면 다시 예약 번호를 조회해야 하는 번거로움이 생긴다. 기차표 예매와 관련한 제반 사항 조회는 기차번호 조회 화면 왼쪽 하단의 '예매하기'에서 가능하다.

❸ 결제하기(왕복 티켓 결제)

예매완료 화면 맨 밑의 결제창(Online Payment)을 클릭한다. … 신용카드 결제 화면에서 주의 사항에 체크하고 티켓 구매를 누른다. … 왕복 티켓(Round)에 체크한다. … 각각 여권번호와 예약번호를 입력한다. … 예매 내역을 확인하고 예매 인원수를 각각 입력한다. … 최종적으로 예매 내역을 다시 한 번 확인하고 카드번호, 카드보안번호, 카드유효기간을 입력하고 결제버튼을 누르면 결제가 끝난다.

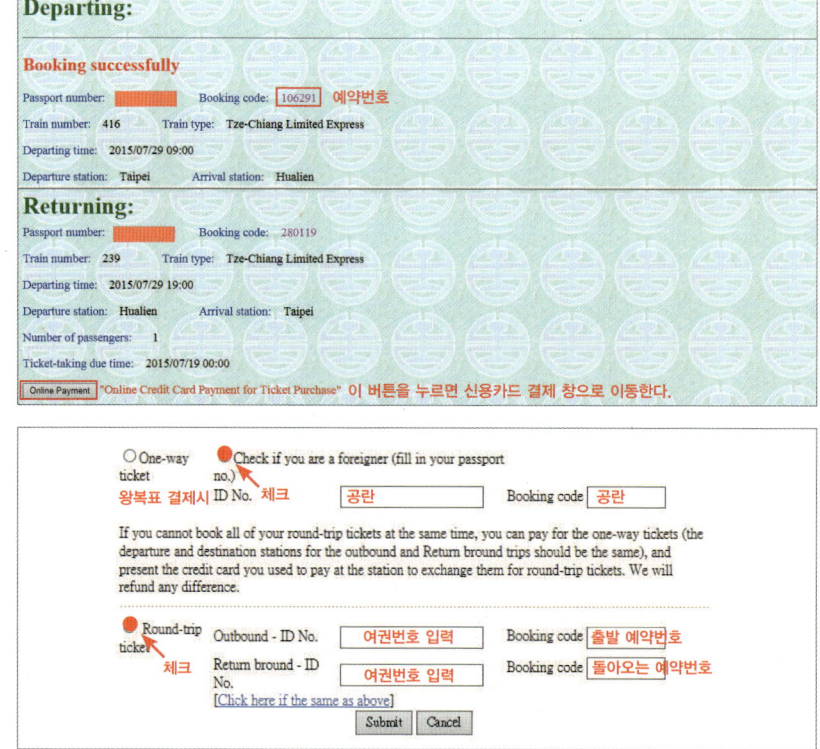

❹ 기차표 수령하기

예매한 기차표는 기차표 확인증을 출력한 뒤 MRT 타이베이처잔역 1층에 위치한 타이베이 기차역 발매창구에서 수령하면 된다. 타이베이처잔역은 매우 혼잡함으로 기차역을 방문해 미리 기차표를 수령해 두는 것이 좋다. 타이베이 기차역 이용시간은 23:00까지다.

> **Tip.** 편도로 예매한 티켓을 결제할 경우 편도(One-Way Ticket)를 선택한 다음 외국인에 체크하고 여권번호와 예약 번호를 입력하면 된다. 경우에 따라서는 여권번호와 예약 번호가 자동으로 입력되기도 한다.

3. 타이완 버스 이용하기

타이베이 버스는 가격이 저렴하고 편리하지만 노선이 복잡하고 버스 노선도가 전부 중국어로만 표기되어 있어 이용이 다소 불편하다. 하지만 타이베이 지하철역을 경유하는 경우 버스 노선도에 정거장 이름을 빨간색 숫자로 따로 표시해 안내를 하고 있다. 시내버스 내부는 우리나라와 비슷하며 앞문으로 승차하는 경우도 있고, 뒷문으로 승차하는 경우도 있다. 요금은 거리에 따라 달라지며 교통카드인 유유카드를 사용할 수 있다. 교통카드 인식기에 유유카드를 터치하는 방식은 우리나라와 똑같다. 다만 버스 하차시에 터치하는 경우도 있고 승차 및 하차시 모두 터치해야 하는 경우도 있다. 버스 위쪽 전광판에 상(上)에 불이 들어온 경우 탑승시, 하(下)에 불이 들어온 경우 하차할 때 터치하면 된다. 현지인들이 이용하는 방법 그대로 따라 하면 된다. 다만 거스름돈을 거슬러 주지 않기 때문에 현금으로 낼 경우 미리 동전을 준비하자.

> Tip. 타이베이에서 시내버스를 타는 일은 별로 많지 않다. 대부분의 관광 명소는 지하철로 이동 가능하다. 혹시 버스를 타게 된다면 버스 기사에게 목적지를 미리 말하고 확인받는 것이 좋다.

4. 타이완 택시 이용하기

전부 노란색인 타이베이의 택시는 주요 관광지나 지하철역 주변 등에서 쉽게 잡을 수 있다. 기본요금이 1.25km NT$70로 저렴하기 때문에 타이베이 시내를 이동하거나 근교 여행시 택시를 이용하기도 한다. 시내에서 이동할 때는 미터기를 이용하지만 공항이나 근교로 이동시에는 흥정으로 가격을 결정하기도 한다. 3~4명이 함께 움직이는 경우라면 대중교통보다 택시가 더 저렴할 수도 있다. 택시 이용시 영어 의사소통이 힘든 경우도 있지만 한자로 된 주소를 보여주면 목적지까지 이동하는 데 불편함은 없다.

> Tip. 택시요금이 저렴하기 때문에 타이베이 시외 여행(주펀, 예류, 핑시, 진과스, 타이루거 협곡 등)에 택시투어가 많이 이용된다. 3~4인의 그룹 여행이라면 택시투어를 이용하는 것이 이동도 편리하고 시간도 절약할 수 있다. 택시투어는 인원수로 요금을 책정하는 것이 아니라 택시 한 대당 투어 요금이 정해지기 때문에 인원수로 분배하면 된다. 특히 택시 기사가 여행 가이드 역할도 겸하므로 매우 유익하다. 자세한 정보는 276쪽을 참조할 것.

타이완 택시 기사들

아주 특별한 타이완 01.
찍는 재미가 쏠쏠, 스탬프 투어

그저 여행을 다니며 스탬프를 찍었을 뿐인데 누구나 하는 뻔한 여행이 아닌 나만의 소중하고 특별한 여행으로 탈바꿈하게 된다. 관광 명소를 찾아다니며 스탬프를 찍는 스탬프 투어는 이미 국내에서도 관광의 재미와 관광자원의 지식을 습득할 수 있는 색다른 여행 방법으로 큰 인기를 누리고 있다. 타이완에서도 소소한 재미와 특별한 추억을 남길 수 있는 스탬프 투어를 할 수 있다.

타이완에는 유명한 관광 명소는 물론이고 지하철, 철도, 버스터미널, 관광안내소까지 여행자를 위한 스탬프가 비치되어 있어서 스탬프만 찍고 다녀도 하루가 모자랄

지경이다. 유명 관광 명소에서는 외국에서 온 여행자뿐만 아니라 자녀를 동반한 타이완 사람들도 스탬프 투어를 즐기는 모습을 쉽게 발견할 수 있다.

스탬프 투어의 천국 타이완에서 구석구석 비치된 각양각색의 스탬프를 모으는 성취감은 타이완 여행의 재미를 더해준다. 게다가 그 지역을 가장 잘 나타내는 스탬프의 이미지는 정말 매력적이다. 스탬프 다이어리 한 권을 준비해 아기자기한 스탬프로 차곡차곡 채우며 나만의 소중한 추억의 전리품을 만들어보자. 타이완 여행을 더 특별하게 기억할 수 있을 것이다.

유명 관광 명소 스탬프

지하철 MRT 스탬프 투어

각 지하철 노선마다 지하철을 대표하는 스탬프가 있으며 스탬프 색깔도 지하철 노선의 색깔과 동일하다. 스탬프는 한 종류만 비치되어 있다. 지하철 역무원이 근무하는 곳 바로 앞에 스탬프가 있는 경우도 있고 조금 떨어진 곳에 따로 비치하고 있는 경우도 있다.

01

02

01〉 MRT 반난셴의 파란색 스탬프
02〉 MRT 단수이셴의 빨간색 스탬프

관광안내소 스탬프 투어

타이베이 지하철 MRT에는 총 12개의 관광안내소가 있는데 이곳에는 다양한 종류의 스탬프가 비치되어 있다. 이 밖에도 시외 지역의 기차역이나 버스터미널에서도 스탬프를 찍을 수 있다. 인기 명소는 스탬프를 찍기 위해 줄을 서서 한참을 기다려야 할 때도 있다. 관광 명소에는 스탬프가 없는 곳이 없으므로 스탬프가 보이지 않는다면 스탬프는 어디에 있냐고 과감하게 물어보아도 좋다.

지하철 MRT의 관광안내소
▶ **단수이셴**: 단수이, 베이터우, 젠탄, 타이베이처잔 ▶ **신뎬셴**: 신뎬 ▶ **반난셴**: 반차오, 시먼, 중샤오푸싱, 스정푸 ▶ **원후셴**: 송산 ▶ **마오쿵란처**: 둥우위안, 마오쿵

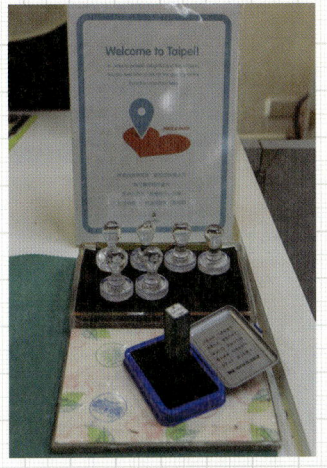

관광 명소마다 그곳을 대표하는 이미지를 스탬프로 만들어 비치하고 있다. 관광안내소는 물론이고 관광 명소 안에 있는 다양한 시설물에도 모두 스탬프가 준비되어 있으므로 각 명소마다 찍을 수 있는 스탬프의 종류는 무궁무진하다고 할 수 있다.

외국인 여행자뿐 아니라 타이완 내국인들도 스탬프를 찍기 때문에 스탬프 주변은 늘 사람들로 붐빈다. 특히 자녀를 동반한 가족 여행의 경우 단순히 재미를 위한 스탬프 찍기라기보다는 여행지에 대한 교육적인 목적이 있어서 더 열심히 스탬프를 찍는다. 타이완의 부모들도 따로 스탬프 다이어리를 만들어 아이들에게 직접 스탬프를 찍도록 하는 경우를 종종 볼 수 있다.

01〉 스린역 관광안내소

02〉 시먼역 관광안내소

03〉 스정푸역 관광안내소

04〉 단수이역 관광안내소

⭐ 아주 특별한 타이완 02.
타이베이 2층 관광버스

타이베이 2층 관광버스는 타이베이(台北) 최초의 2층 관광버스이자 전 세계에서 높이가 가장 높은 버스로 자유여행객이 좀더 편리하게 타이베이를 여행할 수 있도록 타이베이 주요 볼거리가 있는 관광지를 경유한다. 이 버스는 입석 없이 약 50여 개의 좌석제로만 운행되고 좌석은 사전 예매제(타이베이시 2층 관광버스 웹사이트, App) 또는 버스 안에서 구매가 가능하다. 현재 빨간선(Red Route)과 파란선(Blue Route) 2개의 노선이 운영중이다. 빨간선의 경우 총 운행거리는 약 20km, 주행시간은 약 110분이며 40분 간격으로 운행된다(운행시간 09:10~22:00). 주요 운행노선은 MRT

타이베이역을 출발해 MRT 시먼역, 둥먼역, 따안삼림공원역, 타이베이시청역, 중샤오푸싱역, 국부기념관역, 중샤오둔화역을 비롯해 중정기념관, 타이베이 101빌딩, 화산 1914 등을 운행한다. 파란선의 경우 총 운행거리는 약 23.5km, 주행시간은 약 110분이며 40분 간격으로 운행된다(운행시간 09:40~16:40). 주요 운행노선은 MRT 타이베이역을 출발해 MRT 시먼역, 젠탄역을 비롯해 중정기념관, 타이베이시립미술관, 스린관저, 고궁박물원 등을 운행한다.

승차권은 이용시간에 따라 4시간권, 1일권(1day pass), 2일권(2day pass), 주간권이 있는데 횟수에 상관없이 무제한 탑승이 가능하다. 1일권은 이용일 당일 1번째 탑승부터 24시간 이내, 2일권은 이용일 당일 1번째 탑승부터 48시간 이내에 사용하면 된다. 승차권 가격은 4시간권 NT$300(20:00 전 사용가능), 1일권은 NT$600, 2일권은 NT$1,000이다. 주간권은 NT$500으로 주간 09:10~18:00에만 사용이 가능하다. 타이베이시 2층 관광버스 홈페이지를 통해 구매하면 요금의 10%를 할인받을 수 있고 자유여행 전문 여행사이트인 케이케이데이(KKday)에서도 할인된 가격으로 승차권 구입이 가능하다. 승차권 구입은 신용카드·현금·교통카드(유유카드·이카통 카드 등) 등으로 결제가 가능하다. 또한 무료 App 오디어 가이드에는 한국어·중국어·영어·일어 4개국의 언어로 설명이 지원되며 무료 와이파이, USB 충천소켓 제공 등의 서비스가 제공된다. 타는 곳은 MRT 타이베이역 M4번 출구로 나오면 오른쪽 대로변 앞쪽에 정류장이 있다.

타이베이 2층 관광버스 이용 안내
◆ 홈페이지: https://www.taipeisightseeing.com.tw/kr

꽃보다 타이완
유용한 애플리케이션

해외여행을 앞두고 여행에 관한 다양한 정보를 준비하게 된다. 하지만 처음 가는 해외여행이라면 말이 안 통한다거나 혹시라도 불미스러운 일이 생길까 봐 걱정되는 것이 사실이다. 그런 불안감을 덜어주기 위한 다양한 애플리케이션이 있으니 효과적으로 활용하자. 각 애플리케이션들은 구글플레이 및 애플스토어에서 무료로 다운받아 설치가 가능하다. 하지만 해외에서 이러한 애플리케이션을 이용할 경우 데이터 이용 요금이 발생하므로 로밍을 한 경우가 아니라면 고가의 데이터 이용 요금이 적용될 수도 있으니 유념하자.

자동 통역 애플리케이션, 지니톡(GenieTalk)

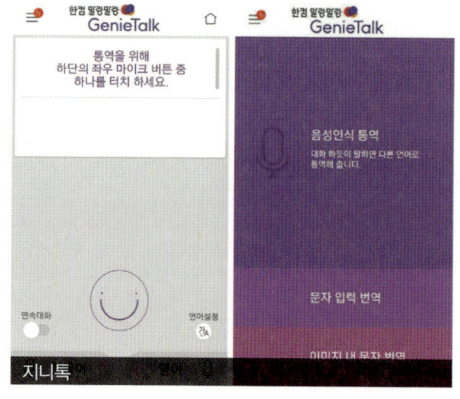

한글과 컴퓨터가 개발한 음성인식 자동 통역 애플리케이션으로 음성인식 통역, 문자입력 번역, 이미지 내 문자 번역, 문자 읽어주기 기능 등이 가능하다. 현재 5개 국어(한국어와 영어·중국어·일어·스페인어·프랑스어)가 양방향 서비스되고 있다. 지니톡은 여행과 관광 부문 통역에 특화되어 일상생활에 필요한 다양한 표현도 갖추고 있다. 약 80%이상의 정확도를 자랑하고 있어 이미 배낭 여행자들에겐 필수 애플리케이션으로 각광받고 있다. 환경설정에서 통역할 언어를 설정한 뒤 말하기 버튼을 누르고 통역을 원하는 문장을 직접 말하거나 텍스트를 입력하면 자동 번역은 물론이고 통역된 언어로 직접 읽어주기 때문에 매우 유용하다.

타이완 교통 애플리케이션 타이완 transit과 타이완 노선도

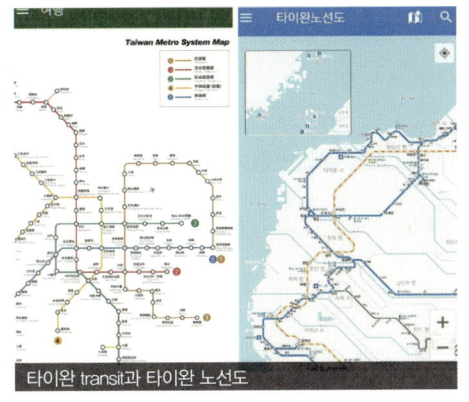

타이완 transit과 타이완 노선도

대중교통을 이용하는 자유여행에서 다양한 교통정보를 한눈에 파악할 수 있는 애플리케이션은 선택사항이 아니라 필수다. 그런 점에서 타이완 transit과 타이완 노선도는 타이완 여행에서 가장 유용하게 사용할 수 있는 교통 애플리케이션이다. 타이완 transit은 타이베이 지하철(MRT) 노선도를 기본으로 타이베이 버스, 가오슝 지하철 노선도, 타이완 철도노선도까지 포함하고 있으며 각각 교통정보를 선택하면 해당 내용을 확인할 수 있다. 또한 출발지부터 목적지까지 소요시간, 배차시간, 환승정보, 요금 등을 검색할 수 있으며 모두 한국어로 제공되기 때문에 매우 편리하다. 타이완 노선도는 타이완 transit이 지하철·버스·철도 노선을 따로 선택해야 하는 것과 달리 타이완의 모든 철도 노선(타이페이 및 가오슝 지하철 노선도, 타이완 철도)을 타이완 전체 지도에 한꺼번에 표시하고 있어 한눈에 파악이 가능하다. 특히 노선도는 한국어로 제공되기 때문에 편리하다. 출발지부터 목적지까지 조회 기능이 없는 대신 구글 지도를 기반으로 역 안내 및 역 주변의 다양한 정보(날씨 정보 포함), 역명 검색, 역에서 출발하는 노선의 정보, 노선마다 정차역 및 갈아타는 방법 등 여행에 꼭 필요한 정보를 쉽게 확인할 수 있다.

날씨 애플리케이션, 야후 날씨

야후 날씨

여행에서 날씨만큼 중요한 것은 없다. 날씨를 확인할 수 있는 여러 가지 애플리케이션이 있지만 야후 날씨는 지난 2014년 애플이 선정한 베스트 애플리케이션에 선정되었을 만큼 전 세계인들에게 사랑받고 있다. 원하는 지역을 설정하면 한 페이지 안에서 스크롤만 내리면 간단하게 전체 날씨를 확인할 수 있다. 야후 날씨의 예보 기능을 통해 매일 시간대별 날씨 정보를 확인할 수 있으며 최대 10일간의 날씨 정보 확인이 가능하다. 해당 지역의 멋진 사진을 날씨 정보 배경 화면으로 볼 수 있는 것은 덤이다.

외교부 모바일 영사 핫라인 애플리케이션, 외교부 해외안전여행

해외에서 도난, 분실, 소매치기, 강도, 길 잃음, 교통사고, 질병 등 예기치 못한 사건이나 사고를 당했을 때 상황별로 상세한 대응요령을 안내하고 영사관이나 대사관 등 비상 연락처로 연락할 수 있도록 도와주는 애플리케이션이다. 전 세계 170개 재외공관을 비롯해 영사 콜센터, 전 세계 110여 개 국가, 경찰, 화재, 구급차 신고번호는 물론이고 여행자에게 매우 실용적이고 유용한 정보가 가득 담겨 있어 해외여행을 위한 필수 애플리케이션이라고 해도 과언이 아니다. 특히 여행자가 가장 흔하게 당하는 사고인 여권 분실, 항공권 분실, 수하물 분실, 신용카드 분실 등 모든 상황에 대해 자세하게 안내하고 있다. 이밖에도 출입국신고서 작성 방법, 약물 점검사항, 여권 비자 정보, 기내 반입금지 품목부터 여행 필수 준비물, 세금 환급 방법, 시차 적응 요령 등 유용한 여행의 팁을 제공한다. 외교부 해외안전여행 홈페이지(www.0404.go.kr)에서 애플리케이션과 관련된 다양한 정보를 살펴볼 수 있다.

I ♥ Taiwan

PART 2 꽃보다 타이완,
5박 6일간의 여행기

첫째 날,
올드 타이베이를 걷다

첫째 날,
일정 한눈에 보기

★ 타이완에서의 첫날, 여행자의 눈에 비친 타이베이는 모든 것이 낯설기만 하다. 처음이란 낯선 두려움을 안은 채 가장 타이베이다운 곳과 정면으로 마주하고 보니 어느새 기분 좋은 설렘이 빠른 속도로 채워진다. 반갑다. 타이완!

보피랴오 리스제 ▶ 룽산쓰 ▶ 샤오웨이 식당 ▶ 청핀수뎬
(룽산쓰역)　　(룽산쓰역)　　(타이베이처잔역)　　(중샤오둔화역)

시간이 멈춘 곳,
보피랴오 리스제

剝皮寮歷史街區, 박피료 역사거리

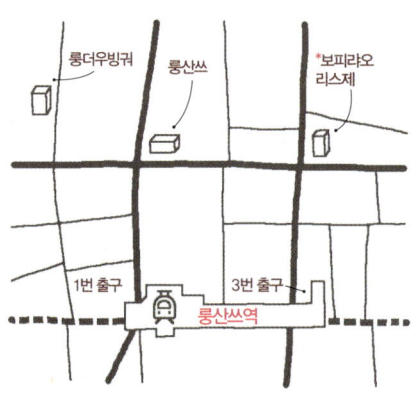

룽산쓰역 3번 출구로 나와 우회전 후 곧장 직진

타이베이의 남서쪽 완화 지역에 위치한 룽산쓰역 부근은 지리적으로 단수이 강과 접해 있어 청나라 때부터 교역이 활발했다. 이후 일제강점기를 거치며 현재의 타이베이가 본격적으로 태동했다.

룽산쓰와 보피랴오 리스제 중 어느 곳을 먼저 관람해도 상관없지만 보피랴오 리스제가 오후 6시면 문을 닫기 때문에 먼저 갈 것을 추천한다.

보피랴오 리스제는 청나라 이후부터 교역의 증가와 함께 모여든 사람들의 삶의 방식이 덧대고 덧대어진 곳이다. 시간의 흐름이 녹아든 건축물로 가득해 한눈에 보기에도 묘한 분위기를 자아낸다. 타이베이에서 가장 잘 보존된 역사적인 지역 중 하나로 손꼽히고 있어 중장년층에게는 지난 시절의 향수를, 젊은 세대에게는 타이베이의 향토 문화를 느낄 수 있는 곳으로 사랑받고 있다.

특히 한국 영화 〈친구〉와 흡사한 내용의 타이완 영화 〈맹갑(艋舺, Monga)〉의 촬영 장소로 올드 타이베이의 독특한 분위기가 알려지면서 출사 장소로도 인기가 높은 곳이다. 참고로 '맹갑'은 오늘날 완화(Monga)라고 불리는 타이베이시의 발원지다. 그런 역사를 증명하듯 거리 곳곳은 올드 타이베이의 멈춘 시간을 느끼기에 충분하다.

보피랴오 리스제 이용 안내

◆ **이용시간**: 월요일 휴무, 실외 09:00~21:00, 실내 09:00~18:00, 타이베이시향토교육중심(台北市鄉土教育中心) 09:00~17:00 ◆ **주소**: 108台北市萬華區康定路173巷 ◆ **전화번호**: (02) 2308-2966 ◆ **홈페이지**: www.bopiliao.taipei/index.html ◆ **구글지도 검색**: 보피랴오거리

느낌 한마디

타이완에 도착한 첫째 날, 여행자의 눈에 비친 타이완은 하나부터 열까지 모든 것이 낯설기만 하다. 가장 먼저 어디를 가야 할까? 그래, 지금의 타이베이시가 존재할 수 있게 한 곳, 바로 올드 타이베이를 느낄 수 있는 보피랴오 리스제로 향했다.

보피랴오 리스제는 우리의 종로 혹은 동묘 거리와 묘하게 닮은 느낌을 주는 룽산쓰역 부근에서 얼마 걷지 않아 도착한다. 같은 모양은 하나도 없는 기형적인 모양의 건물이 이제는 사람들의 기억 속에 사라진 타이베이 200년 역사의 출발점, 맹갑의 삶을 느끼게 한다.

철거 직전의 을씨년스러운 분위기 속에 서로 다른 건축 재료들이 전하는 낯선 시간의 향기를 피우고 있는 보피랴오 리스제. 보이는 것이 전부는 아니었다. 그 속에 숨은 다빈치코드를 찾는 것은 여행의 또 다른 즐거움. 나는 지금 올드 타이베이를 걷고 있다.

보피랴오 리스제,
어떻게 가야 할까?

1. 룽산쓰역 3번 출구로 나가면 바로 대로변이 보인다.

2. '후자오판(胡椒飯)' 간판이 보이는 쪽으로 건물을 끼고 오른쪽으로 돌아서 걷는다.

3. 아케이드를 따라 직진한다.

4. 아케이드 끝에서 정면으로 보이는 건물이 보피랴오 리스제다.

5. 건널목을 건너면 된다.

보피랴오 리스제, 어떻게 돌아보지?

Tip. 영화 〈맹갑〉처럼 보피랴오 리스제를 비롯한 완화 지역을 구석구석 느리게 돌아보는 재미도 좋다.

1. 건널목을 건너 직진하면 오른쪽에 정면 출입구가 있다.

2. 건널목을 건너 오른쪽 대로변인 캉딩루를 따라 걷다가 영화 〈맹갑〉 촬영 장소와 타이베이 향토교육중심이 만나는 광장에 연결된 입구로 들어가는 것이 관람하기에 편리하다.

3. 역사의 흔적이 고스란히 남아 있는 목조 아케이드를 걷고 있노라면 시간을 거슬러 어느새 타이베이의 옛 거리와 만나게 된다.

4. 타이베이 향토교육중심 구역에서는 타이완의 전통과 현대에 관한 전시를 볼 수 있다.

5. 타이완 영화 〈맹갑〉의 촬영 장소는 타이베이 향토교육중심 구역과 연결되어 있다.

6. 내부에는 영화 촬영 소품이 그대로 보존되어 있고 영화 스틸 사진을 볼 수 있다.

7. 서쪽에 위치한 보피랴오 리스제에서는 빨간 벽돌의 운치 있는 좁은 골목 사이로 옛 완화 지역의 1960~1970년대의 흔적을 만날 수 있다.

8. 보피랴오 리스제에는 사람의 흔적들만 남은 것이 아니다.

9. 건물 뒤쪽 철제 계단을 오르면 시간은 훌쩍 현대로 이동해 옛것에 현대적인 느낌이 더해진 멋진 설치물들을 만나게 된다.

살며 사랑하며 기도하라,
룽산쓰

龍山寺, 용산사

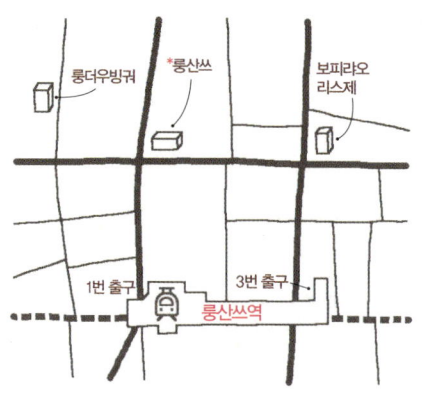

보피랴오 리스제에서 건널목을
건넌 뒤 직진

룽산쓰는 1738년에 건립된, 타이베이에서 가장 오래된 사찰로 관세음보살을 모시는 절이지만 도교와 유교의 여러 신도 함께 모시고 있어 불교·도교·유교에 민간신앙이 함께 공존하는 독특한 공간이다. 중국의 한족이 타이완에 올 때 고향의 절에 있는 향불을 가져와 신들에게 기도를 하던 것이 발전해 룽산쓰를 건립하게 되었다.

타이베이 사람들은 의제나 소송을 결정할 때 모두 룽산쓰의 신에게 물어볼 만큼 룽산쓰는 타이베이 사람들의 생활과 밀접한 관계를 맺고 있다. 각종 재해와 전쟁으로 훼손된 것을 1857년에 재건하면서 중국 전통 건축 양식과 타이완 건축 양식이 어우러져 화려하고 웅장한 또 하나의 걸작을 만들어냈다.

룽산쓰는 중국의 고전 건축 양식을 따르고 있다. '회(回)'자 형태를 이루며 전전(前殿), 정전(正殿), 후전(後殿) 및 좌우 호용으로 3진 4합식의 궁전식 건축으로 지어졌다.

전전은 11개의 방으로 이루어졌으며 삼천전, 용문청, 호문청으로 나뉜다. 삼천전 앞에는 타이완에서 유일한 동으로 만든 한 쌍의 용 조각이 화려함을 더하고 있다. 전전 지붕은 시에산(歇山)의 겹처마 지붕 형태로 되어 있어 매우 화려하면서 독특하게 느껴진다. 각각의 벽에는 『삼국연의』 『봉신연의』 등의 교육적인 내용을 비롯해 유명한 서법가들의 석각을 볼 수 있다.

정전에는 관음보살·문수보살·보현보살을 비롯해 18나한을 모시고 있으며, 후전에는 관우 등 유교와 도교의 대표적인 여러 신을 모시고 있다. 또한 좌우 호용에는 각각 종루와 고루가 있으며 가마처럼 생긴 편육각형의 지붕 조형은 독특함으로 시선을 끈다. 절의 용마루와 처마는 모두 용과 봉황, 전설 속의 기린 등 상서로움을 상징하는 동물의 모양으로 화려하게 장식되어 있어 룽산쓰는 '타이완 예술의 정화'라고 불린다.

특히 이곳에는 기적 같은 일화가 전해지고 있다. 제2차 세계대전 때 공습이 발생하면 룽산쓰가 피난처로 이용되었다. 하루는 개미들이 몰려들어 유난히 기승을 부리자 룽산쓰로 피난 온 사람들은 참을 수가 없어 모두 집으로 돌아가버렸다. 그날 저녁 기습 폭격이 있었고 룽산쓰는 중전이 완전히 훼손되었음에도 관세음보살만은 멀쩡했다. 개미 때문에 전날 집으로 돌아간 사람들도 모두 목숨을 건질 수 있었다. 이후 사람들은 모든 것이 관세음보살의 보살핌이라 믿으며 룽산쓰를 타이베이의 정신적 지주로 여기게 되었다.

이곳을 찾는 사람들은 어린이부터 청소년, 직장인, 노인에 이르기까지 다양하며 사시사철 참배객의 발길과 향불이 끊이지 않는다. 룽산쓰에 가면 정성을 다해 기도하는 타이베이 사람들의 종교 생활을 가장 가까이에서 만날 수 있다.

룽산쓰의 곳곳은 눈을 뗄 수 없을 만큼 화려한 조각이 참배객들이 피워놓은 자욱한 향과 어우러지며 또 하나의 볼거리를 제공한다.

룽산쓰 이용 안내

◆ **입장료**: 무료 ◆ **이용시간**: 06:00~22:00 ◆ **주소**: 臺北市廣州街 211號 ◆ **전화번호**: (02) 2302-5162 ◆ **홈페이지**: www.lungshan.org.tw ◆ **구글지도 검색**: 용산사

느낌 한마디

타이완 사람들의 정신적 지주라는 룽산쓰는 정성을 다해 향에 불을 붙이고 호흡을 멈춘 채 간절한 마음으로 기도하고 경전을 읽는 사람들로 가득했다. 다소 소란스러울 것이라는 예상과 달리 분위기는 경건했다. 누구의 시선에도 방해받지 않고 온 마음과 뜻을 다해 기도하고 또 기도하는 평범한 타이완 사람들의 모습은 위대해 보였다. 룽산쓰의 눈부신 화려함도 그들의 기도 앞에서는 무색해지는 것 같았다. 정녕 무언가를 위해 진심으로 기도한다는 것, 그리고 누군가를 위해 기도할 수 있다는 것은 세상에서 가장 행복한 일이라는 생각이 들었다. 그들의 기도에 방해되지 않게 룽산쓰를 둘러본 다음에 여행의 안녕과 가족의 평안함을 빌고 재미 삼아 소원이 성취될지 점쳐보는 것도 좋겠다.

룽산쓰,
어떻게 가야 할까?

−보피랴오 리스제에서 룽산쓰로 가는 방법

1. 보피랴오 리스제의 서측역사거리 입구에서 대로변 정면을 보고 영농은행(永農銀行) 앞 건널목을 건넌다.

2. 건널목을 건넌 후 아케이드를 따라 곧장 직진하면 우리나라 종로와 같은 느낌을 자아내는 길로 사람들로 북적인다.

3. 그 길을 따라 걷다 보면 룽산쓰 담벼락을 만나게 된다.

−룽산쓰역에서 룽산쓰로 가는 방법

1. 지하철 룽산쓰역 1번 개찰구로 나오면 오른쪽으로 지하상가가 이어진다.

2. 계단 쪽으로 올라간다.

3. 계단에서 룽산쓰 표지판을 따라 왼쪽 방면으로 걷는다.

4. 통로를 조금 걷다가 조각상에서 왼쪽으로 꺾는다.

5. 직진하다가 에스컬레이터를 타고 올라가 밖으로 나간다.

6. 룽산쓰 입구가 정면으로 보인다.

룽산쓰,
어떻게 돌아보지?

삼천전에는 동으로 만든 한 쌍의 용 조각이 있는데 타이완에서는 이곳이 유일하다.

1. 정문을 통과하면 삼천전이 보인다.

2. 룽산쓰는 정면에서 볼 때 오른쪽 입구로 들어가서 왼쪽 출구로 나와야 한다.

3. 향 파는 곳을 지나면 정전의 관음보살이 보인다(향은 1개당 NT$10).

4. 경건한 모습으로 참배를 올리는 사람들과 관광객들이 묘하게 어우러지는 곳이다.

5. 절 지붕은 용·봉황·기린 등의 상서로운 길상을 상징하는 동물로 꾸며져 있다.

6. 정전에서 오른쪽으로 들어가면 관우 등 유교·도교의 대표적인 신을 모시고 있는 후전이다.

7. 사람들이 한곳에서 경건하게 기도를 한 후 바닥에 무언가를 던지는 광경을 볼 수 있다.

8. 마음속으로 이루고 싶은 소원을 빌고 반달 모양의 빨간 나무 조각을 바닥에 던진다.

9. 서로 다른 모양의 반달이 나오면 신이 소원을 들어준다는 의미다.

10. 왼쪽 출구로 나오면 관람이 끝난다.

11. 과자가 올라가는 등 우리나라와 다른 풍습을 볼 수 있다.

Tip. 롱산쓰는 반드시 입구와 출구를 지켜서 돌아보아야 한다. 현지인들 말로는 출구로 들어가면 부정을 탄다는 속설이 있다고 한다. 경내에서 조용히 기도를 올리는 사람들을 방해하지 않도록 사진을 찍을 때도 조심해야 한다. 경내 곳곳에는 반달 모양의 빨간색 나무 조각이 있으니 재미 삼아 운세를 점쳐보자.

타이완 사람처럼 먹는 첫 식사,
샤오웨이 촨차이

小魏川菜, 소위천채

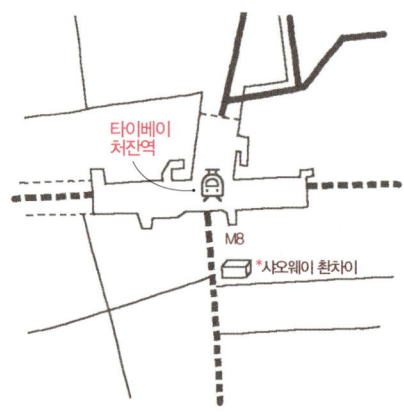

타이베이처잔역 M8번 출구로 나와 좌회전 후 첫 번째 건물 3층

중국 사천(四川)요리는 '촨차이(川菜)'라고 하는데 보통 한자로 '사천(四川)' 혹은 '천(川)'이라는 글자가 간판에 있으면 중국 사천요리 전문점이라고 보면 된다. 흔히 사천요리는 매운 맛이 특징이라고 하지만 타이완의 사천요리는 생각보다 맵지 않으며 우리나라 사람들의 입맛에도 잘 맞는 편이다. 위의 사진 속 음식은 샤오웨이 식당에서 주문한 요리로 약 4~5명이 먹을 수 있으며 다른 사천요리 전문점에서도 무난하게 먹을 수 있는 메뉴다.

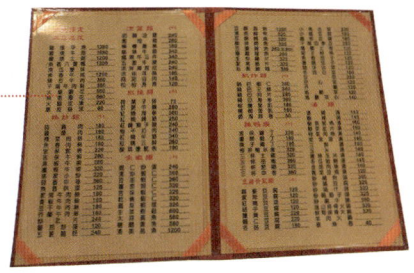

샤오웨이 촨차이 메뉴판

타이완을 찾는 한국인 관광객이 늘어나면서 어딜 가도 한국인을 마주치기 마련이고 유명한 곳은 현지인보다 한국인이 더 많은 곳도 있다. 하지만 샤오웨이 촨차이는 여행자보다 대만 현지인들이 대부분이며, 메뉴판도 전부 한자로 되어 있다. 사천요리 전문점이지만 대만인 입맛에 맞추었기에 그다지 맵지 않다. 특히 새우볶음밥과 마파두부는 한국인 입맛에도 잘 맞아 입맛 까다로운 사람도, 아이들도 무난하게 먹을 수 있다.

샤오웨이 식당 이용 안내

◆ 이용시간: 11:00~14:00, 17:00~21:00　◆ 주소: 臺北市中正區公園路13號3樓　◆ 전화번호: (02) 2371-8427
◆ 구글지도 검색: Xiao Wei Chuancai Restaurant

타이완에서의 첫 저녁 식사. 책자에 나온 흔한 곳보다는 타이완 사람들 속에서 타이완 사람들처럼 먹어 보고 싶었다. 왜? 오늘은 타이완 여행의 첫날이니까. 시끌벅적한 가운데 현지인들로 가득 찬 곳에서 이방인을 쳐다보는 그들의 은근한 시선이 왠지 즐겁기만 하다. 영어도 통하지 않는 오리지널 현지인 맛집에 살짝 당황하기는 했지만 우리나라에서 먹던 중국요리와는 닮은 듯 다른 음식이 어찌 이리 우리 입맛에 딱 맞는지. 게다가 가격은 또 얼마나 착한지. 기분 좋은 포만감이 따라온다.

샤오웨이 찬차이,
어떻게 가야 할까?

1. 지하철 타이베이처잔역 M8번 출구로 나간다.

2. 출구에서 왼쪽으로 나간다.

3. 출구에서 나가자마자 정면으로 보이는 첫 번째 건물의 간판 '샤오웨이(小魏)'를 확인한다.

4. 건물 입구 왼쪽에 위치한 엘리베이터를 타고 3층에서 내린다.

5. 엘리베이터에서 내리면 바로 샤오웨이 찬차이 내부다.

샤오웨이 촨차이, 어떻게 주문하지?

1. 홍샤오뉴진(紅燒牛筋): 소 힘줄을 간장 소스에 조린 것으로 한국 갈비와 비슷한 맛이다. 콜라겐이 풍부하며 쫄깃쫄깃해서 한국인 입맛에도 잘 맞는다.

2. 더우먀오샤런(豆苗蝦仁): 완두콩 새싹과 새우를 담백하게 볶은 요리다.

3. 더우수쉐위(豆酥鱈魚): 담백한 대구 살에 고소한 더우수가 뿌려져 있는데 맛이 일품이다. 더우수는 콩 종류를 튀겨서 양념으로 만든 것이다.

4. 공바오지딩(宮保雞丁): 매콤한 닭튀김으로 특히 한국인 입맛에 잘 맞는다.

5. 마파더우푸(麻婆豆腐): 마파두부로 두부와 고기, 조미료 등을 넣고 볶은 요리다.

6. 콩신차이(空心菜): 마늘과 공심채라는 채소를 함께 볶은 것으로 마늘향이 잘 배어 있어 담백한 맛을 느낄 수 있다.

7. 둥과거리탕(冬瓜蛤蜊湯): 동과(겨울호박) 조개탕으로 개운하고 시원한 맛이 난다.

8. 샤런차오판(蝦仁炒飯): 새우볶음밥으로 한국에서 먹던 것보다 맛이 좋다.

24시간 잠들지 않는 서점, 청핀수뎬 둔난뎬

誠品敦南店, 성품돈남점

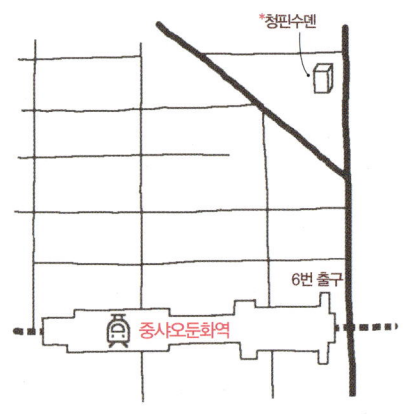

중샤오둔화역 6번 출구에서 직진해
대로변 건널목을 건너면 정면에 위치

24시간 잠들지 않는 청핀수뎬은 2004년 〈타임〉이 선정한 '아시아 최고 서점'에 뽑힌 곳이다. 24시간 영업을 하는 서점은 일본과 중국에도 있지만 아시아에서 원조는 타이베이의 청핀수뎬이라고 해도 과언이 아니다. 청핀수뎬은 '인문 정신에 대한 사랑'이라는 창립 이념으로 1989년 런아이위안환(仁愛圓環) 지역에서 문을 열었다. 지식인들에게 사랑을 받던 청핀수뎬은 1995년 중샤오둔화로 자리를 옮기면서 고객들을 대상으로 서점에 관한 설문조사를 했다. 무려 41%의 고객이 '24시간 서점'을 원했고, 1999년 3월에 24시간 잠들지 않는 청핀수뎬이 탄생하게 되었다.

청핀수뎬은 타이완 여러 지역에 지점이 있는데 본점인 중샤오둔화점만 24시간 영업을 한다. 타이완을 대표하고 있는 서점답게 전문적이고도 다양한 책을 만날 수 있어 책을 좋아하는 사람들이라면 이곳에서 밤을 새워야 할지도 모른다. 이 서점이 타이베이 시민의 밤 문화를 바꾸어놓았다는 평가를 받고 있을 정도이니 '책 읽는 타이완'을 직접 느껴보는 것도 좋겠다. 그렇다고 이곳에 책만 있다고 생각하면 큰 오산이다. 문구, 음반, 아트숍, 카페, 레스토랑 등 다양한 매장에서 상상한 그 이상의 볼거리와 재미를 느낄 수 있다.

청핀수뎬 이용 안내

◆**이용시간:** 서점은 24시간 개방, 다른 매장은 11:00~22:00 ◆**주소:** 臺北市大安區誠品商場敦化南路一段243號
◆**전화번호:** (02) 2775-5977 ◆**홈페이지:** www.eslite.com ◆**구글지도 검색:** 성품서점

느낌 한마디

애매한 시간을 보내거나, 비를 피하거나, 더위를 피하는 가장 최적의 공간으로는 국내외를 막론하고 서점만 한 곳이 없다. 청핀수뎬 중샤오둔화 본점은 서점뿐 아니라 최고의 복합 쇼핑몰답게 다양한 문구류, 음반 매장, 아트숍, 액세서리, 잡화류까지 모두의 눈을 사로잡는다. 하지만 무엇보다도 2004년 〈타임〉이 선정한 '아시아 최고 서점'이라는 명성 그대로 다양하고 전문적인 출판물이 눈에 띄었다. 고도로 발달한 문명을 한껏 누리고 있는 21세기, 스마트한 세상이 가져다주는 편리함이 우리 뇌를 바보로 만들고 있다는 사실을 잊은 지 오래다. 모든 것이 최첨단을 달리는 요즘, "하루라도 글을 읽지 않으면 입안에 가시가 돋는다."라는 안중근 의사의 명언이 차가운 비수가 되어 날아온다.

청핀수뎬 둔난뎬, 어떻게 가야 할까?

1. 중샤오둔화역에서 6번 출구로 나간다.

2. 정면으로 두 블록 직진한다.

3. 대로에서 건널목을 건넌다.

4. 정면으로 청핀수뎬 건물이 보인다.

5. 청핀수뎬 입구

청핀수뎬 둔난뎬, 어떻게 돌아보지?

1. 지하 2층에서 2층까지 문구·의류·액세서리 판매점을 비롯해 카페·와인셀러·푸드코트 등이 있다.

2. 지하 1층 훠궈전문점 쥐(256쪽 참조)

3. 지하 2층 입구

4. 음반가게

5. 문구류점

6. 가장 인기 많은 오르골샵

7. 서점의 모습

8. 타이베이 시민과 관광객이 많이 찾는 곳이다.

Tip. 지하에는 다양한 종류의 아기자기한 소품을 판매하므로 건물 내 아트숍을 둘러보는 재미도 쏠쏠하다. 이곳에서 추억에 남는 기념품을 하나 장만하는 것도 좋다.

아주 특별한 타이완
100년을 이어온 타이완 시장 빙수집, 룽더우빙궈(龍都冰菓, 용도빙과)

룽더우빙궈

1920년에 개업한 타이완 최고의 빙수집이 룽산쓰 근처에 있다. 시장 안 작은 가게에 허름한 간판을 달고 있어 초라하다고 생각하면 큰 오산이다. 1920년 리밍탄(李明潭) 할아버지가 처음으로 개업했고 2대에 걸쳐 이어지고 있는 이 빙수 가게는 자부심 하나로 오늘의 명성을 얻은 곳이다. 이곳의 빙수는 예리한 칼을 사용해서 얼음을 갈기 때문에 갈린 얼음이 매우 세밀하고 부드럽다. 또 빙수에 들어가는 떡도 직접 손으로 만들어서 쫄깃쫄깃 맛있다. 이곳은 빙수에 들어가는 토핑을 직접 선택할 수 있다는 것이 특징이다.

룽더우빙궈의 인기 메뉴는 8가지 토핑이 들어가는 빙수인 바바오빙(八寶冰), 파파야 우유인 무과뉴나이(木瓜牛奶), 키위 주스인 치이궈즈(奇異果汁) 등이 있다. 바바오빙의 8가지 토핑으로는 2가지 종류의 팥, 녹두, 땅콩, 새알심, 토란, 토란과 고구마 등을 섞어서 만든 재료가 있다.

룽더우빙궈에서는 여름에는 빙수를 팔고, 겨울에는 따뜻한 종류의 음식을 판다. 겨울에 파는 따뜻한 음식 중에서 화성유탸오(花生油條, 땅콩과 밀가루 반죽을 튀긴 유탸오), 훙더우탕위안(紅豆湯圓, 팥과 새알심), 바바오저우(八寶粥, 8가지 토핑이 들어간 죽)가 인기 있다. 오랜 역사를 가지고 있어 현지인들에게 인기 있는 빙수집으로 옛날 빙수의 향수를 느낄 수 있으며 맛 대비 가격은 정말 최고다. 그 외 토핑 추가 개수에 따라 가격이 달라지며 한국어 메뉴판도 있다. 우리나라 사람들보다 일본인에게 더 유명한 곳이다.

여름에 가장 인기 있는 메뉴인 망고빙수는 6월에서 9월까지만 판매한다.

룽더우빙궈 이용 안내

◆ **이용시간:** 11:30~다음 날 01:00까지   ◆ **주소:** 臺北市萬華區廣州街168號   ◆ **전화번호:** (02) 2308-3223

룽더우빙궈, 어떻게 가야 할까?

1. 룽산쓰에서는 보피랴오 리스제의 반대 방향으로 걷는다. 첫 번째 건널목을 건너 직진 후, 하이라이프(Hi-Life) 편의점을 끼고 오른쪽으로 꺾는다.

2. 다소 허름해 보이는 골목의 간판 몇 개를 지나면 길 건너편으로 룽더우빙궈 간판이 보인다.

3. 지하철에서 오는 경우 룽산쓰역 1번 출구로 나와 길을 따라 직진하다가 룽산쓰에서 왼쪽 횡단보도를 건넌다. 길 건너편에 하이라이프 편의점 간판이 보이면 건널목을 건너서 골목으로 직진한다. 조금 걷다 보면 룽더우빙궈 간판을 발견할 수 있다.

룽더우빙궈 간판

1920년에 개업했다는 자부심이 있는 곳이다.

룽더우빙궈, 어떻게 주문하지?

01

02

03

04

05

06

01〉 룽더우빙궈는 싱싱한 망고로 가득하다. | 02〉 룽더우빙궈 내부 모습 | 03〉 이곳을 다녀간 유명 인사들의 사진이 빼곡히 붙어 있다. | 04〉 메뉴판. 인기 메뉴인 망고빙수는 여름 한정 메뉴다. | 05〉 바바오빙 | 06〉 화성유탸오

둘째 날,
올드 앤 뉴의 매력 가득한 타이베이

둘째 날,
일정 한눈에 보기

단수이 淡水
주웨이 竹圍
홍수린 紅樹林
베이터우 北投
신베이터우 新北投
치엔 奇岩
스파이 石牌
밍더 明德
조산 芝山
스린 士林
젠탄 劍潭
위안산 圓山
민취안시루 民權西路
솽롄 雙蓮
중산 中山
타이베이처잔 臺北車站
룽산쓰 龍山寺
시먼 西門
산다오쓰 善導寺
중샤오신성 忠孝新生
중샤오푸싱 忠孝復興
중샤오둔화 忠孝敦化
난징푸싱 南京復興
궈푸지녠관 國父紀念館
스정푸 市政府
융춘 永春
허우산피 後山埤
쿤양 昆陽
난강 南港
난강잔란관 南港展覽館

싼시탕
건륭황제의 서재에서 먹는 차 한 잔 혹은 한 끼의 식사

구궁보우위안
유물을 전부 보는 데만 30년이 걸린다는 세계 5대 박물관 중 하나

송산원추앙위안취
옛 담배공장의 화려한 변신은 무죄

화산1914 원추앙위안취
옛 양조장이 문화예술 단지로 탈바꿈한 곳

타이베이 101관징타이
타이베이 최고의 랜드마크

신푸 新埔
장쯔추이 江子翠
푸중 府中
반차오 板橋
야둥이위안 亞東醫院
하이산 海山
투청 土城
융닝 永寧

★ 하루 만에 수천 년 전의 중국 역사와 세계 최고의 현대식 빌딩을 만나는 타임 슬립은 오직 타이완에서만 가능하다. 유구한 과거의 역사와 최첨단의 미래의 사이에서 예술과 문화가 현재를 채우고 있는 올드 앤 뉴의 설렘 가득한 타이베이의 하루가 당신을 기다리고 있다.

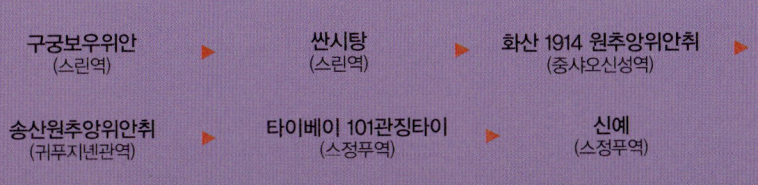

구궁보우위안
(스린역)
▶
싼시탕
(스린역)
▶
화산 1914 원추앙위안취
(중샤오신성역)
▶

송산원추앙위안취
(궈푸지녠관역)
▶
타이베이 101관징타이
(스정푸역)
▶
신예
(스정푸역)

5천 년 역사의 보물을 품은 곳,
구궁보우위안

故宮博物院, 고궁박물원

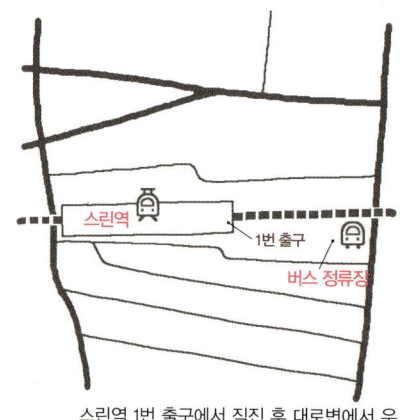

스린역 1번 출구에서 직진 후 대로변에서 우회전 후 버스정류장 이용

구궁보우위안은 중국 송대·원대·명대·청대 황실의 궁정 유물 약 69만 점을 보유하고 있으며 세계 5대 박물관 중 하나다. 이곳에서는 유물을 3개월 단위로 교체해서 전시하는데 69만여 점을 모두 보려면 30년이 걸린다고 할 만큼 엄청난 규모다. 소장품 대부분은 중국 황실의 궁정 유물로 5천 년 중국 역사의 보물이자 전 인류의 문화자산이라고 할 수 있다.

타이완 구궁보우위안의 이름이 '중앙'박물원이 아닌 '고궁(구궁)'박물원이란 이름이 붙은 것은 중국

베이징의 고궁박물원에서 그 유래를 찾을 수 있다. 1925년 청 왕조 멸망 후 궁정 유물을 모아 베이징의 자금성에 고궁박물원을 설립한 후 일반인에게 공개했다. 이후 일본의 침략 전쟁과 내전을 거치는 동안 국민당 정부는 고궁과 중앙박물원의 중요 문물 약 60만 점을 선별해 타이완으로 옮겨와 지금의 자리에 구궁보우위안으로 복원하게 된 것이다.

구궁보우위안은 주요 유물이 전시되고 있는 제1전시구역(본관)과 비정기 특별전이 열리는 제2전시구역, 그리고 2개의 행정 건물 등으로 이루어져 있다. 주요 관람 구역인 제1전시구역의 본관 1층에는 중국 역사 자료, 2층에는 그림과 도자기, 3층에는 가장 진귀한 유물이 전시되어 있다. 4층에는 건륭 황제의 서재를 재현한 싼시탕(三希堂)이 있다. 이곳에서는 가벼운 중국식 식사나 차를

즐길 수 있다. 수많은 주요 유물 중 청나라 때 제작된 취옥백채(翠玉白菜, 일명 배추), 19세기 육형석(肉刑石, 삼겹살 모양), 조감람핵주(雕橄欖核舟, 올리브 씨앗), 상아투화운룡문투구(象牙透花雲龍紋套球, 상아 공 조각) 등이 가장 인기가 많다.

내부 전시실은 중앙 계단을 중심으로 중앙을 비운 'n' 자형의 구조이기 때문에 1층 관람 후 중앙 계단을 이용해 2층이나 3층으로 이동할 때 계단에 붙어 있는 화살표가 가리키는 방향을 따라가야 관람 동선이 엉키지 않는다. 전시 관람 동선은 따로 정해져 있지 않으나 가장 볼거리가 많은 3층 전시실의 경우 워낙 많은 인원이 몰리다 보니 다른 층과 달리 규칙이 있다. 취옥백채와 육형석이 있는 302호 전시실부터 무조건 순서대로 관람을 하도록 동선이 정해져 있고, 관람 인원도 정해져 있어서 상당 시간 대기해야 한다. 따라서 102호 전시실에 먼저 들러 중국의 역사와 유물을 연대기별로 살펴본 뒤 바로 중앙 계단을 이용해 3층 관람을 먼저 하고 난 뒤 2층과 1층을 관람하는 것이 효율적이다.

구궁보우위안 이용 안내

◆ **입장료:** 일반인 NT$350(국제 학생증 및 유스트래블 카드 소지자 NT$150), 18세 미만 무료(국적 불문) ◆ **이용시간:** 08:30~18:30(연중무휴, 매주 금, 토요일은 21:00까지 야간 개방) 관람권 판매 시간 08:20~18:00(야간 개방시는 20:30까지) ◆ **즈산웬(至善園) 이용시간:** 4월~10월 08:30~18:30, 11월~3월 08:30~17:30 ◆ **즈더웬(至德園) 입장료:** 무료관람 ◆ **무료 개방일:** 신정(1월 1일), 정월대보름(음력 1월 15일), 세계박물관의 날(5월 18일), 세계관광의 날(9월 27일), 타이완 국경일(10월 10일), 타이완 문화의 날(10월 17일) ◆ **한국어 오디오 가이드:** 대여료 성인용 NT$150, 어린이용 NT$100(신분증 없을 경우 보증금 NT$300), 1층 안내데스크에서 대여 가능 ◆ **전화번호:** (02) 2881-2021 ◆ **홈페이지:** www.npm.gov.tw ◆ **주소:** 臺北市士林區至善路2段221號 ◆ **기타:** 사진 촬영은 가능하나 플래쉬 사용은 금지, 자이(嘉義)에 있는 고궁박물원 남부원구에서 교체 전시 진행중 ◆ **구글지도 검색:** 국립고궁박물원

느낌 한마디

타이완 관광청에서는 "프랑스에 루브르 박물관이 있다면 아시아에는 구궁보우위안이 있다."라고 소개할 만큼 타이완은 구궁보우위안에 엄청난 자부심을 가지고 있다. 보는 데만 전부 30년이 걸린다는 약 69만 점의 중국 황실 궁정 유물을 어디에 보관하고 있는지도 미스터리라고 한다. 구궁보우위안의 외부는 중국 궁전 양식의 4층 건물로 멀리서도 눈에 띄었지만 막상 도착하고 보니 웅장한 느낌보다는 단아한 느낌이 들었다.

유물을 빨리 만나 보고 싶은 마음이 앞서다 보니 중앙 계단에서 관람 동선 화살표를 미처 발견을 하지 못하고 반대 방향으로 올라가게 되었다. 그래서 관람 동선이 엉켜서 각 전시실마다 매겨진 번호를 뻔히 보고도 입구를 못 찾아서 헤매기 일쑤였고 전시실 순서를 따라가도록 되어 있는 3층에서는 줄을 서서 오래 기다려야 했다. 한참을 기다려 입에 침이 마르도록 칭찬이 자자한 유물들을 실제로 보니 과연 인간이 만든 창작물인가 두 눈을 의심할 만큼 대단하고 대단했다. 하지만 이보다 더 대단한 건 세계 유명 박물관이 그러하듯 박물관 곳곳에 깃발을 든 단체 관광객의 힘찬 발걸음과 목소리였다. 관람을 끝내고 지하 1층에 있는 선물 코너에서 취옥백채 모형의 볼펜과 열쇠고리를 기념으로 구입했다. 한국에 와서야 이 배추가 밤이 되면 진짜 배추 형광색으로 빛나는 매력을 가진 멋진 녀석인 줄 알았다.

구궁보우위안,
어떻게 가야 할까?

1. 스린역 1번 출구로 나간다.

2. 개찰구를 나가서 직진한다.

3. 계단을 내려가 박물관의 유물을 안내하고 있는 곳 쪽으로 직진한다.

4. 정면에 보이는 고가다리를 따라 큰 대로변까지 걷다가 왓슨스에서 우회전한다.

5. 구궁보우위안행 버스 정류장이 있다.

6. 구궁보우위안행 버스로는 255, 304, 815, 紅30, 小18 등이 있다. 紅30은 구궁보우위안 지하 1층에 하차하며 배차 간격은 약 20~30분이다.

7. 구궁보우위안이 보이면 하차한다. 약 10분이 소요된다.

8. 정면의 건널목을 건넌다.

9. 구궁보우위안 입구에는 쑨원의 휘호인 천하위공(天下爲公)이 적힌 현판이 걸려 있다.

10. 천하위공 문을 지나 정면에 보이는 건물이 주요 유물을 전시하고 있는 제1전시구역(본관)이다. 계속 직진해서 계단을 올라가면 된다.

관람 후 스린역까지,
어떻게 가야 할까?

– 구궁보우위안 지하 1층 紅30을 이용하는 경우

1. 지하 1층 기념품 판매점 앞에 있는 출구로 나간다.

2. 왼쪽에 버스 정류장이 있다.

3. 紅30 버스 배차 시간. 버스 시간표를 확인 후 시간이 맞지 않으면 구궁보우위안 입구에서 버스를 이용하는 것이 편리하다.

– 구궁보우위안 입구에서 버스를 이용하는 경우

1. 구궁보우위안 입구에서 오른쪽 길로 가면 버스 정류장이 보인다.

2. 스린역으로 가는 버스(255, 304, 815, 紅30, 小18)에 탑승한다.

3. 스린역 버스 정류장에 하차한다.

4. 건널목을 건너 왓슨스를 끼고 왼쪽으로 돌면 스린역이다.

구궁보우위안,
어떻게 돌아보지?

1. 구궁보우위안 입구에서 하차한 경우 정면 계단을 따라 올라와서 제1전시장으로 들어가면 로비다.

2. 구궁보우위안 지하 1층에서 하차한 경우 실내로 들어와 에스컬레이터를 타고 올라오면 1층 로비다.

3. 1층 로비의 모습. 왼쪽부터 오디오 가이드 대여소, 전시관 입구, 매표소, 물품보관소가 차례로 있다.

4. 로비 중앙에 마련된 안내소에서는 구궁보우위안 전용 와이파이를 신청할 수 있다.

5. 제1전시장 입구에서 관람권을 내고 입장하면 된다.

6. 지하의 기념품 코너에는 세련미 넘치는 기념품이 다양하다.

Tip. 조금이라도 여유로운 관람을 하려면 최소한 오전 9시 전에 도착하거나 단체 관광객들이 점심 식사를 위해 썰물처럼 빠져나가는 오전 11시 30분에 관람해야 한다. 가볍게 둘러보아도 2시간 정도가 소요되며 작은 쇼핑백이나 크로스백을 제외하고 짐은 모두 보관소에 맡겨야 한다. 여름에도 에어컨 시설이 잘되어 있으므로 간단한 겉옷을 준비하는 것이 좋다. 지하 1층에도 매표소가 있지만 단체 관람객 전용이니 1층의 매표소를 이용해야 하며 유물은 아는 만큼 보이는 것이니 한국어 오디오 가이드를 대여하는 것을 추천한다. 사진 촬영은 가능하지만 플래쉬를 사용하면 안 된다.

- 구궁보우위안 주요 유물

육형석

타이완 사람들이 가장 사랑한다는 청나라의 유물이다. 3단으로 구성된 돼지고기와 비곗덩어리, 그리고 껍데기가 색깔이나 질감 모두 매우 실감나서 삼겹살이 아닌지 자꾸만 쳐다보게 된다. 심지어 돼지의 숨구멍까지 그대로 재현했다. 원석을 그대로 사용하기는 했지만 좀더 사실적인 표현을 위해 약간의 가공을 거쳤다고 한다.

취옥백채

관람객이 가장 많이 몰리는 유물이다. 청나라 말기 광서제의 왕비인 서비가 결혼예물로 가져온 것으로 통옥석에 흰색 배추 줄기와 녹색 배추 잎 위에는 여치 2마리가 조각되어 있다. 배추 위에 앉은 여치는 금방이라도 튀어 오를 것처럼 생생하고 배추와 여치 등 취옥백채가 하나의 옥석으로 만들어졌다는 것이 놀랍다. 재료로 쓰인 옥이 흰색과 녹색이 섞여 있어 최상급은 아니라고 한다.

모공정

높이 53.8cm, 지름 47cm에 배분의 깊이 27.2cm, 무게 34.7kg에 달하는 모공정은 서주 말기에 청동으로 제작되었다. 안쪽의 명문은 총 7개의 단락으로 497자가 새겨져 있는데 왕의 책명을 간략하게 요약해서 새긴 서주 금문의 걸작으로 여겨진다. 주나라의 선왕이 즉위 직후 숙부인 모공에게 나라 안팎의 일들을 돌보도록 했는데 모공이 잘 돌보았기에 임금이 표창을 내렸고, 이에 모공은 그 내용을 새긴 정을 주조해서 후손들에게 가보로 보존하도록 한다고 적혀 있다.

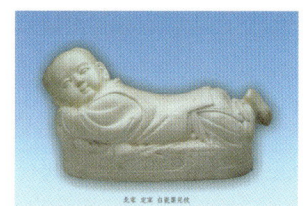

정요 백자 어린이 모양 베개

한쪽 다리를 꼬고 비스듬히 누워 있는 아이의 천진난만한 모습을 보고 있노라면 미소가 절로 떠오른다. 이미 은나라 때부터 시작된 중국 백자 역사는 송의 정요가 크게 융성하면서 세계에 명성을 떨치게 되는데 이 유물은 북송 시대의 걸작으로 인정받고 있다.

89

옛 양조장이 빚은 아날로그 감성,
화산 1914 원추앙위안취

華山1914文創園區, 화산 1914 예술문화단지

중샤오신성역 1번 출구에서 직진 후 사거리에서 오른쪽

타이베이 도심 한가운데 타이베이 예술여행의 명소로 이름을 알리고 있는 곳이 있다. 바로 일제강점기에 지어진 역사적인 건물 화산 1914 원추앙위안취다. 이곳은 원래 팡냥서(芳釀社, 방양사)라는 양조장이 있던 곳이다. 팡냥서는 1914년에 지어진 타이완 최대의 양조장으로 다양한 종류의 술을 생산하던 곳이었다. 그러나 급격한 도시화가 이루어지며 지가 상승으로 양조장이 다른 곳으로 이사를 간 후 한동안 방치되었다. 그 후 지금의 문화예술단지로 탈바꿈했으며 현재는 타이완 예술의 창조성을 제공하는 중요 장소로 각광받고 있다. 야외에는 화산 극장, 예술거리, 삼림극장이 있어 대형 예술 작품 전시회, 콘서트 및 소형 공연 등이 열린다. 내부에는, 전시, 연극, 공연, 박람회 등 예술 창작과 관련된 많은 행사가 열리며 다양한 종류의 카페와 아트숍이 있어 식사와 음료를 즐길 수 있다. 옛 양조장 건물이 예술이란 옷을 입고 새로 탄생한 화산 1914 원추앙위안취는 그 독특한 분위기

로 웨딩 촬영 명소가 되고 있으며 출사지로도 손색이 없다. 또한 운이 좋다면 영화나 드라마 혹은 각종 광고 촬영 모습도 볼 수 있다.

화산 1914 원추앙위안취 이용 안내

◆ **입장료**: 무료　　◆ **이용시간**: 24시간 개방(내부는 전시 공간에 따라 다름)　　◆ **주소**: 臺北市中正區八德路一段1號　　◆ **전화번호**: (02) 2358-1914　　◆ **홈페이지**: www.huashan1914.com　　◆ **구글지도 검색**: 화산 1914 창의문화원구

타이베이의 화려한 번화가의 출발점에 위치하고 있는 옛 양조장은 과거의 시간 궤적과 맞물려 독특한 느낌을 자아내는 곳이었다. 입구에 들어서자마자 건물 전체를 뒤덮고 있는 넝쿨식물이 눈을 사로잡았고 높이 솟아 있는 옛 양조장의 굴뚝과 오랜 시간 그 자리를 지켰을 나무는 자연스럽게 새로운 건물의 구조 역할을 하고 있었다. 그렇다. 그곳은 그냥 오래된 건물이 아니었다. 시간의 궤적과 함께하고 있는 나무가 건물의 구조로 만들어지는 느리고도 느린 곳. 그곳에는 스마트한 세상이 가지고 가버린 아날로그 감성이 살아 숨 쉬고 있었다. 큰 기대보다 옛 양조장이라는 호기심에 이끌려 찾았던 화산 1914 원추앙위안취. 그 옛날 술을 빚던 자리에서 아날로그 감성으로 빚어낸 예술의 향기에 흠뻑 취했다.

화산 1914 원추앙위안취, 어떻게 가야 할까?

1. 중샤오신성역에서 1번 출구로 나간다.

2. 사거리까지 직진한다.

3. 건널목을 건너 계속 직진한다.

4. 고가도로의 건널목을 건넌다.

5. 빨간색 조형물 너머로 보이는 곳이 화산 1914 원추앙위안취다.

화산 1914 원추앙위안취,
어떻게 돌아보지?

> Tip. 생각보다 규모가 꽤 있는 편이라 입구 왼쪽에 있는 관광안내소에서 지도를 받아 들고 다니는 게 효율적이다. 사진을 좋아하는 사람이라면 독특한 풍경으로 끝없이 촬영을 하게 될 것이다. 전시가 열리는 다양한 갤러리와 레스토랑이나 카페 등이 있어 휴식을 취하기도 좋으며 저녁이나 주말에는 야외 공연을 보는 재미도 쏠쏠하다.

1. 화산 1914 원추앙위안취의 입구 모습이다.

2. 광장은 야외 공연 무대로 활용된다. 이곳은 전시 안내 조형물마저도 독특한 느낌을 자아낸다.

3. 왼쪽에 있는 흰 건물이 관광안내소다.

4. 관광안내소에서 기념 스탬프를 찍고 지도를 받을 수 있다.

5. 옛 양조장의 정취가 고스란히 남아 있어 인기 명소로 급부상하고 있다.

6. 야외광장의 왼쪽에 있는 펍 레스토랑 Trio cafe

7. 직접 자신의 취향대로 오르골을 만들고 체험도 가능한 오르골 샵 Wooderful life

8. 윈드뮤직(風潮音樂 wind music) 일반적인 팝뮤직이 아닌 대만 음악만의 유니크한 점을 모던하고 독특한 방식으로 대중들에게 전달하고 있는 곳으로 카페도 함께 운영하고 있다.

9. 칭냐오슈덴(青鳥書店. Bleu & Book) 동화 '파랑새'에서 영감을 얻어 Bleu&book이란 이름을 지었다. 아주 작은 서점 안에는 특색 있는 책들을 볼 수 있고 카페도 있어 차도 마실 수 있다.

담배공장의 화려한 변신,
송산원추앙위안취

松山文創園區, 송산 문화창조단지

1937년 타이완총독부 전매국의 송산 연초공장에서 출발한 송산 담배공장은 타이완 최초의 전문 담배공장이다. 일제강점기에 지어진 건물답게 일본의 초기 현대주의적 건축 양식을 따르고 있는데 건물 전체가 수평을 강조하는 독특한 양식으로 당시 타이완 공업 공장의 롤모델이 된 곳이다. 1945년 제2차 세계대전 후 송산 담배공장으로 이름을 바꾸었다. 그러나 1998년 도시 공간 재정비와 담배의 수요량 감소 등을 이유로 타이베이 담배공장에 흡수되면서 송산 담배공장은 그 막을 내렸다. 이후 방치되던 공간을 2001년 정부에서 시 지정 유적지로 지정했다. 현재는 타이완 창의디자인센터와 합작해서 타이완 디자인관을 설치했고, 유리 작업실과 유리 예술을 결합한 샤오산탕(小山堂, 소산당) 등이 있다. 뿐만 아니라 각종 전시도 활발히 이루어져 명실공히 타이베이시 디자인과 문예 창작 산업의 메카가 되고 있다. 송산원추앙위안취는 총 5개의 출입구가 있을 만큼 넓은 규모로 옛 담배공장의 사무청사, 5개의 창고, 담배 제조공장, 보일러실, 검사실, 기계 수리실, 탁아소, 바로코 화원, 생태 경관 연못, 멀티 전시실 등이 있다. 또한 5개의 창고 건물 옆에는 청핀성훠(誠品生活, 성품생활)라는 건물이 있는데 지하 2층부터 지상 3층
까지 복합쇼핑몰이고 나머지는 5성급 호텔인 성품호텔(誠品行旅 eslite hotel)로 이곳의 스카이라운지에서 타이베이 101빌딩 조망이 가능하다. 여전히 현재 진행형인 송산원추앙위안취는 타이베이 도심의 또 다른 예술 명소로 급부상하고 있다.

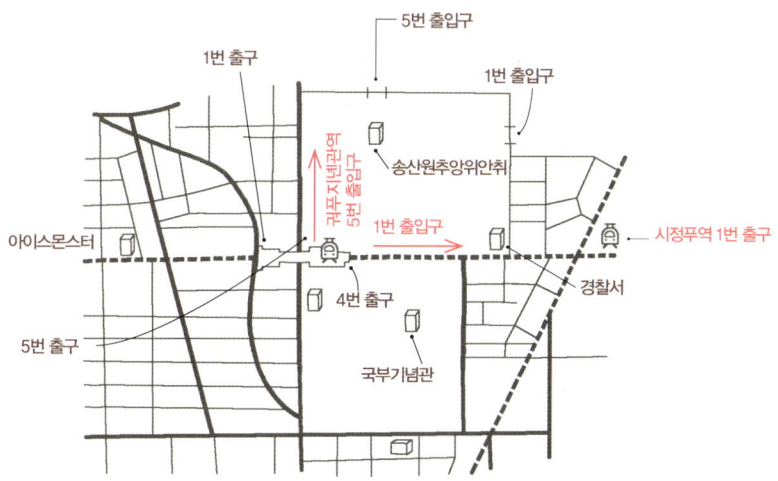

- 궈푸지녠관역 5번 출구로 나오면 송산원추앙위안취 오른쪽(5번 출입구) 혹은 왼쪽(1번 출입구)의 두 방향 모두 이용 가능하며 5번 출입구 쪽이 조금 더 가깝다. 1번 출입구 방향으로 이동할 경우 경찰청에서 좌회전하면 된다. 시정부역 1번 출구를 이용하면 궈푸지녠관역보다 조금 더 가깝다.
- 참고로, 지하철 5번 출구와 국부기념관 방향 4번 출구까지의 거리가 꽤 긴 편이다.

송산원추앙위안취 이용 안내

◆입장료: 무료 ◆공원 이용시간: 08:00~20:00 ◆관광안내소 이용시간: 09:00~18:00 ◆전시 공간 이용시간: 08:00~18:00 ◆주소: 臺北市信義區光復南路133號 ◆전화번호: (02) 2765-1388 ◆홈페이지: www.songshanculturalpark.org ◆구글지도 검색: 송산문창원구

느낌 한마디

도회적인 세련미가 물씬 느껴지는 송산원추앙위안취의 입구에서부터 탄성이 쏟아졌다. 역사적인 건축물에 예술과 문화를 접목해 과거의 유산을 미래의 새로운 문화 자산으로 만드는 타이완 사람들의 문화 현주소를 눈으로 보고 있는 듯한 느낌이었다. 가장 번화한 도심 공간에서 소음은 사라지고, 고즈넉한 정취를 느낄 수 있다는 점이 살짝 부러웠다. 우리나라였다면 개발 논리에 밀려 옛 건물은 온데간데없이 사라지고 십중팔구 초고층 빌딩이 그 자리를 차지했을 테니 말이다. 타이베이의 변화가 중심에 시대적 배경을 같이하고 있으면서도 옛 양조장에 비해 훨씬 현대적인 느낌이 묻어나는 옛 담배공장을 걷다 보니 왠지 타이완과 부쩍 친해진 것 같았다. 미래는 결국 과거로부터 오는 것. 그 옛날 담배 연기가 날리던 곳은 예술과 문화의 공간이 되어 담배 연기 대신 창조적인 생각이 꽃을 피우고 있었다.

송산원추앙위안취,
어떻게 가야 할까?

1. 궈푸지녠관역에서 5번 출구로 나간다.

2. 5번 출구를 나와 오른쪽 방향 (1번 출입구)으로 간이 아케이드를 따라 곧장 직진한다.

3. 경찰청을 끼고 좌회전한다.

4. 계속 직진한다.

5. 송산원추앙위안취 1번 출입구에 도착한다. 지하철에서 약 7분 정도 소요된다.

송산원추앙위안취, 어떻게 돌아보지?

1. 1번 출입구로 들어가면 생태연못을 따라서 산책로가 조성되어 있다.

2. 5번 출입구로 들어가면 다채로운 색감과 디자인이 돋보이는 조형물이 보인다.

3. 담배공장이었을 때 화재 예방과 물 조절 등을 위해 만든 연꽃연못은 생태연못으로 탈바꿈했다. 타이베이 도심의 한가운데 위치하고 있으면서도 시골의 정취를 느낄 수 있어 '동취의 에메랄드'라는 별명을 가지고 있다.

4. 석탄을 이용해 전력을 공급하던 보일러실. 공장의 심장이자 한때는 타이페이의 랜드마크였다. 새로운 랜드마크인 타이베이 101 빌딩의 맞은편에서 타이페이 역사의 상징적인 증거가 되고 있다.

5. 리우리공팡(琉璃工房)이 있는 곳은 기계 수리 공장으로 사용했던 곳으로 당시에는 필터가 없는 담배 제조 기계 30대로 연간 20억 개비의 담배를 생산했다고 한다.

6. 리우리공팡은 유리로 만든 제품들을 볼 수 있다. 참고로 이곳에 있는 화장실은 전체가 유리로 되어 있어 예술작품이라고 해도 좋을 만큼 멋지다.

7. 야외공간은 리우리카페(Luli Cafe)로 세트메뉴와 단품요리 외 커피, 조각 케이크 등 다양한 디저트를 즐길 수 있다.

8. 리우리카페의 내부. (영업시간: 11:00~18:00, 홈페이지: http://www.tmsk.com)

9. 리우리카페 옆 녹색건물로 보육실이었다. 한때 약 1,200여 명의 직원이 있었으며, 식당, 욕실, 기숙사, 병원 등이 있어 걱정 없이 일할 수 있도록 했다. 현재 북카페로 이용되고 있다.

10. 북카페 웨러슈덴(閣樂書店)은 개성 강한 책들은 물론이고 곳곳에 빈티지한 소품들로 가득하다. 웨러슈덴 영업시간은 10:00~18:30이다.

11. 북카페에서는 커피나 샌드위치 등 간단한 음료 및 식사가 가능하다.

12. 인포메이션센터에서는 송산원추앙위안취와 관련된 전시물도 볼 수 있고 기념 스탬프도 찍을 수 있다. (운영 시간: 09:00~18:00, 전화번호: 02-2765-1388)

13. 담뱃잎을 처리하고, 말고, 포장하던 장소로 '신낙원'이란 브랜드의 담배를 생산하던 담배공장이다.

14. 담배공장은 긴 복도식으로 벽이 없는 공간이지만 창문이 많아서 빛이 잘 들어왔기 때문에 당시에는 에너지 절감이라는 콘셉트로 지어진 건물이다.

15. 담배공장의 남쪽은 전시 공간이나 카페, 아트숍으로 이용되고 있다. 서쪽 공간은 타이완 디자인 박물관으로 사용되고 있다.

16. 전시공간으로 활용되고 있는 내부 모습. 전시는 상설로 이루어지며 자세한 전시정보는 홈페이지를 참조하면 된다.

17. 담배공장 동쪽 및 인포메이션센터 옆에 위치한 송옌갤러리(松菸小賣所). 다양한 기념품 판매와 함께 카페가 운영되고 있다. (영업시간: 10:00~18:00)

18. 담배공장 서쪽에 위치한 카페 솔레(cafe sole). (영업시간: 09:00~18:00)

19. 담배공장 서쪽에 위치한 타이완 디자인 갤러리. 아이디어 가득한 수준 높고 다양한 타이완 디자인 제품들을 볼 수 있으며 구매도 가능하다. (영업시간: 09:30~17:30)

20. 담배공장의 복도로 구성된 건물 안쪽에는 한가운데 바로크 양식의 근사한 정원이 있다. 샴페인 타워 모양의 분수대가 휴식 공간을 제공한다.

21. 분수대 사방으로 여러 개의 여자 나체 조각상이 있는데 당시 담배 공장 여공을 모델로 조각한 것이라는 말이 전해진다.

22. 창고 및 운송 벨트. 공장 2층에서 담배를 생산해 상자에 담은 후 운송 통로를 통해 2층 창고로, 다시 회전식 운송 벨트를 따라서 플랫폼으로 보내어 항구로 운송됐다. 운반을 감소시킬 수 있는 상당히 현대화된 설비였다고 한다. 현재 다양한 전시공간 등으로 사용되고 있다.

23. 담배공장의 서쪽 끝에 있는 타이완 디자인 박물관. [(이용시간: 11:30~17:30(화요일~금요일), 주말 09:30~17:30(월요일 휴관)]

24. 이곳은 전체가 금연구역으로 NT$2,000~NT$10,000 벌금이 있으니 주의하자.

Tip. 주변에 송산원추앙위인취 외에도 궈푸지넨관이 있다. 황금색의 날렵하고 수려한 곡선이 눈길을 사로잡는 궈푸지넨관(國父紀念館, 국부기념관)은 타이완의 국부인 쑨원(孫文, 손문)을 기념하는 곳으로 1972년에 완공되었다. 참고로 중정기념당(中正紀念堂)은 장개석을 기념하기 위한 곳이다. 매 시각 정시에 근위병 교대식이 펼쳐지며 무엇보다 타이베이의 랜드마크인 101빌딩의 전망을 가장 잘 볼 수 있는 곳이기도 하다. 이 밖에도 드넓은 공간에 펼쳐져 있는 공원은 타이베이 시민들의 휴식처가 되고 있다. [개방시간: 09:00~18:00, 요금: 무료, 근위병 교대식: 10:00~17:00(매시각 정시마다), 국기하향식 17:30~17:45, 홈페이지: www.yatsen.gov.tw/tw, 가는 방법: 지하철 궈푸지넨관역 4번 출구에서 직진(도보 5분 이내)]

청핀수뎬(誠品生活) 송옌점이 성품호텔 안에 위치하고 있다. 지하 2층에서 3층까지 영업을 하고 있으며 쇼핑, 음식, 서점 등 다양한 가게들이 입점해 있다. 영업시간 11:00~22:00 (금, 토 10:00~23:00)

-입점해 있는 가게들

타이완의 대표 서점 청핀수뎬 서점. (3층에 위치)

타이완의 자랑 버블티의 원조인 춘수이당(春水堂). 간단한 식사도 가능하다. (3층에 위치)

VVG 액션(VVG ACTION), 현지인들에게도 인기가 높은 캐주얼 다이닝 레스토랑. 퓨전요리 위주이며 식사 외에도 디저트와 차를 즐길 수 있다. (지하 2층에 위치)

딘타이펑과 쌍벽을 이루고 있는 딤섬 레스토랑 까오지. (지하 2층에 위치)

타이베이 최고의 랜드마크,
타이베이 101관징타이

台北101 觀景台, 태북101관경대

타이베이 어느 곳에서나 보이는 타이베이 101빌딩 꼭대기에는 타이베이 시내를 조망할 수 있는 타이베이 101관징타이가 있다. 타이베이 101빌딩은 지상 101층, 지하 5층, 총 508m 높이로 2014년 현재 세계에서 세 번째로 높은 빌딩이다. 타이베이 101빌딩 주변은 세계무역센터의 전시홀과 국제컨벤션센터, 호텔, 백화점 등이 모두 몰려 있어 쇼핑, 음식, 오락을 모두 즐길 수 있는, 타이베이에서 가장 번화한 곳이다.

독특한 모양의 외관은 당나라의 불탑 형태를 하고 있는데 하늘로 뻗어나가는 대나무 위에 꽃잎이 겹겹이 포개진 형상을 하고 있다. 건물에는 8개의 마디가 있는데 중화문화권에서 가장 길한 숫자로 여기는 '8'을 응용한 것이다. 특히 타이베이 101관징타이가 있는 89층까지 37초 만에 도착하는 초고속 엘리베이터는 세계에서 가장 빠른 엘리베이터로 기네스북에 등재되어 있다. 88층의 댐퍼(damper)는 이 빌딩에서 놓칠 수 없는 볼거리다. 유압 범퍼로 고정된 무게 680톤의 쇠공은 지진과 강풍에도 타이베이 101빌딩을 흔들림 없이 지키고 있다. 91층의 야외 전망대는 날씨가 좋을 때만 개방하며 한국어 오디오 가이드가 무료로 제공된다.

매년 12월 31일 타이베이 101빌딩에서는 신년맞이 불꽃놀이가 펼쳐지는데 그 명성이 자자하다. 빌딩 내부에는 대형 쇼핑센터, 푸드코트, 고급 레스토랑 등이 있고 지하 1층의 푸드코트에서는 다양한 음식을 맛볼 수 있으며 빌딩의 정문에는 로버트 인디애나의 'LOVE' 조형물이 여행자의 발길을 붙잡는다. 2013년 12월 신이선 개통으로 지하철 MRT 타이베이 101역 4번 출구에서 바로 연결된다. 지하 1층에는 단체여행자 전용 매표소가 있고 5층에는 개인 매표소가 있다.

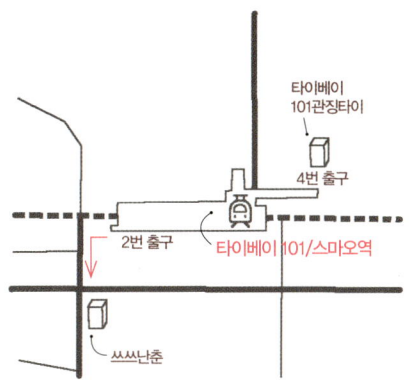

타이베이 101관징타이 이용 안내

◆**입장료:** 성인 NT$600(115cm 이상의 학생 NT$540, 입장할 때 줄을 서지 않아도 되는 티켓은 NT$1,200) ◆**이용시간:** 09:00~22:00(입장권은 21:15까지 판매, 쇼핑센터는 11:00부터 개장) ◆**주요 시설:** 5층 매표소, 88층 댐퍼, 89층 전망대 및 우체통, 91층 야외 전망대(날씨가 좋을 때만 오픈) ◆**주소:** 臺北市信義區信義路5段7號 ◆**홈페이지:** www.taipei-101.com.tw/en/corp/index_corp.asp ◆**구글지도 검색:** 타이베이 101 전망대

명실공히 타이베이의 랜드마크라고 할 수 있는 타이베이 101빌딩은 세계에서 세 번째로 높은 빌딩이라는 것을 증명이라도 하듯 시내 어느 곳에서 쳐다보아도 보이는 그 위용이 실로 대단했다. 특히 초고속 엘리베이터는 눈 한번 껌뻑하니 37초 만에 89층의 하늘로 순식간에 데려다놓았다. 세계 유수의 도시는 저마다 고층빌딩을 랜드마크로 내세우며 관광객을 유혹하고 있다. 그러니 아무리 세계에서 세 번째로 높은 빌딩에 올라간다고 한들 혹자에게는 크게 구미가 당기지 않는 여행지라고 할 수도 있을 것이다. 하지만 이 빌딩은 특별하다. 87층과 92층 사이에 위치한 무게 680톤의 댐퍼를 보기 위해 사람들은 기꺼이 입장권을 구매한다. 야경과 도심 전망은 이 빌딩에서는 어쩌면 덤일지도 모르겠다. 텁텁하고 후덥지근한 지상의 공기와 다른 하늘의 공기가 폐부까지 들어오는 느낌은 묘했다. 여행의 또 다른 추억을 위해 엽서 한 장에 그리운 마음과 보고픈 마음을 꾹꾹 눌러 담아 89층 하늘에서 편지를 띄웠다.

타이베이 101관징타이,
어떻게 가야 할까?

1. 지하철 타이베이 101역에서 하차 후 4번 출구로 나가 에스컬레이터를 타고 이동한다.

2. 건물 안으로 들어가면 지하 1층이고 왼쪽 계단을 따라 올라가서 1층의 정문으로 들어가도 된다. (오른쪽은 딘타이펑 타이베이 101지점이다.)

3. 지하 1층에는 단체여행자 전용 매표소가 있다.

4. 개인 매표소는 4층에서 전망대 전용 에스컬레이터를 이용해 5층으로 이동해야 한다.

5. 5층의 안쪽으로 타이베이 101 관징타이 매표소 입구가 있다.

타이베이 101관징타이,
어떻게 돌아보지?

1. 당나라의 불탑 형태로 꽃잎이 겹겹이 포개진 형상의 외관이 눈길을 사로잡는다.

2. 타이베이 101빌딩 정문 앞에 있는 로버트 인디애나의 'LOVE' 조형물

3. 5층에서 매표 후 대기선을 따라 엘리베이터까지 이동하면 된다.

4. 엘리베이터 앞에는 세계에서 가장 빠른 엘리베이터라는 기네스북 인증서가 붙어 있다.

5. 엘리베이터가 이동하는 위치를 실시간으로 확인할 수 있다. 89층까지 37초 만에 도착한다.

6. 타이베이 101빌딩의 마스코트 댐퍼베이비다.

7. 오디오 가이드가 무료로 제공되며 한국어로도 안내받을 수 있다.

8. 91층 야외 전망대에 올라가려면 오디오 가이드를 반납해야 한다.

9. 89층에서 360도로 타이베이 야경을 감상할 수 있다.

유압 댐퍼로 고정시킨 무게 680톤의 쇠공은 지진과 강풍에도 끄떡없이 타이베이 101빌딩을 지키고 있다.

10. 계단을 통해서 91층의 야외 전망대로 올라간다.

11. 야외전망대에는 안전을 위해 펜스가 설치되어 있다.

12. 타이베이를 방문한 기념으로 엽서를 부칠 수 있는 우편함이 있다.

13. 엽서와 우표는 오른쪽 기념품 가게에서 판매한다. 이곳에서 구매한 엽서만 부칠 수 있다.

14. 지하에는 푸드코트가 있으며 한국 음식을 파는 곳도 2군데가 있다.

15. 지하 1층 입구에는 딘다이펑이 입점해 있다.

16. 지하 1층의 선물가게에서 다양한 기념품을 구입할 수 있다.

Tip 1. 타이베이 101관징타이로 올라가는 엘리베이터는 한 번에 탈 수 있는 인원수에 제한이 있어 기본적으로 상당한 시간을 기다려야 한다. 관광객이 몰리는 성수기에는 1시간을 기다리는 것도 부지기수이니 시간을 넉넉하게 예상하는 것이 좋다. 화장실은 88층에 있지만 가급적이면 5층으로 내려와서 이용하는 것이 좋다. 화장실에 한 번 다녀오면 순식간에 줄이 늘어나 30분 이상을 더 기다려야 할지도 모른다.

Tip 2. 타이베이 101관징타이 35층에 있는 스타벅스는 101관징타이를 올라가지 않고 커피 한 잔으로 전망을 즐길 수 있어 우리나라 사람들에게 매우 인기가 많은 카페다. 하지만 넘쳐나는 관광객들로 인해 방문 하루 전부터 일주일 전에 예약을 한 사람들만 입장이 가능하며 예약할 때 입장시간도 지정해야 한다. (예약 전화번호: 02-8101-0701) 또한 슬리퍼와 반바지는 착용이 금지되며 캐리어 등 커다란 짐을 들고 입장할 수 없다. 미니멈차지(minimum charge)는 1인당 NT$250(음료, 베이커리, 진열상품 모두 포함)이며 이용시간은 90분이다. 마지막 예약 시간은 영업 종료 90분 전까지만 가능하다. [영업시간: 07:30~18:30(평일), 09:00~18:00(주말)] 예약시간 10분 전 로비에 위치한 스타벅스 대기라인에서 기다리면 직원이 예약사항을 확인한 뒤 35층 스타벅스로 안내한다.

한걸음 더 01.

도심 위를 걷는 특별한 기분,
스카이 워크(Sky Walk)

스카이워크에서 바라본 신의구 상권

타이베이 101관징타이와 스정푸역(市政府)이 있는 일대는 타이베이에서 가장 번화가인 신의구(信義區) 상권 지역이다. 특히 스정푸역과 인접하고 있는 신광 미츠코시(新光三越) 백화점 A4, A8, A9, A11의 4개관이 모두 구름다리로 이어져 있으며 이 구름다리는 타이베이 101까지 연결되어 있다. 약 1km 정도 되는 구름 산책길은 도보로 약 20분 정도 소요된다. 특히 도심의 네온사인이 불을 밝히는 저녁이면 타이베이의 야경을 눈높이에서 마주하고 산책하는 색다른 기분을 느낄 수 있으니 타이베이 101관징타이를 방문한다면 한번쯤은 천천히 걸어보자.

스카이 워크, 어떻게 가야 할까?

1. 타이베이 101빌딩 2층(L 지역)의 마이클 코어스(MICHAEL KORS) 옆 통로로 나간다.

2. 중샤오둥로(忠孝東路) 방향으로 화살표를 따라가면 미츠코시백화점 A4관 2층까지 구름다리로 연결된다.

109

한걸음 더 02.

타이베이 101을 바라보는 또 하나의 세상,
쓰쓰난춘(四四南村)

쓰쓰난춘

타이베이의 가장 번화한 지역에 위치한 타이베이 101에서 한 발짝만 떨어지면 도심 한가운데 시간이 멈춰버린 곳이 있다. 공식적인 명칭인 신의공민회관(信義公民會館)이란 이름대신 묘한 어감으로 다가오는 쓰쓰난춘이다. 쓰쓰난춘은 1948년에 중국 본토에서 타이완으로 이주해온 군인들과 그 가족들이 살던 44개의 마을로, 타이완 최초의 군사지역이었다. 1999년에 화재 및 신의구 지구 개발로 주민들을 이주시키면서 철거될 위기에 처하기도 했다. 그러나 가장 번화한 신이구 지역에서 과거 군사지절의 모습을 오롯이 간직한 이곳을 완전히 해체하는 것에 반대하는 목소리에 귀를 기울였고, 이후 역사적인 건물로 지정해 문화공원과 전시관을 만들어 다양한 문화행사를 진행하고 있다. 총 4개(A, B, C, D)의 건물이 있으며 각각 전시관, 기념관 등으로 이용되고 있다. C구역에서는 쇼핑과 간단한 음료 등을 즐길 수 있는데, 이 중 수제 아이스크림 가게 미도리(midori)와 수제 베이글 가게 하오치오(Good cho's)가 특히 인기 있다. 매주 일요일 오후에는 예술가와 디자이너가 만든 제품을 직접 구매할 수 있는 심플마켓이 열리는데 현지인에게도 높은 인기를 끌고 있다. 쓰쓰난춘은 생각보다 규모가 크지 않아 소요시간이 오래 걸리지는 않지만 입점한 가게들을 둘러보거나 심플마켓까지 구경한다면 시간이 상당히 소요될 수 있다. 무엇보다 쓰쓰난춘에서 바라보는 타이베이 101관징타이가 묘한 느낌을 자아낸다.

쓰쓰난춘 이용 안내

◆ **이용시간:** 09:00~17:00(심플마켓은 13:00~19:00까지)　◆ **휴무:** 월요일　◆ **주소:** 台北市信義區松勤街50號　◆ **심플마켓 홈페이지(심플마켓 정보):** tw.streetvoice.com/SimpleMarket(플리마켓 및 프리마켓 정보)　◆ **구글지도 검색:** 쓰쓰난춘

쓰쓰난춘, 어떻게 가야 할까?

1. 타이베이 101 2번 출구로 나가서 직진한다.

2. 왼쪽에 '아디다스(adidas)'라고 크게 적힌 농구코트를 끼고 좌회전을 한다.

3. 직진 후 건널목을 건너면 왼쪽에 보이는 것이 쓰쓰난춘이다.

4. 정식 명칭은 신의공민회관(信義公民會館)이다.

쓰쓰난춘, 어떻게 돌아보지?

1. 쓰쓰난춘의 모습

2. 수제 아이스크림 전문점 미도리(蜜朵麗) 영업시간(평일 11:00~17:30, 주말 11:00~18:30)

3. 심플마켓의 모습

한걸음 더 03.
도시 변두리 철거촌의 재탄생, 바오창옌 국제예술촌
(寶藏巖 國際藝術村, 보장암 국제예술촌)

바오창옌 국제예술촌

타이베이에는 일제강점기에 지어진 양조장과 담배공장이 철거되지 않고 예술단지로 탈바꿈해 사람들에게 묘한 향수를 불러일으키며 큰 인기를 얻고 있다. 그렇다고 유적이나 역사적인 건물에만 국한되는 것은 아니다. 타이베이 변두리에 위치한 바오창옌 국제예술촌은 철거 직전의 불법 건물이 예술촌으로 변신한 곳으로 현지인들에게도 잘 알려지지 않은 곳이었다가 새롭게 조명을 받으며 서서히 찾는 사람이 늘고 있다. 신뎬시의 산비탈에 위치한 이곳은 17세기부터 민난 이주민들이 자리를 잡고 관음보살을 모시는 바오창옌(寶藏巖)을 지었다. 이후 1949년 국민정부가 타이완을 지키면서 이 산비탈은 군사기지로 탈바꿈했고 한때 많은 군인들과 그 가족들이 살았던 곳이었다. 이곳의 집들은 1960~1970년대 지어진 불법 건축물로 1980년대 타이베이시에서는 이곳을 공원으로 만들기 위해 산비탈에 무질서하게 지어진 집들을 철거하기로 했다. 그러나 주민들의 반대에 부딪쳤고 주민들과 사회단체들의 노력으로 2004년 마을 전체가 역사건축물로 지정되었다. 이곳은 다른 곳과 달리 예술과 주거문화가 융합된 곳으로 주민과 예술가들이 함께 거주하고 있는 곳이다. 바오창옌 국제예술촌은 3개월 단위로 무료 임대하는데 매년 전 세계에서 지원하는 작가 중 28명을 선정한다. 한국의 작가들도 매년 3~4명이 이곳을 찾는다고 한다. 자신의 작업실에서 무료 전시를 진행하는 작가를 만날 수도 있고 골목에는 젊은 작가들이 작품을 설치하는 모습을 볼 수도 있다. 그리고 주말에는 음악인들의 공연도 열려 흥겨운 분위기를 만날 수 있는 곳이다. 독특한 카페들도 있으니 높은 곳에서 타이베이를 가로지르는 강을 내려다보며 차 한잔 마셔도 좋겠다. 비탈진 골목에 맥락 없이 지어진 집들 사이를 걸으며 만나는 풍경은 타이베이의 흔한 관광지와는 차원이 다른 곳으로, 대만 학생들이 독특한 졸업사진을 남기기 위해 찾는 곳이기도 하다. 마을이 그리 큰 규모는 아니지만 달동네의 풍경이 더해진 예술 감성을 만끽하다 보면 한두 시간은 금방 흘러간다.

궁관역에서 대로변으로 도심을 벗어나 벽화가 있는 길을 따라 걷다 바오창옌을 지나면 바오창옌 국제예술촌이 나온다.

비탈진 길에 지어진 집들이 독특한 느낌을 자아낸다.

한창 작업중인 모습을 볼 수도 있다.

바오창옌 국제예술촌 이용 안내

◆ **개방시간**: 11:00~22:00(다만 전시공간은 18:00까지 오픈) ◆ **휴무일**: 월요일 ◆ **주소**: 台北市中正區汀州路三段230巷14弄2號 ◆ **전화번호**: 02-2364-5313 ◆ **홈페이지**: www.artistvillage.org ◆ **가는 방법**: 송산-신덴센 궁관역(公館) 1번 출구로 나온 다음 대로변에서 쉐이웬시장(水源市場)을 지나 바오창옌 표지판을 따라 가면 된다(도보로 약 10분 정도 소요). ◆ **구글지도 검색**: 보장암국제예술촌

대만식 가정요리의 진수,
신예

欣葉, Shinyeh

타이베이 최고의 번화가인 신이취 상권(信義區)에 위치한 신콩미츠코시(新光三越) 백화점 A9관은 명품브랜드로 즐비하다. A9관 8층에 위치한 신예는 타이완 요리 전문점이다. 1977년 타이베이 한 귀퉁이에서 11개의 좌석만 있는 작은 레스토랑에서 시작한 신예는 지금은 싱가포르와 베이징에 지점을 낼 만큼 국제적인 브랜드로 성장했다. 맛의 표준을 지키기 위해 양파의 두께까지 매뉴얼로 정해놓을 만큼 신예만의 고집스러운 요리 방식이 성공 비결이다. 신예는 여러 지점이 있지만 다이차이신이취 지구A9점이 고급스러운 인테리어와 적당한 음식 가격으로 대만식 가정요리를 먹을 수 있어 현지인들에게도 인기다.

신예 다이차이신이취지구A9점(台菜信義新天地A9店) 이용 안내

◆ **영업시간:** 11:00~22:00(점심 11:30~14:30, 저녁 17:00~21:30) ◆ **주소:** 台北市松壽路9號8樓(新光三越信義新天地A9館 8樓) ◆ **가는 방법:** 스정푸역 3번 출구에서 도보 10분 이내 ◆ **전화번호:** (02) 8786-1234, 전화 예약 가능 ◆ **홈페이지:** www.shinyeh.com.tw ◆ **구글지도 검색:** Shin Yeh Mitsukoshi Xinyi Place A9 Restaurant

신예,
어떻게 즐겨볼까?

1. 신예 입구

2. 신예 내부

3. 제란뉴러우(芥藍牛肉), 소고기와 야채 볶음 요리

4. 정종차이푸단(正宗菜脯蛋), 계란 야채 프라이 요리

5. 옌쑤란반(鹽酥藍斑), 생선튀김 요리

6. 훙짜오러우(紅糟肉), 돼지고기 튀김 요리

7. 쇼우다화지완(手打花枝丸), 손으로 만든 튀김 문어볼 요리

8. 훙쉰미까오(紅蟳米糕), 통게찜 요리

9. 2가지 이상의 량차이(涼菜, 냉채)를 한 접시에 담은 핀판(拼盤), [숭어 알 롤(烏魚子卷), 오징어 숙회(鮮味中卷), 닭(鹽水雞胸)]

아주 특별한 타이완 01.
타이베이의 상징, 위안산다판뎬(圓山大飯店, 원산대반점)

위안산다판뎬

중국의 자금성과 모양이 같은 타이베이 최고의 호텔 위안산다판뎬은 단순히 특급 호텔이 아닌 가히 타이베이의 상징이라고 해도 과언이 아닌 곳이다. 〈포춘〉 선정 세계 10대 호텔에 선정된 이곳은 장제스(蔣介石)가 부인인 쑹메이링(宋美齡, 송미령)을 위해 지은 것으로 장제스 시대에는 국빈용으로 사용되거나 국가행사 때만 사용되어서 일반인은 아예 출입을 할 수 없었던 곳이라고 한다.

중국 궁전처럼 생긴 외관은 위안산(圓山) 언덕에 위치하고 있어서 멀리에서도 시선을 끈다. 내부는 외국 국빈들의 영빈관으로 사용되었던 만큼 온통 붉은 색으로 장식되어 있으며 로비와 천장에는 용 장식이 있어 화려함의 진수를 보는 듯하다. 타이완 영화 〈음식남녀〉의 화려한 만찬 장면이 이곳에서 촬영되었고, 우리나라에는 SBS 드라마 〈온 에어〉가 촬영되면서 알려졌다. 최근에는 tvN 〈꽃보다 할배〉 대만 편에 등장해 새롭게 주목을 받았다.

위안산다판뎬 이용 안내

◆ **주소**: 臺北市中山北路四段一號　◆ **전화번호**: (02) 2886-8888　◆ **홈페이지**: www.grand-hotel.org　◆ **구글지도 검색**: 원산대반점

위안산다판뎬 셔틀버스를 이용하기 위해 위안산역에서 물어보니 1번 출구로 나가서 곧장 걸어가면 있다고 했지만 아무리 둘러보아도 버스 정류장 외에는 보이지 않았다. 주변 사람들에게 물어보아도 영어가 안 통해서 결국 21번 버스를 타게 되었다. 여기까지는 좋았는데···. 맙소사! 기사님이 내리라고 해서 버스에서 내리고 보니 정류소 이름이 충렬사였다. 결국 호텔까지 땀을 뻘뻘 흘리며 버스 정류장에서부터 호텔이 위치한 위안산 언덕까지 족히 30분을 넘게 걸어야 했다. 멋진 풍경은 그냥 보여주지 않는다고 하더니 힘들게 도착한 위안산다판뎬의 위용은 엄청났다. 게다가 그곳에서 보이는 타이베이 101빌딩과 시내의 모습은 색다른 느낌이었다. 온통 붉은색으로 치장한 중국 궁전 같은 곳에서 로스팅이 잘된 커피 한 잔을 시켜놓고 중국음악을 듣고 앉아 있으니 왕후장상이 따로 없구나.

위안산다판뎬, 어떻게 가야 할까?

1. 위안산역 1번 출구로 나오면 정면으로 버스 정류장이 보인다.

2. 버스 정류장 맞은편이 호텔 무료 셔틀버스 승강장이다.

3. 셔틀버스는 약 20~30분 간격으로 운행된다. 셔틀버스 배차 간격이 너무 길게 느껴진다면 버스(21번)보다는 택시를 타는 것이 편리하다.

위안산다판덴, 어떻게 돌아보지?

01

02

03

04

05

06

01〉 호텔의 정문 | 02〉 호텔 정문의 오른쪽에 있는 산책로는 위안산 공원으로 이어진다. | 03〉 위안산 공원에는 울창한 숲이 우거져 있다. | 04〉 자금성과 모양이 같다는 호텔의 모습 | 05〉 호텔이 위치한 곳이 지대가 높아서 타이베이 시내를 조망할 수 있다. 타이베이 101빌딩 역시 잘 보인다. | 06〉 문을 열고 들어서면 온통 빨간색의 로비가 시선을 사로잡는다. 로비 왼쪽의 열린 공간으로 카페가 있다.

아주 특별한 타이완 02.
망고빙수 절대강자,
아이스몬스터(Ice Monster) 중샤오치지엔뎬(忠孝旗艦店 충효기함점)

망고빙수

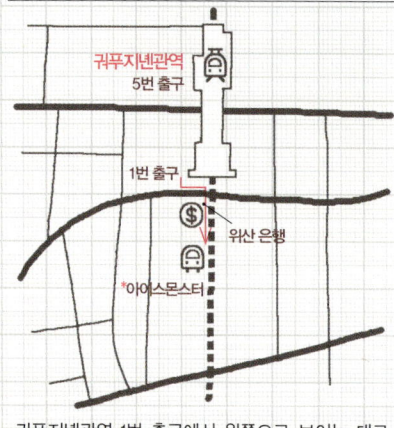

궈푸지녠관역 1번 출구에서 왼쪽으로 보이는 대로 변을 따라 직진하면 도보 5분 소요(5번 출구 이용시 대로변으로 계속 직진하면 된다). 중샤오둔화역 2번 출구에서 직진시에도 도보 5분.

미국 CNN 방송에서 세계 10대 디저트 가게 중 하나로 선정할 만큼 유명한 곳이다. 다른 빙수 가게에 비해 가격은 조금 비싸지만 높은 명성만큼 맛은 단연 최고다. 망고 빙수 외에 다른 빙수들도 맛이 뻬어나다. 메뉴판에 사진이 있어 빙수 이름을 모르더라도 주문하기 어렵지 않다. 높은 인기를 반영하듯 1인당 최소 NT$100 이상 주문해야 하며 테이블당 이용시간이 1시간으로 제한된다.

아이스몬스터, 어떻게 가야 할까?

1. 궈푸지녠관역 1번 출구로 나온 다음 뒷쪽에 있는 대로변에서 직진한다.

2. 위산(玉山)은행을 지나서 직진하면 아이스몬스터 빙수 가게다.

3. 아이스몬스터 입구다.

4. 안에서 먹을 사람과 테이크아웃을 원하는 사람이 서는 줄이 구분되어 있다.

망고 빙수 이용 안내

중샤오치지엔뎬(忠孝旗艦店)　◆이용시간: 10:30~22:30(금, 토는 23:30까지)　◆주소: 臺北市忠孝東路四段297號　◆전화번호: (02) 8771-3263　브리즈송까오점(微風松高店)　◆이용시간: 일~수 11:00~21:30, 목~토 11:00~22:00　◆주소: 台北市信義區松高路16號(微風松高 1F)　◆전화번호: (02) 2722-9776　◆가는 방법: 시정부역 3번 출구에서 도보로 이동, 신이취상권의 브리즈센터 1층(미츠코시백화점 A4관 건너편)　◆기타: 미니멈차지 1인당 NT$100 이상, 1시간 이내　◆홈페이지: www.ice-monster.com　◆구글지도 검색: 아이스몬스터

셋째 날,
대자연의 경이와 신비를 만나는 하루

셋째 날,
일정 한눈에 보기

타이루거 협곡
해발 약 3,800m의 웅장한 대리석 협곡이 장관인 곳

타이베이차잔역
타이베이의 모든 교통이 모이는 곳

택시로 약 30분 소요

TRA(일반 열차)로 약 3시간 소요
(기차 등급에 따라 2시간 혹은 3시간 소요)

화롄기차역
타이루거 협곡의 출발점

★ 타이베이에서 약 3시간이면 도착할 수 있는 타이완 동부 지역의 타이루거 협곡은 대자연의 신비로움을 눈앞에서 느낄 수 있는 곳이다. 4백만 년의 시간이 협곡을 빚어내고 인간이 길을 낸 타이루거 협곡. 단언컨대 자연과 인간이 함께 만들어낸 최고의 경치다.

자연과 인간이 함께 만든 최고의 풍경,
타이루거 협곡

太魯閣峽谷, 태노각협곡

아시아의 보석이라 불리는 타이완은 아름다운 경치를 자랑하는 곳이 많지만 그 중에서 최고는 국립공원 타이루거 협곡이라고 할 수 있다. 타이루거 협곡은 타이루거에서 출발해 톈샹까지 이르는 중부헝관궁루(中部橫貫公路) 약 19km의 구간을 말한다. 중부헝관궁루는 타이완을 동에서 서로 관통하는 중부횡단고속도로다. 이 구간은 해발 약 3,800m로 산과 바위가 첩첩이 둘러싸고 있는 웅장한 대리석 협곡이 신비롭게 펼쳐지고 있어 세계적으로도 찬사를 받는 곳이다.

그러나 인력만으로 바위산을 깎아 도로를 내다 보니 이곳에서 많은 사람들이 목숨을 잃었다. 중부헝관궁루 공사로 유명을 달리한 수많은 영혼을 위로하기 위해 중부헝관궁루 입구에 사당 장춘쯔(長春祠)를 짓고 그들의 위패를 모셨다.

또한 우뚝 솟은 절벽과 쌍벽을 이루는 'U'자형의 대리석 협곡 낭떠러지는 리우(立

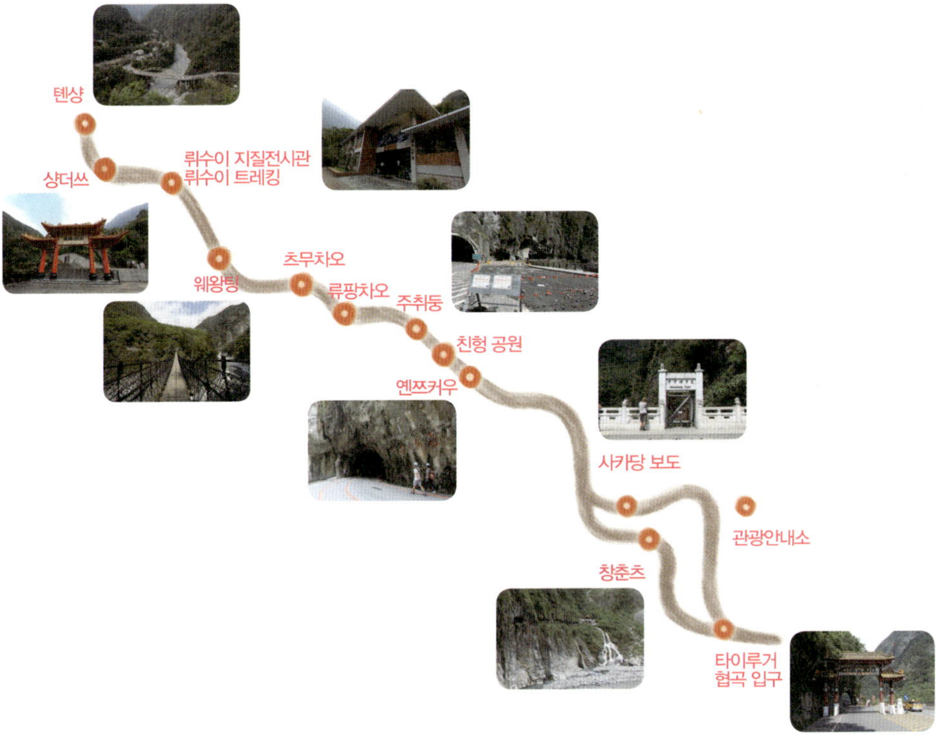

霧) 강이 해안에서 산악 중앙으로 약 19km를 굽이치며 400만 년의 시간 동안 빚은 최고의 풍경이다. 타이루거 협곡의 구불구불하게 이어지는 동굴터널을 비롯해 대리석 단층과 계곡으로 이루어진 풍경은 보는 이의 심장을 아찔하게 만든다.

타이루거 협곡은 굴을 걸어서 통과하기도 하고 일방통행인 구간도 있는데 옌쯔커우(燕子口)에서 츠무차오(慈母橋)까지 이르는 코스는 최고의 절경으로 손꼽힌다. 대자연의 신비를 느낄 수 있는 타이루거 협곡은 자연과 인

간이 함께 만들어낸 최고의 풍경이자 최고의 관광 명소라고 할 수 있다. 옌쯔커우에서 주취둥까지는 걸어서 이동하며 그 외 톈샹, 샹더쓰, 뤼수이 등은 차를 이용해 이동한다. 타이루거 협곡을 여행하기에는 투어버스나 셔틀버스 등의 대중교통보다는 택시 1일 투어가 훨씬 편리하다. 주취둥의 경우 기상 상황이 안 좋을 때는 낙석 등의 위험이 있어 출입이 통제되기도 한다.

타이루거 협곡 이용 안내

◆ **입장료:** 무료 ◆ **소요시간:** 대략 8시간 정도(치싱탄, 쑹위안볘관까지 돌아볼 경우 약 10시간 소요) ◆ **홈페이지:** www.taroko.gov.tw

이른 시간 기차를 타고 타이베이를 떠나 타이완의 동부, 화롄의 타이루거 협곡으로 향했다. 우리나라에서는 상상도 할 수 없는 경이로운 자연이라고 안내책마다 소개하고 있었지만 그보다는 '협곡'이란 단어가 주는 묘한 울렁거림이 더 컸다. 과연 타이루거 협곡은 어떤 모습일까? 기대를 품고 타이루거 협곡 입구에 도착했다. 시간만 된다면 약 19km의 타이루거 협곡을 하루 트래킹 코스로 삼아도 좋겠다 싶었지만 타이루거 협곡 여행을 마치고 나니 도보고 버스고 다 필요 없고 역시 택시투어를 하기 잘했다는 생각이 들었다. 안내책에서는 버스를 타고 내리며 도로 중간 중간마다 관람을 하면 된다고 적혀 있어서 대수롭지 않게 생각했으나 버스 배차 간격도 길고 무엇보다 버스마다 사람들로 넘쳐나서 더운 날씨였다면 최악의 여행이 될 뻔했다. 단순히 약 19km의 도로변을 따라 가기만 하면 모든 것을 볼 수 있는 협곡이지만 하루를 꼬박 할애해야 아쉽다는 후회를 남기지 않을 만큼 협곡의 절경 외에도 많은 볼거리가 있는 곳이었다. 한국 지형에서는 보기 힘든 깎아지른 듯한 대리석 협곡은 가슴이 두근거릴 정도로 장관이었고 협곡에 숨겨진 뤼수이 트레킹 코스는 전혀 기대하지 않았던 또 하나의 보석이었다. 타이루거 협곡의 최종 목적지인 톈샹은 지리산 산골 휴게소 같은 친근함이 들어 낯설지 않았고, 꼭대기에 있어 갈까 말까 망설였던 샹더쓰는 안 갔으면 후회할 곳이었다. 어마어마한 높이를 자랑하는 탑 꼭대기에 올라 발아래로 내려다보는 톈샹은 고요하고도 평화로운 마을 그 자체였다. 태풍이 많이 부는 타이완이라 태풍이 지나간 흔적으로 인해 가장 아름답다고 이름난 주취둥은 안전을 이유로 전체 구간을 다 둘러보지 못했음에도 워낙 다양한 볼거리가 있어서 아쉬움이 크지 않았다.

타이루거 협곡,
어떻게 가야 할까?

타이루거 국립공원을 가기 위해서는 타이완의 동부에 위치한 화롄을 거쳐야 한다. 타이베이에서 화롄까지는 버스나 자가용, 혹은 기차를 이용하는 방법이 있는데 버스나 자가용을 이용할 경우 화롄까지 동서를 가로지르는 산을 넘어 약 4시간(버스 기준) 정도 소요되기 때문에 기차를 이용하는 것이 편리하다. 기차로 갈 때는 기차의 종류에 따라 다르지만 약 2~3시간 정도 소요되며 주말이나 성수기에는 사람들이 많이 몰리기 때문에 예매는 필수다. 화롄에서 타이루거 협곡 입구까지는 패키지 투어버스, 셔틀버스, 투어택시 등을 이용할 수 있으며 투어택시를 이용하는 것이 여러 가지 면에서 효율적이다.

-타이베이처잔역에서 화롄행 기차는 어떻게 타야 할까?

우리나라에서는 등급이 다른 기차도 한 장소에서 출발하지만 타이완에서는 THSR(KTX급)과 TRA(일반)의 승차장이 다르다.

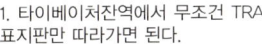

1. 타이베이처잔역에서 무조건 TRA 표지판만 따라가면 된다.

2. TRA 개찰구가 나오면 표를 넣고 들어간다.

3. 3번이나 4번 개찰구 쪽으로 직진한다. 4번 플랫폼이 화롄행이다.

4. 계단을 따라 올라가면 기차 플랫폼이 나온다.

5. 플랫폼은 A, B 양쪽으로 있는데 전광판에서 타야 하는 열차 플랫폼을 확인한다.

6. 예매한 열차의 플랫폼에서 승차한다.

7. 화롄역에 도착하면 정면 출구 방향으로 계단을 이용해 나간다.

8. 화장실은 화롄역을 나와서 왼쪽편에 있다.

9. 길 건너 오른쪽으로 보이는 곳이 관광안내소다.

10. 화롄역 건너편 왼쪽의 주황색 건물이 셔틀버스 승차장이다.

11. 화롄역과 셔틀버스 승차장에서 기념 스탬프를 찍을 수 있다.

12. 기차표를 보관하려면 타이베이로 돌아와서 개찰구 전 입구에서 스탬프를 찍고 역무원에게 보여준다.

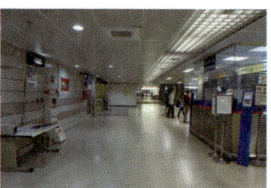

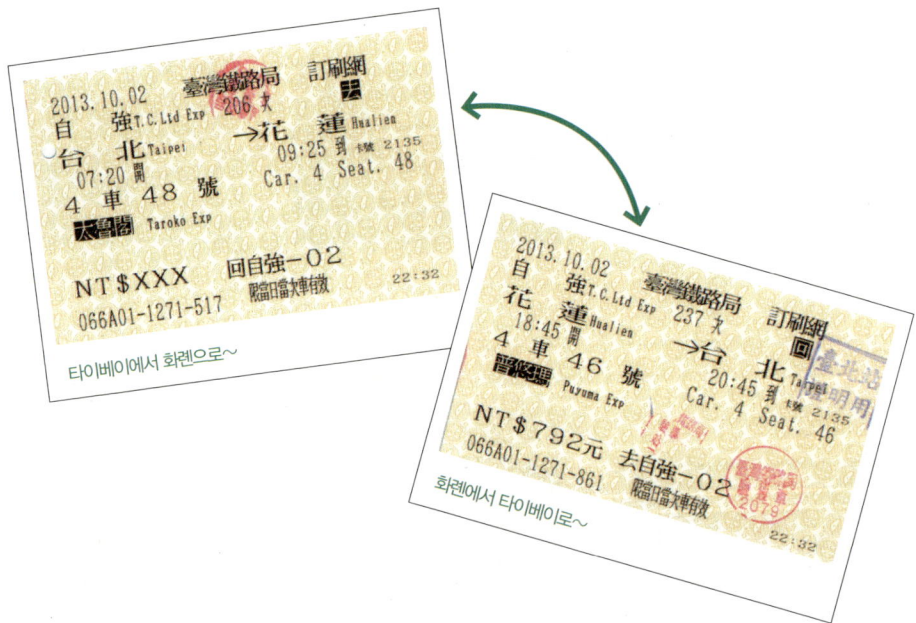

타이베이에서 화롄으로~

화롄에서 타이베이로~

－화롄에서 타이루거 협곡은 어떻게 가야 하나?

화롄역에서 타이루거 협곡까지는 투어버스, 셔틀버스, 택시투어 등을 이용해 이동해야 한다. 타이루거 협곡 출발점에서부터 도착점인 톈샹까지는 총 19km로 하루 동안 돌아보기 위해서는 도보보다는 교통수단을 이용하는 것이 편리하다. 택시투어를 이용하면 시간에 구애받지 않고 효율적으로 타이루거 협곡을 관람할 수 있다. 대중교통을 이용하는 것에 비해 가격이 다소 비싸다고 생각할 수도 있지만 택시투어를 이용하는 것이 시간에 구애받지 않을뿐더러 편리하게 관광할 수 있다. 더 편리하게 택시투어를 이용하기 원한다면 다음이나 네이버 등 포털 사이트에서 '대만택시투어'를 검색해보고 업체별 가격 등 여러 가지를 꼼꼼히 비교해보고 난 뒤 택시투어 예매를 하는 것이 좋다.

투어버스 관광안내소에서 매표. 1인당 NT$988(성인 기준). 오전 10:30 화롄역 출발, 타이루거 협곡(옌쯔커우, 톈샹, 츠무차오, 창춘츠, 쇼핑센터, 치싱탄 해변), 16:30 화롄역 도착. 투어버스 요금에는 중식, 보험, 가이드 비용이 포함되어 있다. 전화번호: (타이베이) (02) 2565-2780, (화롄) (03) 8466-798.

셔틀버스 버스 정류장에서 매표. 1일권 NT$250. 배차 시간 1시간이다. 각 관람지에서 버스에서 하차해서 돌아본 후 버스 시간에 맞추어 다른 셔틀버스를 타는 방법이다. 돌아오는 기차 시간을 감안해 버스 시간을 잘 맞추어야 효과적으로 관람할 수 있다. 버스 배차 간격은 1시간 정도로 관광객이 많으면 원하는 시간에 버스 탑승을 못 할 수도 있다. 어느 곳을 어느 정도의 시간으로 관람할지도 버스 시간표를 보면서 선택해야 한다. 따라서 셔틀버스 매표시에 버스 시간표를 꼭 챙겨야 한다. 1일권을 구매하지 않을 경우 탑승할 때마다 요금을 지불하면 된다. 요금은 구간마다 다르며 NT$20~60 사이다. 유유카드(이지카드) 사용이 가능하지만 카드리더기가 카드를 인식하지 못하는 경우도 종종 있어 만약을 대비해 현금을 준비하는 것이 좋다. 또한 현금으로 버스 요금을 지불할 경우 잔돈을 거슬러주지 않기 때문에 동전을 넉넉하게 준비하자.

택시투어 택시투어는 1인당 요금이 아니라 택시 1대당 요금으로 4명까지 1대로 가능하다. 1~2명인 경우 다른 사람들과 합승해서 택시투어를 하는 경우도 많다.
화롄역 앞에는 택시투어가 늘 상주하고 있어 관광객들이 도착하면 택시 기사들이 호객 행위를 하기도 한다. 택시 요금은 기사마다 달라서 흥정이 필수이며, 관광안내소에서 택시투어를 소개해주기도 한다. 투어 비용은 반나절(4~5시간 정도)에 대략 NT$2,200~2,500로 시간 조정이 가능하며 기사들은 대체로 친절한 편이다. 한국에서 택시투어 카페 등을 통해 미리 예약을 하는 경우 업체에 따라 택시 1대당 대략 NT$2,800~3,600 정도이며 약 8시간 정도 소요된다. 타이루거 협곡의 주요 볼거리 외에 타이베이 귀환 기차 시간 여유에 따라 추가로 치싱탄과 쑹위안뼤관까지 돌아볼 수 있다. 택시투어는 영어 소통이 다소 불편하지만 한글로 된 타이루거 협곡의 주요 볼거리에 관한 설명문이 비치되어 있고, 물과 우산 등이 준비되어 있는 등 관광하는 데 큰 문제는 되지 않는다.
타이베이에서 출발하는 택시투어도 있는데 인기가 많다 보니 한국어 가능한 택시기사도 있다. 또한 다양한 곳에서 운영하고 있어서 가격이나 후기 등을 꼼꼼히 비교해보고 선택하면 된다.

타이루거 협곡,
어떻게 돌아보지?

타이루거 협곡을 다 돌아보는 데 대략 7~8시간 정도가 소요된다. 타이루거 협곡 입구에서부터 협곡을 따라 어어지는 중부횡관궁루를 이용해 이동하며 최종 목적지인 톈샹까지 19km에 대부분의 볼거리가 위치하고 있다. 주요 볼거리로는 사카당 보도, 옌쯔커우, 주취둥, 류팡차오, 츠무차오, 뤼수이, 웨왕팅, 톈샹, 샹더쓰, 창춘츠 등이 있다. 택시투어를 하게 되면 택시기사가 주요 관광지에 차를 세워준다. 투어버스나 셔틀버스를 이용할 경우 주요 관광지에 버스가 정차하므로 버스에서 내려 돌아보고 버스 시간에 맞추어 다음 버스를 기다리거나 다음 장소까지 걸어가야 한다. 화롄역에서 택시로 약 30분 정도면 타이루거 협곡 입구에 도착한다.

-사카당 보도(砂卡礑步道)

총 4.5km의 산길로 일제강점기에 일본인들이 리우 발전소를 건축하기 위해 만든 것으로 원주민들이 다니던 길이다. 이곳은 리우 계류의 가장 동쪽 지류로 강과 마주하며 걷게 되는데 강바닥이 훤히 보일 만큼 맑고 깨끗한 계곡물과 에메랄드 빛깔로 감탄을 자아내는 곳이다. 끝까지 다녀오려면 왕복하는 데 총 4시간이 소요되는데 1시간 정도만 할애해 돌아보면 충분하다.

1. 사카당 보도 입구의 다리 계단을 이용해 아래로 내려가면 사카당 보도가 시작된다.

2. 사카당 보도 입구에 위치한 붉은 다리가 인상적이다.

3. 기암괴석을 깎아놓은 길이 인상적이다.

4. 보도 옆으로는 에메랄드빛 강물이 흘러간다.

5. 원주민들이 다니던 길로 걷기 무난한 편이다.

6. 사카당 보도가 시작하는 다리 끝의 굴 왼쪽으로는 주차장과 화장실이 있다.

7. 사카당 보도 입구의 굴을 지나면 본격적인 타이루거 협곡 관광이 시작된다.

−옌쯔커우(燕子口)

이곳에서부터 츠무차오까지 타이루거 협곡의 깎아지른 듯한 주이루 대절벽을 가까이에서 볼 수 있어 타이루거 협곡에서 가장 절경으로 손꼽히는 곳이다. 절벽의 바위에는 크고 작은 구멍이 있는데 칼새와 제비가 절벽으로 먹잇감을 찾아오거나 둥지를 지어놓은 흔적을 볼 수 있어 제비를 뜻하는 '옌쯔커우'라고 불린다.

1. 옌쯔커우는 낙석의 위험이 있어 반드시 안전모를 써야 한다. 택시투어 기사가 출입증 작성을 도와주고 안전모를 받아준다.

2. 옌쯔커우 입구까지 택시로 이동 후 관람은 도보로 한다.

3. 깎아지른 듯한 대절벽의 낭떠러지가 있고, 계곡에는 석회질 물이 흐른다.

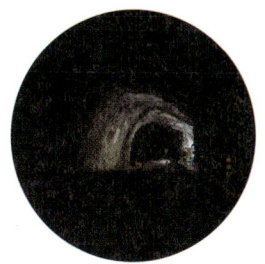  

4. 굴을 지나간다.

5. 제비가 구멍을 낸 흔적을 발견할 수 있다.

6. 차가 함께 다니기 때문에 안전사고에 유의해야 한다.

7. "제비가 여러분을 환영합니다."라는 문구가 적혀 있다.

8. 무려 100m 높이에 달하는 주이루절벽 아래 낭떠러지가 만들어놓은 풍경이 인상적이다.

9. 절벽이 만들어내는 풍경은 숨이 막힐 지경이다.

10. 옌쯔커우의 끝에서는 인디언 추장 머리 형상의 바위를 볼 수 있다.

−친헝 공원(勤珩)

옌쯔커우의 끝에는 친헝 공원이 있어 휴식을 취할 수 있으며 화장실을 이용할 수 있고, 간단한 식사를 하거나 음료를 마실 수 있다. 타이루거 협곡에서 식사를 할 수 있는 곳은 친헝 공원과 텐샹, 뤼수이가 있다. 자신의 일정에 맞추어 적당한 곳을 선택해 점심을 먹으면 된다. 텐샹에는 다양한 종류의 음식이 있어서 대부분 텐샹에서 점심을 먹는다.

1. 친헝 공원의 모습

2. 친헝 공원에서 점심으로 먹을 수 있는 조린 돼지고기 요리

—주취동(九曲洞)

타이루거 협곡의 백미를 만날 수 있는 구간으로 대부분의 관광객들은 절경을 보기 위해 도보로 이동한다. 구불구불한 9개의 터널이 이어지며 깎아 세운 듯한 낭떠러지를 이루는 단애지형(斷崖地形)의 변화무쌍한 협곡의 풍채는 신선이 놀다 간 곳이란 느낌을 자아낸다. 아름다운 절경을 자랑하지만 낙석의 위험이 항상 도사리고 있기 때문에 기상 상황이 좋지 않거나 안전에 문제가 있을 경우 출입을 금지하기도 한다.

1. 주취동은 안전을 이유로 출입이 금지되는 경우에는 차를 타고 이동할 수 있다.

2. 출입이 금지되는 구역은 과연 어떤 풍경일지 상상으로 만난다.

–류팡차오(流芳橋)

주이루 대절벽을 지나면 리우계곡에서 90도로 꺾어지는 도로가 나오는데 류팡차오는 이 리우계곡을 가로지르며 놓여 있다. 이곳의 전망대에서는 타이루거 협곡을 조망할 수 있다. 옌쯔커우나 주취둥에서 보는 협곡과는 사뭇 다른 경치를 자랑하며 또 하나의 절경이 그림처럼 펼쳐진다.

1. 전망대가 있어 주이루 대절벽을 볼 수 있다.
2. 절벽 사이로 수천 마리의 제비들이 날아올 것 같은 기분이 느껴진다.
3. 류팡차오 아래로 빠른 물살이 거침없이 흘러간다.

–츠무차오(慈母橋)

한 쌍의 사자상이 눈길을 끄는 빨간색 현수교인 츠무차오는 1990년 태풍의 영향으로 손상된 것을 1995년에 새로 만들었다. 이곳에서 리우계곡과 라오시계곡이 합쳐지기에 허리우(合流)라고도 불리는데 두 계곡이 전혀 다른 느낌을 자아낸다. 다리 왼쪽으로는 장제스가 모친인 왕타이 부인을 기념하기 위해 만든 정자 츠무팅(慈母亭)이 있다.

1. 츠무차오 입구에서는 츠무팅이 있는 바위가 마치 두꺼비처럼 보인다.

2. 리우계곡과 라오시계곡이 합쳐지는 허리우는 거친 바위를 깎아내며 멋진 풍경을 선사한다.

3. 장제스가 어머니를 위해 지은 정자 츠무팅이다.

-웨왕팅(뎦王亭)

웨왕팅은 '악비'라는 영웅을 기념하기 위해서 지어진 정자이며 근처에 입우하천이 흘러간다. 정자 맞은편에 위치한 시우폭포는 '연인의 눈물'이라는 별명을 가지고 있으며 기후와 날씨의 변화에 따라 수량이 변한다. 이곳은 정자보다도 멋진 출렁다리가 더 인기를 끈다. 이 다리는 벌목을 하던 시절 인부들의 통행로였다고 한다.

1. 입구를 올라오면 오른쪽에 웨왕팅이 보인다.

2. 왼쪽으로 출렁다리가 있는데 한 번에 8명 이상 건너지 말라는 경고문이 붙어 있다.

3. 연인의 눈물이란 별명을 가진 시우폭포다.

-톈샹(天祥)

타이루거 협곡 입구에서 약 19km 지점에 위치하며 협곡의 최종 도착지다. 이곳에서 산을 넘으면 협곡의 더 안쪽으로 들어갈 수 있지만 대부분 이곳에서 타이루거 협곡 여행이 끝난다. 톈샹에는 타이루거 협곡에서 유일하게 관광호텔이 있으며 관광안내소를 비롯해 휴게소, 버스 정류장 등의 편의시설이 모두 몰려 있다. 톈샹에서 점심 식사를 하려면 휴게소에 있는 식당 중 한 곳을 이용하면 된다. 메뉴를 적은 메뉴지에 표시를 하면 주문이 완료된다. 단품 메뉴(죽통밥·볶음밥 등)와 쯔추찬(타이완의 일반식으로 밥, 국, 반찬을 선택)이 있다.

1.휴게소에서 점심 식사를 할 수 있다.

2.톈샹 휴게소의 인기 메뉴인 죽통밥이다. 죽통밥은 이곳 원주민 음식으로 죽통 안에 고기와 버섯 등의 재료가 들어 있어 죽통밥 하나만 시켜도 무방하다.

3.타이루거 협곡의 유일한 호텔

샹더쓰(祥德寺)

샹더쓰에서는 톈샹을 발아래로 볼 수 있는 7층탑인 톈펑타(天峰塔), 26척 높이의 관음상, 지장보살, 대웅보전 등을 볼 수 있다.

1. 톈샹으로 향하는 도로에서 톈차오(天橋)를 건너면 샹더쓰 입구가 나온다.

2. 샹더쓰 입구

3. 입구를 지나 계단을 오른 다음 기념품 가게를 지나 길을 따라 걷는다.

4.관음상을 제외한 나머지는 모두 왼쪽으로 가면 볼 수 있다.

5.7층탑인 텐펑타

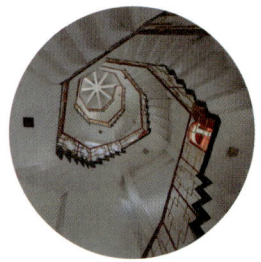
6.탑의 내부 계단을 이용해 꼭대기로 올라간다.

7.내부에서 아래를 바라보니 아찔하다. 계단을 따라 걷다 보면 하늘 정상으로 가는 기분을 느낀다.

8.텐펑타에서 보는 샹더쓰

9.탑의 꼭대기에 올라가면 톈샹이 발아래로 보인다. 엄청난 높이라 다리가 후들거릴 정도다.

10.26척 높이의 관음상

-뤼수이(綠水) 지질전시관

1992년에 개관한 지질전시관은 2개의 층으로 나뉘어 있으며, 지구의 진화 및 타이루거 협곡이 형성된 지질학적 과정을 쉽게 알 수 있도록 전시되어 있다. 그 외 전망대와 식당 등이 있다. 전시관 입구에서 기념 스탬프를 찍을 수 있다.

1. 뤼수이 지질전시관 입구에서 기념 스탬프를 찍을 수 있다.

2. 지질관 내부 모습

3. 지질의 형성 과정을 알기 쉽게 볼 수 있다.

-뤼수이(綠水) 트레킹

뤼수이 트레킹 코스는 뤼수이 지질관 옆길에서 시작한다. 총 2km의 뤼수이 트레킹 코스는 울창한 숲길, 깎아지른 절벽 샛길, 동굴 등 협곡 트레킹의 장점만을 골라서 걸을 수 있는 길이다. 전체적으로 길이 평탄하고 걷기에도 좋아 남녀노소 모두 무난하게 걸을 수 있다.

1. 뤼수이 지질관 옆길에서 트레킹을 시작한다.

2. 곳곳에 표지판이 있어 화살표만 따라가면 된다.

3. 우리나라에서는 보기 힘든 열대 식물을 볼 수 있어 색다른 느낌이다.

4.칠흑 같은 동굴도 지나간다.

5.동굴을 지나면 절벽 밑으로 지나는 차들을 보면서 걷는 길이 이어진다.

6.낭떠러지를 따라 걷는 길은 아찔하지만 걷는 재미가 있다.

7.아슬아슬한 낭떠러지 길이 끝날 듯 말 듯 계속 이어진다.

8.낭떠러지 길이 끝나면 울창한 숲길이 한동안 이어진다.

9.출구 방향 화살표가 보이면 오른쪽 출구 쪽으로 향한다.

10.경사가 있는 내리막길은 출구로 간다는 느낌이 든다.

11.투어택시를 이용하면 트레일이 끝나는 출구에서 차가 대기하고 있다.

12.날씨가 매우 변덕스러우므로 주의하자.

—창춘츠(長春祠)

타이루거 협곡을 공사할 때 순직한 인부 약 200여 명의 영령을 위로하기 위해 지어진 사당이다. 창춘츠 옆으로는 수려한 중국식 건축 외관의 묘당이 작은 다리로 연결되어 있다. 창춘츠 옆의 폭포 창춘페이푸(長春飛瀑)는 멀리서 보면 한 폭의 진경산수화를 보고 있는 듯하다. 창춘츠까지는 도보로 왕복 40분 정도 소요된다.

1. 타이루거 협곡에서 가장 마지막에 방문하는 창춘츠는 관람객이 빼놓지 않고 들르는 곳이라 사람들로 항상 북적인다.

2. 창춘츠 입구의 휴게소에서 보이는 창춘츠의 모습이다. 창춘츠 옆으로 거대한 폭포수가 흘러가는 모습이 마치 움직이는 한 폭의 산수화를 보고 있는 것 같다.

3. 휴게소에서 한 층을 내려가면 야외테라스에서 커피 한잔을 하며 창춘츠를 감상할 수 있다.

4.창춘츠 주변에서 본 휴게소의 모습이다. 휴게소에서 창춘츠를 조망할 수 있어서 기념사진 찍기에 좋다.

5.창춘츠에 가려면 창춘차오를 건너야 한다.

6.관광버스 1대가 겨우 지나갈 정도의 넓이라 안전에 유의해야 한다.

7.다리의 끝에서 계단으로 내려가면 창춘츠를 조망할 수 있는 곳이 있다.

8.다리 전망대에서 보이는 창춘츠의 모습

9.창춘츠로 향하는 입구에는 순직한 인부들의 넋을 기리는 기도처가 있고, 정면에 보이는 굴을 지나 약 20분 정도 걸으면 창춘츠에 도착한다. 협곡의 멋진 풍경과는 또 다른 숙연함이 느껴진다.

10.물은 자연스럽게 큰 S자 곡선을 그리며 모래톱을 만든다. 저 멀리 창춘츠 휴게소가 보인다. 이쪽에서 보는 풍경도 한 폭의 그림 같다.

11.창춘츠가 가까워질수록 엄청난 물소리가 모든 소음을 집어삼킨다.

12.동굴은 막힌 곳도 있지만 이렇게 뚫려 있는 곳도 있는데 모든 풍경이 예사롭지 않다.

13. 창춘츠에 도착하면 가장 먼저 친팅원친(沁亭聞琴) 정자를 만나는데 귀가 먹먹해질 정도로 폭포 소리가 크다.

14. 중국식 건축 외관의 묘당이 작은 다리로 창춘츠와 연결되어 있다. 멀리서 보았던 창춘페이푸가 이 작은 다리 사이로 흘러가는 것이 장관이다.

15. 정자, 묘당, 창춘츠가 일렬로 배치되어 있다.

Tip. 타이루거 협곡은 하루 종일 부지런히 다녀야 할 만큼 볼거리가 많은 곳이다. 각 볼거리마다 셔틀버스를 타고 내리는 것이 생각보다 불편하고 시간도 상당히 걸리기 때문에 자칫하다간 볼거리를 제대로 못 보고 돌아서며 후회할 수 있다. 투어버스는 단체로 움직여야 하기 때문에 시간이 정해져 있어서 혹시 더 머무르고 싶다고 하더라고 시간에 구애를 받을 수밖에 없다. 실제 셔틀버스를 이용한 사람들은 택시투어를 안 한 것이 후회될 만큼 많이 불편하고 시간낭비가 심하다고 이구동성으로 입을 모았다.
여유로운 관람을 위해서는 화롄역에 오전 10시 전에 도착하는 것이 좋으며 대략 7~8시간 정도를 예상하고 타이베이에 오후 8시 정도에 도착하는 일정으로 계획하면 된다. 타이루거 협곡은 볼거리가 많기 때문에 샤카당 보도에서 너무 많은 시간을 소요하면 시간이 빠듯할 수 있다. 또한 오후가 되면 창춘츠에서 화롄으로 출발하는 차들이 한꺼번에 몰려 차가 막히기 때문에 타이베이로 돌아가는 기차 시간을 넉넉하게 예상해 예매하는 것이 좋다.

입맛대로 골라먹는 푸드코트,
브리즈센터
Breeze Center

이른 아침부터 타이베이를 떠나 하루 종일 장거리 여행을 마치고 타이베이처잔역으로 돌아오니 피곤으로 인해 만사가 귀찮아진다. 멀리 갈 필요 없이 곧장 엘스컬레이터를 타고 타이베이처잔역 2층 브리즈센터로 향했다. 이곳은 타이완식, 일식, 양식, 중식 등 세계 각국의 음식을 비롯해 타이완에서 이름난 유명한 음식은 물론이고 타이완 야시장 음식을 맛볼 수 있는 어마어마한 푸드코트까지 갖추고 있다. 게다가 세계적으로 유명한 패스트푸드 전문점부터 다양한 후식을 맛볼 수 있는 디저트카페까지 수많은 종류의 음식들이 지나가는 이들을 유혹한다. 타이완의 음식이 입에 맞지 않아 고민이었던 사람도 브리즈센터에서는 걱정 없이 먹고 싶은 메뉴를 입맛대로 골라먹을 수 있다. 대부분의 메뉴는 사진이나 음식모형이 만들어져 있어 주문하기에도 어렵지 않다. 자, 이제 브리즈센터에서 즐거운 고민을 해보자.

브리즈센터 이용 안내

◆ 이용시간: 11:00~21:30, 11:00~22:00(목~토요일)　◆ 홈페이지: www.breezecenter.com

> 느낌 한마디

꼭두새벽부터 타이베이를 떠나 타이루거 협곡 여행을 마치고 다시 타이베이로 돌아오니 몸은 녹초가 되었고 저녁을 먹기 위해 여기저기 찾아다니는 것도 귀찮아졌다. 그래서 무거운 다리를 이끌고 타이베이처잔역 2층으로 직행했다. 큰 기대 없이 찾았던 브리즈센터에서 그만 입이 떡 벌어졌다. 타이완 음식, 일본 음식, 인도 음식, 채식, 패스트푸드, 야시장 음식, 디저트카페에 심지어 베스킨라빈스까지 전 세계의 다양한 음식이 눈앞에 펼쳐졌다. 입맛대로 골라 그윽하게 먹는 한 끼 식사도 좋고 간단한 샤오츠여도 좋고 이도저도 싫다면 간단히 커피 한 잔이어도 충분하다.

브리즈센터,
어떻게 가야 할까?

1. 타이베이처잔역 2층이 브리즈센터다.

2. 기차역 메인 홀 4군데 가장자리에는 모두 2층으로 향하는 에스컬레이터가 있다.

3. 브리즈센터 푸드코트

4. 1층에도 다양한 가게들이 있다.

Tip. 브리즈센터는 먹거리 외에도 옷 가게, 선물 가게, 화장품 가게 등 다양한 가게들이 있다. 또한 타이베이처잔역과 연결된 타이베이 MRT역 지하통로(M3 방향)에는 청판짠치엔띠엔 푸드코트 및 일본 스시 등이 있다.

브리즈센터, 어떻게 주문하지?

다양한 종류의 푸드코트

훠궈, 철판요리, 딤섬, 면, 디저트 등 다양한 음식을 즐길 수 있다.

타이완식, 일식, 양식, 한식 등 세계 각국의 다양한 요리가 있다.

그 밖에 이지성 베이커리(一之軒), 무지(MUJI), 타이완 도큐핸즈(Hands Tailung), 텐런명차(天仁名茶) 등 다양한 숍들이 입점해 있다.

아주 특별한 타이완 01.

북두칠성을 원해? 치싱탄(七星潭, 칠성담)

치싱탄

태평양과 접하고 있는 화롄은 타이완에서 아름다운 자연 환경으로 손꼽히는 곳이다. 화롄역에서 택시로 약 15분 정도 가면 도착하는 치싱탄은 화롄 여행의 화룡점정이라고 할 수 있다. 타이루거 협곡 택시투어를 이용할 경우 투어에 포함되는 경우도 있고 아닌 경우도 있으니 미리 확인을 해보는 것이 좋다.

치싱탄은 멀리서 보면 별 모양의 호수 지형과 닮아 있는데 짙푸른 자갈이 우리의 몽돌해변을 연상하게 한다. 치싱탄이란 이름은 '북두칠성이 가장 잘 보이는 바다'라는 의미라고 하니 직접 그 낭만을 확인해보는 것이 좋겠다. 화롄 기차역에서 멀지 않으니 꼭 가보기를 추천한다.

01

02

01〉 굳이 바다에 내려가지 않더라도 계단식으로 바다를 감상하기 좋도록 만들어놓았다.
02〉 태평양의 이국적인 풍경이 눈앞에 펼쳐져 있다.

아주 특별한 타이완 02.
한 폭의 그림 같은 곳, 쑹위안볘관(松園別館, 송원별관)

쑹위안볘관

1880년에 설립된 쑹위안볘관은 일제강점기에 중요 군사지휘센터로 이용된 곳이다. 지리적으로 화롄 항구와 태평양이 보이는 곳에 위치해 배와 비행기의 상황을 한눈에 볼 수 있을 뿐만 아니라 소나무가 둘러싸고 있어 요새로 사용하기에는 최적의 장소였다. 전쟁이 끝난 뒤 미군 고문단 군관휴식센터로 사용되었다. 이후 역사 풍모 구역으로 지정된 후 타이완 역사 100경 중 한 곳으로 선정되었고, 현재는 예술 문화 전시 공간으로 일반인들에게 개방되고 있다.

이곳에서 바라보는 태평양의 바다는 치싱탄과는 또 다른 느낌이다. 우리나라에는 아직 덜 알려진 곳이지만 타이완 여행 책자에는 빠지지 않고 소개되는 곳이다. 택시투어를 이용할 경우 가장 마지막 일정에 쑹위안볘관이 포함되지만 기차 시간이 빠듯하다면 못 볼 수도 있다. 치싱탄에서 택시로 약 10~15분 소요된다.

쑹위안볘관 이용 안내

◆ **입장료**: NT$50　◆ **이용시간**: 09:00~18:00　◆ **휴무**: 매월 두 번째, 네 번째 화요일 휴무　◆ **주소**: 花蓮縣花蓮市松園街65號　◆ **전화번호**: (03) 835-6510　◆ **홈페이지**: www.pinegarden.com.tw

01

02

03

01〉 쑹위안볘관의 모습
02〉 기념품 가게
03〉 야외 카페테리아

아주 특별한 타이완 03.
출출할 때 최고의 간식, 청지마수(曾記麻薯, 증기마서)

청지마수

타이루거 협곡 투어를 마치고 조금 출출하다면 기차를 타기 전에 화롄역 광장을 지나 정면에 있는 청지마수에서 떡을 맛보는 건 어떨까? 청지마수는 타이완에서도 매우 인기 있는 체인점이다. 특히 일본인 관광객의 관광 기념품이 인기가 대단하다. 그래서 청지마수 가게 안은 일본인 관광객으로 늘 붐빈다.

청지마수 이용 안내

◆ 이용시간: 09:00~20:00 ◆ 주소: 花蓮縣花蓮市中華路161-1號 ◆ 전화번호: (03) 836-1965

청지마수, 어떻게 가야 할까?

1. 화롄역과 정면으로 마주하고 있다. 화롄역 앞에 조그만 공원이 조성되어 있는데 그 공원 너머 정면으로 간판이 크게 잘 보인다.

2. 워낙 많은 사람들로 붐비는 곳이라 구입하는 곳과 계산대가 나누어져 있다.

3. (좌) 안쪽으로는 다양한 선물세트가 즐비하다.
(우) 다양한 종류의 떡

4. 줄을 서서 자신이 원하는 떡을 바구니에 담아서 계산하면 된다.

5. 검은 깨가 듬뿍 들어간 떡

넷째 날,
색다른 매력이 가득한 타이베이

넷째 날,
일정 한눈에 보기

단수이 淡水
영화 <말할 수 없는 비밀>의 촬영지이자 항구도시의 낭만을 간직한 곳

신베이터우 新北投
세계적인 지열자원을 보유하고 있는 타이완 온천의 진면목

스린야시장
야시장이 발달한 타이완에서 규모가 가장 큰 제1의 야시장

궈리중정지넨탕
타이완 초대 총통인 장제스 기념관

딘타이펑 본점
뉴욕 타임스 선정 세계 10대 레스토랑

융캉제
우리나라의 삼청동, 신사동 가로수길, 상수동 카페골목의 느낌을 자아내는 곳

★ 아침부터 저녁까지 하루 종일 다녀도 같은 곳이 하나도 없는 타이베이. 낯설지 않은 풍경은 왠지 친숙하고, 익숙하지 않은 풍경은 왠지 설레는 그곳은 알면 알수록 새로운 매력이 넘친다. '푸통푸통(두근두근)' 타이베이의 하루가 당신을 기다리고 있다.

궈리중정지넨탕 (중정지넨탕역) ▶ 융캉제 (둥먼역) ▶ 딘타이펑 (둥먼역) ▶ 신베이터우 (신베이터우역) ▶
단수이 (단수이역) ▶ 스린 야시장 (젠탄역)

타이완의 상징, 궈리중정지녠탕

國立中正紀念堂, 국립중정기념당

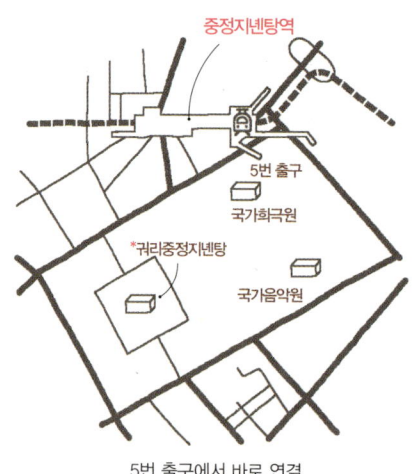

5번 출구에서 바로 연결

궈리중정지녠탕은 타이완의 초대 총통인 장제스를 기념하기 위한 곳으로 장제스가 서거한 1975년의 바로 다음 해에 건립을 시작해 1980년에 완공되었다. 장제스는 타이완을 이해하는 데 필수적인 인물로 궈리중정지녠탕은 타이완에서 상징적인 장소다. 궈리중정지녠탕 입구에 들어서면 자유와 평등을 상징하는 흰색 대문에 파란색 지붕의 '자유광장(自由廣場)' 문이 우뚝 서 있다. 양옆으로는 중국 궁전 건축양식을 융합한 국가희극원과 국가음악원이 자리를 잡고 있는데 웅장한 분위기를 자아낸다. 입구에서 궈리중정지녠탕까지 25만 평방미터에 달하는 자유광장은 타이베이의 큰 행사가 열리는 곳이다. 정면으로 보이는 70m 높이의 궈리중정지녠탕은 흰색의 대리석에 푸른색의 기와지붕을 얹은 형태다. 외관은 명나라 양식이며 천장은 둥글게 처리해 국민당의 당휘장을 상징하고 있다. 궈리중정지녠당 1층에는 장제스기념박물관이 있는데 장제스 총통의 집무실을 재현해놓고 사진과 유품을 비롯해 그가 생전에 탔던 자동차 등을 전시하고 있으며, 2층에서는 약 25톤 무게의 장제스 동상을 볼 수 있다. 궈리중정지녠탕으로 올라가는 89개의 계단은 장제스 서거 당시 나이를 상징한다. 매 시간 정각마다 있는 위병교대식은 궈리중정지녠탕의 또 하나의 볼거리다. 입구에는 울창한 나무들이 숲을 이루고 있어 타이베이 시민들의 휴식공간으로 이용되고 있다.

궈리중정지녠탕 이용 안내

◆ **입장료**: 무료 ◆ **이용시간**: 09:00~18:00 (광장은 24시간 개방) ◆ **위병교대식**: 매 정시마다 교대식이 있으며 마지막 교대식은 17:00(10분 정도 소요, 위병교대식 후 기념사진을 찍을 수 있음) ◆ **주소**: 臺北市中正區中山南路21號 ◆ **전화번호**: (02) 2343-1100 ◆ **홈페이지**: www.cksmh.gov.tw/eng/index.php ◆ **구글지도 검색**: 중정기념당(生活館)

느낌 한마디

타이완의 가장 상징적인 장소로 손꼽히는 궈리중정지녠탕은 입구에서 국가희극원을 지나자마자 흰색과 파란색의 자유광장의 문과 함께 드넓은 광장이 시원하게 펼쳐지는 모습이 매우 인상적이었다. 무려 70m 높이에 달하는 궈리중정지녠탕은 멀리서 보기에도 위풍당당했다. 하지만 뜨거운 태양빛을 고스란히 받으며 광장을 걷다 보니 땀이 비 오듯 쏟아졌다. 굴곡진 역사의 소용돌이를 거친 타이완 정치의 산증인인 장제스를 만나러 가는 길은 녹록하지 않았다. 흘릴 만큼 땀을 흘리고 나서야 궈리중정지녠탕으로 올라가는 계단에 도착했다. 마치 거대한 산 하나를 올라가는 듯한 기분으로 궈리중정지녠탕의 89개 계단을 꼭꼭 밟으며 올라갔다. 궈리중정지녠탕 최고의 볼거리라는 위병교대식은 생각했던 것보다 훨씬 근사했다. 그러나 위병교대식을 보기 위해 아침부터 모인 단체 관광객들로 기념당 안은 발 디딜 틈이 없었고 까치발을 하고서야 겨우 위병교대식을 볼 수 있었다. 궈리중정지녠탕은 어쩌면 너무 뻔한 관광지라 다소 식상하다 생각할 수도 있으나 누구나 가는 곳이니만큼 안 가면 이상한 곳 아니겠는가? 그리고 뻔한 관광지라고 하기에는 궈리중정지녠탕에서 바라보는 자유광장이 참 매력적이다.

궈리중정지녠탕,
어떻게 가야 할까?

1. 중정지녠탕역 5번 출구로 간다.

2. 파란색 담장이 있는 문으로 들어간다.

3. 건물을 따라 직진 후 오른쪽으로 돌면 바로 자유광장이다.

4. 정면으로 궈리중정지녠탕이 보인다.

5. 궈리중정지녠탕과 마주보고 있는 자유의 광장 문이다. 왼쪽으로는 국가희극원, 오른쪽으로는 국가음악원이 있다.

궈리중정지녠탕,
어떻게 돌아보지?

자유광장의 문은 자유와 평등을 상징하는 흰색과 파란색을 사용하고 있다.

1. 입구에는 아름드리나무들이 숲을 이루고 있어 시민들의 휴식처가 되고 있다.

2. 국가희극원

3. 국가음악원

궈리중정지녠탕의 흰색 대리석과 푸른색 기와지붕은 명나라 양식이다. 89개의 계단은 장제스 서거 당시 나이를 상징한다.

4. 25톤에 달하는 장제스 동상

5. 둥글게 처리한 천장은 국민당의 당휘장을 상징한다.

6. 위병교대식은 매시 정각마다 있으며 약 10분간 진행된다.

Tip. 자유광장을 거쳐 궈리중정지녠탕까지는 지하철역에서 10분 정도 걸어야 도착한다. 자유광장은 그늘이 전혀 없으므로 모자나 선글라스가 필수다. 매 정각에 있는 위병교대식을 보려면 교대식이 열리는 홀까지 20분 전에는 도착해야 좋은 자리에서 관람할 수 있다. 교대식이 끝나고 나면 위병들과 기념사진을 찍을 수 있다. 1층에는 장제스 기념관이 있으니 둘러보자.

위병교대식

7. 장제스 기념관 내부의 모습

8. 장제스 총통이 생전에 이용했던 자동차

9. 고 박정희 대통령과 함께 찍은 기념사진은 우리나라 단체 관광객들의 필수 관람 코스다.

느리게 걷고 싶은 그곳,
융캉제

永康街, 영강가

융캉제는 아기자기한 골목길에 독특한 주인의 취향이 반영된 가게들이 몰려 있는 곳으로 우리나라 서울의 삼청동, 신사동 가로수길, 상수동 카페골목을 적절히 섞어놓은 듯한 분위기를 느낄 수 있다. 둥먼역 5번 출구에서 이어지는 융캉제의 골목은 어떻게 돌아보느냐에 따라 걸리는 시간이 천차만별이다.

융캉제가 있는 둥먼지역은 일제강점기에 일본 문관들의 숙소가 있던 평범한 주택가였으나 1960년대에 현재 타이베이를 대표하는 얼굴이 된 딘타이펑이 생기면서 사람들의 발길이 이어지며 지금에 이르고 있다. 융캉제에는 세계 10대 레스토랑 중 하나인 딘타이펑 본점을 비롯해 오랜 시간 융캉제를 지켜온 맛집들이 즐비하다. 골목골목마다 특색 있는 카페나 레스토랑을 비롯해 개성 있는 의류나 잡화를 파는 곳이 많아 외국인 관광객뿐만 아니라 타이완 현지 젊은이들도 즐겨 찾고 있다. 게다가 융캉제 중간에는 작은 공원도 있어 한가롭게 슬슬 산책하면서 돌아보기에 좋다.

융캉제에서 골목길을 따라 조금만 걸어 내려가면 일본식 건물들이 눈에 띄는데 바로 칭티엔제다. 하늘이 보이지 않을 만큼 키 높은 초록색의 나무들이 융캉제 골목과는 또 다른 느낌을 자아낸다. 이곳은 과거 일제강점기에 일본 관리들의 고급저택이 있었고 이후에는 대만 대학과 사범대학이 인근에 설립되면서 대학 교수들이 거주하던 일본식 기숙사

둥먼역 5번 출구와 연결된다. 청천 76, 둔황슈랑, 핀모어랑항 소개는 184~189쪽에 있으니 참고하자.

건축물이 생겨났다. 이 골목 안쪽으로 숨은 듯 자리 잡고 있는 카페, 서점, 화랑들은 지성인들이 모여들었던 곳답게 인문학적인 느낌을 물씬 자아내며 또 다른 정취를 느낄 수 있게 한다. 칭티엔제는 184쪽의 〈한걸음 더〉를 참고하자. 아기자기한 골목길이 꼬리를 물고 이어지는 융캉제는 오랜 시간 융캉제를 지키며 맛의 터줏대감으로 자리하고 있는 대표 맛집들이 즐비한 곳으로도 유명하다. 세계 각국의 타이베이 가이드북에 단골로 소개되는 융캉제의 대표 맛집들을 만나보자.

둥먼역 5번 출구를 빠져나오자마자 사람들이 바글바글하다. 정면으로 보이는 대로변 앞의 수많은 사람들을 보자 잘 찾아왔는지 고민하고 말고 할 필요도 없이 타이베이에서 손꼽히는 딘타이펑에 왔구나 싶었다. 둥먼역 5번 출구에서 나와 빵집 '선메리(Sunmerry)'와 딘타이펑 사이의 대로변이 바로 융캉제다. 타이베이의 젊은이들도 많이 찾는 핫 플레이스라고 하더니 과연 거리는 사람들로 넘쳐나고 있었다. 명성에 비해 그리 넓지 않은 융캉제 양쪽으로 자리 잡고 있는 작은 가게들은 계속 사람의 발걸음을 붙드는 묘한 매력이 있었다. 여행을 하다 보면 볼거리가 많을수록 자꾸 발걸음을 재촉하게 되는데 이상하게 융캉제에서는 발걸음이 서둘러지지 않았다. 내가 살던 곳 마냥 설렁설렁 느리게 걷고 싶었다.

융캉제,
어떻게 가야 할까?

1. 둥먼역에서 하차한다.

2. 둥먼역 5번 출구로 나간다.

3. 5번 출구에서 직진한다.

4. 건널목을 건너 직진하면 딘타이펑이고, 선메리 베이커리를 끼고 우회전하면 이어지는 대로변이 융캉제다.

융캉제, 어떻게 돌아보지?

1. 선메리(sunmerry) 베이커리. 둥먼역 5번 출구로 나오면 정면의 오른쪽에 있다. 타이베이 기념 선물로 가장 인기 있는 펑리수(파인애플 케이크)를 판매한다. (316쪽의 '펑리수'편 참조)

2. 톈진 총좌빙(天津蔥抓餠). 총좌빙은 잘게 썬 파가 들어 있는 부침개다. 타이완 사람들의 국민 간식으로 보기보다 맛있다.

3. 총좌빙 가격은 햄·달걀·치즈 등 메뉴에 따라 1인분 NT$25~NT$50 사이다.

4. 융캉제 입구에 위치한 스무시(思慕昔). 융캉제에서 꼭 먹어봐야 하는 망고빙수 전문점. 뜨거운 인기를 반영하듯 융캉제 입구에도 지점을 열었다.

5. 스무시 본점은 2층 건물이다. 망고빙수의 인기로 인해 부산에도 진출했다. (영업시간: 1층 09:30~23:00, 2층 12:00~22:00 주소: 台北市大安區永康街15號 전화번호: 02-2341-6161 홈페이지: www.smoothiehouse.com)

6. 융캉궁위안(永康公園). 융캉제 거리 한가운데 키 큰 야자수 나무와 이국적인 나무들로 융캉제를 찾은 시민들에게 휴식처가 되어주고 있다. 주말에는 공연도 열린다.

7. 우스란(50嵐). 버블티가 유명한 대만에서 '쩐주나이차(珍珠奶茶)'로 불리는 버블티를 적당한 가격에 맛볼 수 있는 곳이다. 워낙 많은 지점이 있어 흔하게 발견할 수 있는 곳 중 하나다.

8. 샹르쿠이 성훠관(向日葵生活館). 각종 인테리어 소품과 주방 및 거실 용품 등을 판매하고 있다. (영업시간: 12:00~20:00, 연중무휴 주소: 台北市大安區永康街23巷3號 전화번호: 02-2396-6850)

융캉뉴러우멘(永康牛肉麵). 식사 시간이 되면 타이완 현지인들이 늘 길게 줄을 늘어서는 곳으로 50년의 역사를 자랑하는 곳이다. 밑반찬의 가격을 따로 지불해야 하지만 저렴한 편으로 카운터에서 직접 고르면 된다. (영업시간: 11:00~15:30, 16:30~21:00, 연중무휴 주소: 台北市 金山南路二段31巷17號 전화번호: 02-2351-1051 구글지도 검색: 융캉우육면.)

후이류(回留). 일반 주택을 개조해 미국인이 운영하는 채식 레스토랑이다. 가격은 조금 비싼 편이지만 음식의 질을 추구하는 사람이라면 만족할 만한 곳이다. 가게 안은 도자기가 전시되어 있으며 일본 차를 구매할 수도 있다. (영업시간: 10:00~22:00 점심 11:30~14:00, 티타임 13:30~17:00, 저녁 17:30~21:30 주소: 台北市 大安區 永康街31巷9號 전화번호: 02-2392-6707.)

마마(Ma Ma). 핸드메이드 우산과 디자인 용품 판매점. 융캉궁위관의 끝에 위치해 사람들의 발길이 끊이지 않고 삼삼오오 이어지는 곳. 핸드메이드 시계, 조명 등을 비롯해 다양한 종류의 디자인 상품들이 눈길을 끈다. 비가 자주 내리는 타이완 날씨의 특성상 우산은 필수 아이템이라고 할 수 있는데, 이곳에서 나만의 우산 하나쯤 장만해보는 것도 좋을 듯하다. (영업시간: 10:00~22:00, 주말 및 휴일: 23:00까지, 연중무휴 주소: 台北市 大安區 永康街31號 이곳 외에 신의로와 중샤오동로에도 지점이 있다.)

텐런명차(天仁茗茶). 타이완 토종 차 브랜드로 타이완을 대표하는 명차부터 잎차와 티백 등 차와 관련한 제품 등을 구매할 수 있지만 테이크아웃만 가능하다. 동먼역 5번 출구에서 반대편으로 직진하면 된다. 타이베이 101빌딩 지하, 타이베이처잔역 등에 지점이 있다.

Tip. 딘타이펑에서 식사를 할 예정이라면 딘파이펑에 먼저 가야 한다. 딘타이펑의 높은 인기로 인해 30분 이상 기다려야 하는 경우가 많기 때문에 접수를 해놓고 기다리는 동안 융캉제를 돌아보는 것이 효율적이다. 융캉제를 돌아보는 데는 1시간 정도면 충분하다. 시간적 여유가 있다면 소개한 곳 외에도 골목골목마다 특색있는 가게가 많으니 다른 골목을 들어가보는 것도 좋다. 현지인들에 따르면 낮도 좋지만 밤이 되면 훨씬 운치가 있다고 한다.

세계 10대 레스토랑,
딘타이펑 본점

鼎泰豐, 정태풍

타이완에서 꼭 먹어야 하는 샤오룽바오(小籠包)가 유명한 딘타이펑은 〈뉴욕타임스〉에서 세계 10대 레스토랑으로 선정한 곳이다. 타이베이를 비롯해 타이완 전역에 지점이 있을 뿐 아니라 세계 각처에 분점을 두고 있을 만큼 타이완을 대표하는 레스토랑으로 세계적으로도 지명도가 있는 곳이다. 우리나라에도 명동과 강남 등에 분점이 있다. 특히 영화 〈루시〉를 연출한 프랑스 감독 뤽 베송도 딘타이펑 본점의 샤오룽바오를 좋아한다고 알려져 있다.

딘타이펑의 대표적인 메뉴는 샤오룽바오다. 샤오룽바오는 고소한 육즙이 들어가 있는 만두를 대바구니 안에 넣고 찐 음식이다. 샤오룽바오 외에도 다양한 딤섬, 왕만두, 볶음밥 등이 있다. 다양한 메뉴는 어떤 것을 주문해도 실패하지 않을 만큼 우리 입맛에 잘 맞는 편이다. 유명한 식당답게 한국어 통역이 가능한 직원들과 한국어 메뉴판이 준비되어 있어 불편함이 없다. 가격에는 10% 부가세가 별도로 부가된다. 최근에는 딘타이펑의 높은 인기로 인해 전 지점에서 모두 전화 예약을 받지 않는다. 꼭 예약을 하고 싶다면 평일에 한해 홈페이지에서 메일을 보내면 된다.

딘타이펑 이용 안내

본점 ◆ **이용시간:** 월~금 10:00~21:00, 주말 09:00~21:00 ◆ **주소:** 台北市信義路二段194號(氷康街口) ◆ **전화번호:** (02) 2226-1200 **타이베이 101점** ◆ **이용시간:** 일~목 11:00~21:30, 금~토 및 휴일 전날 11:00~22:00 ◆ **주소:** 台北市市府路45號B1 ◆ **전화번호:** (02) 8101-7799 ◆ **홈페이지:** www.dintaifung.com.tw

---

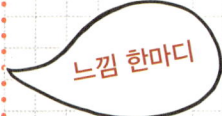
느낌 한마디

혹자는 그렇게 말할지도 모르겠다. 융캉제 딘타이펑은 사람이 너무 많아서 늘 기다려야 하는데 줄을 서지 않고 편하게 먹을 수 있는 다른 지점이나 다른 식당이 아닌 굳이 왜 그곳이냐고. 글쎄, 왜일까? 예약 없이 식사 시간에 맞추어 가면 1시간 이상 기다리는 건 기본인데 말이다. 과연 어떤 곳이길래 사람들을 그렇게 많이 불러 모을까 싶어 점심 시간에 딘타이펑을 찾았다. 딘타이펑이 어디인지 고민할 필요가 없었다. 이미 지하철 출구 안내판에는 딘타이펑이 어디 있는지 표시되어 있고, 설사 그게 없다 하더라도 지하철 출구를 나가면 정면으로 사람들이 왁자지껄 모여 있는 곳이 바로 딘타이펑이었다. 딘타이펑 외부에는 〈뉴욕타임스〉에서 세계 10대 레스토랑으로 선정된 곳답게 톰 크루즈를 비롯한 세계적인 스타가 다녀간 기념사진이 붙어 있었다. 예상보다도 대기 인원이 더 많았지만 대기 시간을 미리 알려주고 전광판으로 대기 번호를 확인할 수 있어 괜찮았다. 게다가 영어 · 일어 · 한국어 · 프랑스어 등등 외국어가 능통한 직원들이 기다리는 손님들에게 살갑게 말을 건네기도 하고 기념사진을 찍어주기도 하는 등 서비스가 좋아서 세계 일류 레스토랑은 그냥 되는 게 아니구나 싶었다. 물론 이런 서비스는 서빙을 담당하는 직원들도 예외는 아니었다. 한국인에게는 한국어 서비스가 가능한 직원이 메뉴 설명부터 먹는 방법까지, 그리고 어느 정도의 양으로 주문을 해야 하는지 설명하며 수십 가지의 질문에도 환한 미소로 답변을 해주었다. 직원들의 친절한 서비스와 줄을 서서 기다리는 시간마저도 당당히 맛에 포함된 딘타이펑이었다. 굳이 딘타이펑 융캉제 본점이어야 하는 이유는 당신이 직접 경험하길 바란다.

딘타이펑 본점,
어떻게 가야 할까?

1. 둥먼역 5번 출구로 나가서 직진한다.

2. 바로 보이는 건널목을 건너면 딘타이펑이다.

3. 대기 번호표

4. 벽에는 테이크아웃 대기 번호표가 표시된다.

5. 딘타이펑 마스코트

딘타이펑 본점,
어떻게 주문하지?

딘타이펑 메뉴판

샤오룽바오 맛있게 먹는 방법
간장과 식초를 1 대 3 비율로 배합한 소스에 샤오룽바오를 찍어 숟가락에 올린 다음, 젓가락으로 만두피를 살짝 찔러 흘러나오는 뜨거운 육즙을 마신 뒤 생강채와 함께 먹는다. 육즙이 뜨거워 입을 델 수 있으니 조심하자.

샤오룽바오(小籠包)
돼지고기와 육즙이 들어간 만두

차이러우옌자오(菜肉燕餃)
통새우와 육즙이 들어간 만두

샤런사오마이(蝦仁燒賣)
채소와 돼지고기가 들어간 만두

Tip. 딘타이펑은 전화 예약을 받지 않기 때문에 식사 시간에 방문을 하게 되면 대기 시간만 족히 1시간이 넘을 수 있다. 따라서 식사 시간보다 조금 일찍 혹은 늦게 가면 대기 시간을 조금이라도 줄일 수 있다. 최소한 11시 30분 전에 도착해야 많이 기다리지 않는다. 대기 번호표를 받으면 대략의 예상 대기 시간을 정해주니 무작정 기다리지 않아도 되는 점은 딘타이펑 최고의 서비스다. 기다리는 동안 융캉제를 돌아보는 것도 좋다.

상하이 요리 전문점,
까오지

高記

융캉제에서 외국인 관광객들이 가장 많이 찾는 곳은 딘타이펑이지만 현지인들에게는 까오지가 더욱 인기가 높다. 딤섬 레스토랑의 양대 산맥으로 부르기도 하는 곳인 만큼 맛에서는 딘타이펑과 우열을 가리기 힘들다. 까오지는 상하이 요리 전문점으로 1949년에 개업을 했으며 여러 종류의 딤섬 외에도 다양한 상하이 요리를 맛볼 수 있다. 한글로 된 메뉴판이 있어 주문이 어렵지 않다. 2~4인일 경우 세트요리를 선택해 다양하게 맛볼 수 있고, 단품 메뉴도 주문이 가능하다. 본점이 있는 융캉제 외에도 중산점, 중샤오푸싱, 송산문화단지 내 송예성품에도 지점이 있다.

◆ **까오지 이용 안내**

◆ 이용시간: 월~금 09:30~22:30, 주말 08:30~22:30 ◆ 가격: 2인 세트메뉴 NT$1,100, 3인 세트메뉴 NT$1,650, 4인 세트메뉴 NT$2,200(단, 부가세 10% 별도) ◆ 주소: 台北市大安區永康街1號 ◆ 전화번호: (02) 2341-9984, 전화 예약 가능 ◆ 홈페이지: www.kao-chi.com ◆ 구글지도 검색: 까오지 동파육

까오지,
어떻게 즐겨볼까?

1. 까오지 내부 모습

2. 주오종당씨치우(左宗棠雞球), 탕수소스를 곁들인 치킨볼

3. 후꾸이동피로우(富貴東坡肉), 동파육

4. 샤런샤오마이(蝦仁燒賣), 새우살 샤오마이

5. 지우황샤런탕펀(韭黃蝦仁腸粉), 새우살 간장말이

6. 위안롱 샤오룽바오(元籠小籠胞)

7. 샤런딴차오판(蝦仁蛋炒飯), 새우볶음밥(대략 2인분 정도)

8. 상하이성지아바오(上海鐵鍋生煎包), 철판 군만두

9. 시에황쩡샤오마이(蟹黃蒸燒賣), 게살 샤오마이

100년 역사가 깃든 단짜이몐,
두샤오웨 융캉점

度小月 永康店, 도소월 영강점

한국에서도 음식 하면 '전라도'라고 칭하듯 타이완도 '타이난' 음식이 맛있기로 유명하다. 타이난을 대표하는 여러 음식 중 가장 유명한 것은 바로 면 요리인 단짜이몐(擔仔麵)으로, 1895년 창업 후 100년이 넘도록 명성을 이어가고 있는 두샤오웨 본점이 가장 유명하다. 타이완에서 꼭 먹어봐야 할 음식 중 하나인 단짜이몐을 먹기 위해 타이난으로 가야 할까? 그렇지 않다. 융캉제에 지점이 있기 때문이다. 두샤오웨 입구에는 타임머신을 타고 100년 전으로 돌아간 듯 그 시절에 면 요리를 하던 주방을 그대로 갖추고 고객이 주문을 하면 그곳에서 바로 단짜이몐을 만들어준다. 단짜이몐은 탱탱한 면발에 숙주가 들어가 있어 국물 맛이 시원하고 적당히 고슬고슬한 볶음밥은 독특하면서도 맛있다. 단짜이몐의 양은 작은 컵라면보다도 조금 적은 편으로 볶음밥을 함께 주문하면 안성맞춤이다. 굵은 면발의 단짜이몐과 가는 면발의 단짜이멘(擔仔米粉)을 선택(가격 동일)할 수 있으며 볶음밥의 경우에도 양을 선택할 수 있다. 그 외에도 타이난의 다른 요리들도 단품 메뉴로 주문이 가능하다. 단, 1인당 무조건 NT$100 이상 주문해야 하며 부가세 10%는 별도다. 샹차이(湘菜, 일명 고수)가 싫다면 미리 빼달라고 할 것.

두샤오웨 이용 안내

◆ 영업시간: 11:30~22:00(마지막 주문 21:30)　◆ 주소: 台北市大安區永康街9-1號　◆ 전화번호: (02) 3393-1325
◆ 홈페이지: www.noodle1895.com　◆ 구글지도 검색: Du Xiao Yue Danzi Noodle

01　02

03　04

01〉주방이 개방되어 있어 단짜이멘을 만드는 모습을 볼 수 있다. | 02〉단짜이멘과 주보어로우차오판 | 03〉탱탱한 면발에 국물이 시원한 단짜이멘 | 04〉적당히 고슬고슬해 밥맛이 끝내주는 주보어로우차오판

한걸음 더 01.

칭티엔제의 명소,
칭티엔치류(青田七六, 청전76)

칭티엔치류

칭티엔제에서 가장 유명세를 타고 있는 곳은 바로 칭티엔치류다. 1931년 홋카이도 출신인 주리런(足立仁) 교수의 설계로 타이완의 기후에 적합한 일본식 건축양식으로 지어져 독특한 느낌을 자아낸다. 이곳의 주소인 칭티엔제 7항 6호(青田街七巷六號)는 일본 교수진들이 개발한 '대학주택조합' 중 하나였다. 일제강점기가 끝난 뒤 대만대학교 지질학과 교수인 마팅잉(马廷英, Ma Ting Ying H) 교수가 이곳에 살기 시작했으며 2007년까지 마 씨 집안이 이곳에 거주했다. 2006년에 타이베이시로부터 보호 가치를 인정받아 유적지로 지정되면서 주소 그대로 칭티엔치류로 이름 지었다. 정식 명칭은 '국립 대만대학 일식기숙사 마팅잉고거(国立台湾大学日式宿舍—

马廷英故居)'다. 참고로 마팅잉 교수는 유명한 지질학자로서 평생 동안 지질학 연구에 매진했으며 전 세계적으로 큰 족적을 남겼다. 이처럼 위대한 마팅잉 교수가 살던 공간은 현재 건축과 지질연구 전시가 하나로 결합된 인문 공간으로 활용되고 있다. 거실, 서재, 침실 등 곳곳은 마팅잉 교수가 살던 모습 그대로 재현되어 있으며 차와 식사를 할 수 있는 곳으로 운영되고 있다. 우리나라 관광객들에게는 아직 덜 알려진 곳이지만 문을 열기 전부터 일본 관광객들이 줄을 설 만큼 일본 관광객들 사이에서는 꼭 가봐야 할 꽤 유명한 곳이다. 식사는 단품 메뉴와 세트 메뉴로 구성되어 있으며 사진이 있어 주문하기에 어렵지 않다. 다양한 디저트 메뉴가 있으며 이곳 역시 부가세 10%는 별도다.

칭티엔치류 이용 안내

◆ **이용시간**: 점심 11:30~13:30, 에프터눈 티 14:30~17:00, 저녁 17:30~21:00(마지막 주문 20:00)　◆ **휴무**: 매월 첫 번째 월요일　◆ **주소**: 臺北市士林區基河路60號　◆ **전화번호**: (02) 2391-6676　◆ **홈페이지**: www.geo76.tw
◆ **구글지도 검색**: 청전칠육

카페 외부

카페 내부

일본식 점심 세트 메뉴

카푸치노(NT$150)와 견과류 종류 무즈스 (木之實)

Tip. 한 블럭 지나면 일본식 주택을 개조한 또 다른 공간인 칭티엔이리우(靑田一六)가 있다. 이곳에서는 대만 사범대학교 시각디자인과에서 운영하고 있으며 비정기적으로 국내외 예술가들의 전시가 진행된다.

한걸음 더 02.

고즈넉함이 있는 곳,
둔황슈랑(敦煌畫廊, E-gallery)과 칭티엔차관(青田茶館)

둔황슈랑

조용한 골목인 칭티엔제에 있는 또 다른 일본식 건물에는 둔황슈랑과 칭티엔차관이 있다. 입구에 놓인 돌계단을 따라 안쪽으로 들어가면 둔황슈랑으로 일반적인 느낌의 화랑이 아닌 완전히 다른 느낌을 자아낸다. 모든 소음을 집어 삼킨 듯한 침묵이 압도감을 주는 둔황슈랑은 작품과 나의 경계를 허문다.
전시는 상설로 진행된다. 그리고 바로 옆 건물은 한눈에 보기에도 범상치 않은 다기들이 멋을 뽐내는 칭티엔차관이다. 다양한 타이완 차를 맛볼 수 있으며 커피나 홍차도 준비되어 고즈넉한 분위기에서 전시도 보고 차를 즐겨보자.

거리에서 본 둔황슈랑

둔황슈랑의 입구

둔황슈랑의 전시는 상설로 진행되며 갤러리에서 차를 마실 수도 있다.

칭티엔차관에는 다양한 차 종류가 준비되어 있다.

둔황슈랑 이용 안내

◆ 이용시간: 13:00~18:00 ◆ 휴무: 월요일 ◆ 주소: 台北市大安區靑田街8巷12號 ◆ 전화번호: (02) 2396-3100
◆ 홈페이지: www.artcaves.com/caves_tp

칭티엔차관 이용안내

◆ 이용시간: 10:00~18:00 ◆ 주소: 台北市大安區靑田街8巷12號 ◆ 전화번호: (02) 2396-7030 ◆ 구글지도 검색: Qingtian Tea House

한걸음 더 03.

소박한 종이 디자인가게,
핀모어랑항(品墨良行, PIMO PURE STORE)

핀모어랑항

    칭티엔제는 아니지만 융캉제에서 칭티엔제로 향하다 보면 아주 소박한 종이 디자인 가게 핀모어랑항이 있다. 언뜻 보기에는 소박한 공간이라 그냥 지나치기 십상이지만 찬찬이 안을 들여다보고 있노라면 종이 혹은 책을 좋아하는 사람이라면 쉽게 지나치지 못할 만큼 인상적인 곳이다. 종이를 비롯해 다양한 서구는 물론이고 직접 출판한 책들도 판매하고 있다. 무엇보다 특수 재질의 종이를 무심한 듯 찢어서 만든 노트는 구매자들이 직접 햇빛에 그을려 무늬를 만들 수 있기에 나만의 개성 있는 노트를 만들 수 있어 인기 만점이다. 다양한 문구류 구입도 가능하며 한쪽 공간에는 차나 음료도 판매하고 있다. 참고로 핀모어랑항은 쓰쓰난춘에 있는 신의공민회관

하오치우(好丘)에도 입점해 있다. 골목 안쪽으로는 생활용품을 판매하는 또 하나의 매장(장소: 永康街63號, 구글지도 검색: 품묵량행)이 있는데, 다양한 디자인 제품 및 케이크와 차를 마실 수 있는 카페도 겸하고 있다.

핀모어랑항 이용 안내

◆ **이용시간:** 10:30~19:00(점심 시간 영업 안 함 12:00~13:30) ◆ **휴무:** 연중무휴(다만 타이완 공휴일 휴무) ◆ **주소:** 台北市 大安區 永康街 75巷10號 ◆ **전화번호:** (02) 2396-8366 ◆ **홈페이지:** www.pinmo.com.tw

핌모어랑항 입구

종이를 비롯해 다양한 서구를 볼 수 있다.

햇빛을 이용해 특수 재질의 노트에 무늬를 만들고 있다.

노트 속지도 같은 재질이기 때문에 자신이 무늬를 만들어 사용해도 된다.

종이로 만든 다양한 제품을 판매하고 있다.

그 밖에 직접 만든 책들도 판매하고 있다.

뜨거운 온천물에 마음까지 힐링,
신베이터우

新北投, 신북투

태평양에 위치하고 있는 타이완은 세계적인 지열자원을 보유하고 있는 나라 중 하나다. 일본 다음으로 온천수가 많으며 다양한 온천의 수질을 보유하고 있어 온천 애호가들 사이에서는 타이완을 '온천박물관'이라고 부르기도 한다. 베이터우 지역의 온천은 1894년 독일 광산업자가 개발을 시작하면서 알려졌고, 이후 일본이 텐거우란뤼서(天狗庵旅社)라는 온천여관업을 시작하면서 이 지대에 온천여관들이 생겨나기 시작했다.

베이터우 온천이 유명한 이유는 일본 학자가 발견한 베이터우석(北投石) 때문이다. 베이터우석은 수천 종의 광석 중 유일하게 타이완 지명의 이름이 붙은 광석으로 현재는 타이완 베이터우와 일본 다마가와에만 존재한다. 베이터우석은 미량의 방사성이 함유되어 있어 암 치료 효과가 높다. 베이터우 온천은 탄산유황천으로 색깔이

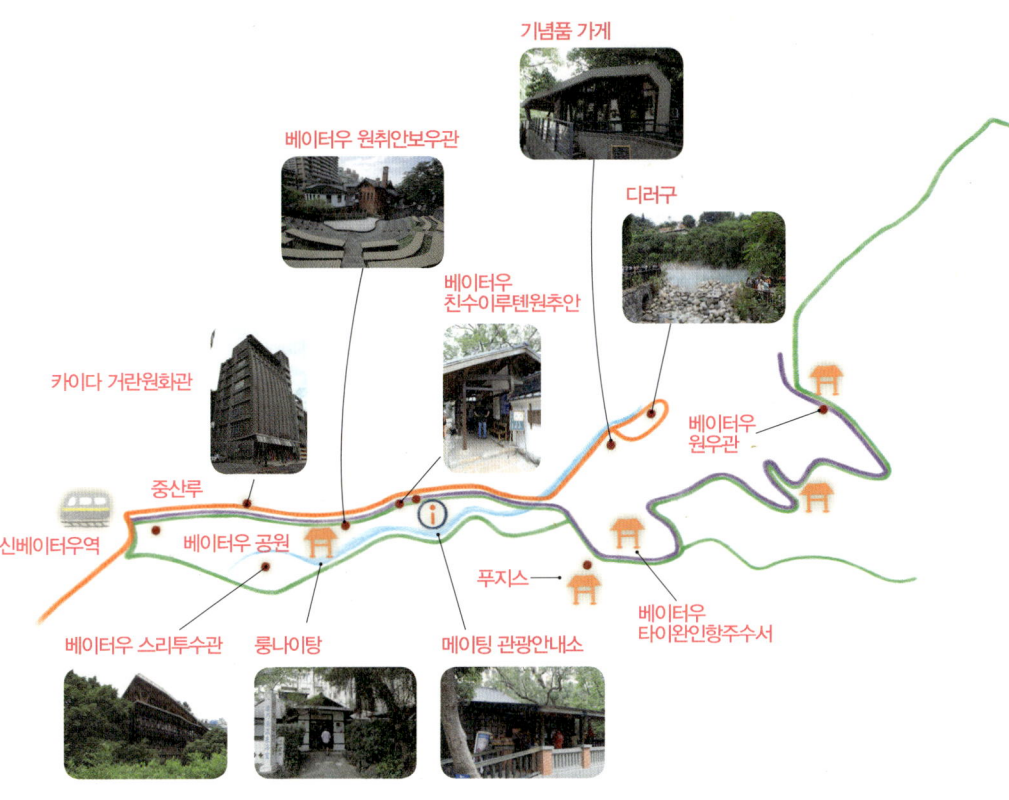

하얗고 약산성인 백황, 산성이 비교적 강한 청황, 철분을 함유해 연한 적갈색을 띠는 철황의 3가지 성분이 들어 있다. 200년의 역사를 자랑하는 베이터우는 고급 온천호텔부터 노천대중탕까지 다양한 온천 시설을 갖추고 있으며 관광객들뿐 아니라 현지인들의 발길이 끊이지 않는 곳이다.

신베이터우의 주요 볼거리는 중산루(中山路)를 따라 위치하고 있으며, 타이완 최초 친환경 건축물인 베이터우 스리투수관(北投市立圖書館), 베이터우 온천 발전사를 볼 수 있는 베이터우 원취안보우관(北投溫泉博物館), 온천수의 진원지 디러구(地熱谷), 노천탕인 베이터우 친수이루톈원취안(北投親水露天溫泉)과 룽나이탕(瀧乃湯) 등이 있다.

베이터우 스리투수관은 베이터우의 색다른 면을 느끼게 하는 시립도서관으로 온

천과는 무관한 곳이다. 신베이터우역에서 가깝지만 디러구에 갔다가 돌아올 때 관람하는 것이 효율적이다. 베이터우 원취안보우관은 일제강점기였던 1913년에 지어진 건물로 당시의 영국 양식과 일본 양식이 섞여 있어 이채로운 모습을 지녔다. 바로 이곳에서 베이터우석을 전시하고 있다. 디러구는 베이터우 온천수의 진원지로 베이터우의 가장 안쪽에 위치하고 있어 이곳까지 갔다가 돌아오면 신베이터우 관람이 끝난다. 친수이루톈원취안은 수영복을 입고 남녀 모두 함께 노천온천을 즐길 수 있는 곳이다.

신베이터우 이용 안내

◆ 홈페이지: www.taipeisprings.org.tw

지열자원이 풍부한 타이완은 전국 각지 128곳에서 온천수가 샘솟고 있다. 타이완 온천은 질이 좋고 종류가 다양해 온천문화가 보편화되어 있다.
타이베이 시내에서 지하철로 약 40분이 걸려 신베이터우에 도착했다. 온통 초록색이 반기는 중산루를 따라 천천히 걸어 올라가니 희한한 건물이 먼저 눈에 띈다. 바로 시립도서관인 베이터우 스리투수관이다. 온천 지역의 볼거리에 치중하느라 미처 베이터우 스리투수관은 밖에서만 보고 들어가지 않았다. 도서관 내부가 상당히 운치가 있음에도 불구하고 둘러보지 못해서 상당히 후회했다. 베이터우 스리투수관을 지나쳐 디러구에 도착하니 유황 냄새가 코를 찔렀다. 한증막에 들어간 듯한 뿌연 연기 탓에 훅 하고 숨이 턱 막히는 온천 발원지 디러구는 매우 독특했다. 노천탕은 한 번도 경험해본 적이 없었기에 준비해간 수영복을 입고 들어서는 순간 너무 많은 사람과 남성이 훨씬 많은 성비에 살짝 당황했다. 씩씩하게 노천탕에 몸을 담그고 앉으니 서서히 어둠이 내린 신베이터우에 갑자기 소나기가 쏟아졌다. 몸을 담그고 있는 물은 뜨겁고 내리는 비는 차가운 오묘한 이 기분을 어떻게 표현해야 할지 모르겠다. 뜨거운 물에 마음은 절로 힐링이 되며 "아!" 하는 감탄사에 여행의 피로감이 일시에 날아간다. 하지만 중장년 아저씨들이 대부분인 노천탕에서 여자 외국인에게 쏠리는 시선은 온천물보다 더 뜨거웠다.

신베이터우,
어떻게 가야 할까?

1. 지하철 단수이셴을 타고 베이터우역에서 환승한다.

2. 베이터우역에서 환승할 때는 계단을 이용해야 한다.

3. 베이터우역에 있는 신베이터우를 나타내는 온천 관련 조형물

4. 베이터우역에서 신베이터우역으로 운행하는 지하철의 배차 간격은 약 10분이다.

5. 신베이터우역에서 하차한다.

—신베이터우의 주요 시설

베이터우 스리투수관

2006년에 개관한 베이터우 스리투수관은 목조로 지어진 도서관으로 아름답고 운치가 있다. 특히 타이완 최초로 친환경 건축물로 지어져 태양열을 모아 전기로 활용하고 지붕의 빗물을 받아서 화장실 용수로 재활용하고 있다. 주변은 열대나무, 연꽃 연못, 온천수가 흐르는 냇가와 어우러지고 있어 도서관이라는 생각이 들지 않는다. 목가적인 풍경에서 책을 읽고 사색을 즐기는 사람들이 있어 베이터우의 또 다른 면을 느끼게 하는 곳이다. 굳이 책을 읽지 않더라도 하루종일 머물고 싶은 곳이다. 온통 초록색으로 둘러싸인 목조건물의 발코니가 운치 있고 연꽃 가득한 연못 정원은 매우 로맨틱하다. 디러구까지 올라갔다가 내려올 때 이곳을 들르는 동선이 효율적이다.

입장료: 무료 이용시간: 화~토 08:30~21:00, 일~월 09:00~17:00 구글지도 검색: Taipei Public Library Beitou Branch

베이터우 원취안보우관

베이터우 온천의 역사를 한눈에 볼 수 있는 곳으로 온천의 발달사와 이 지역의 온천 역사문물을 전시하고 있다. 외관은 영국 빅토리아 양식을 혼재한 네오 르네상스 양식이고 실내는 일본식의 다다미방이다. 박물관이라고 하지만 크게 볼거리가 있는 것은 아니다. 100년 전에 일본식으로 지어진 온천이 어떤 모습인지 한 번쯤 살펴볼 만하다. 1층에는 건물 건축 당시 동양 최대의 규모로 만들어진 온천 대중탕과 베이터우석도 전시하고 있다. 입구에서는 스탬프를 찍을 수 있다.

입장료: 무료 이용시간: 화~일 09:00~17:00(매주 월요일 및 국경일 휴관) 주소: 台北市北投區中山路二號 전화번호: (02) 2893-9981 홈페이지: hotspringmuseum.taipei 구글지도 검색: 베이터우 온천박물관

베이터우 공웬루톈티엔원취안

베이터우 노천탕의 대표 명소로 온도에 따라 3개의 탕이 있는데 맨 위에 있는 탕이 가장 뜨겁고 맨 아래에 위치한 탕은 냉탕이다. 남녀 모두 이용 가능한 노천탕으로 수영복 착용이 필수다. 노천탕이라고 해서 수질이 좋지 않을 것이라는 생각은 금물이다. 매일 5회 온천수를 교체하기 때문에 수질은 좋은 편이다. 온천수를 교체하고 청소하는 시간에는 개방하지 않는다. 온천호텔이나 다른 노천탕 중 가격이 가장 저렴한 곳으로 노천탕을 경험하기 위해 많은 관광객들이 찾는다. 찬물로 샤워를 한다면 샤워 시설이 무료로 제공되며, 온수를 사용하려면 앞쪽 샤워실 2칸에서 NT$10 동전 2개를 넣고 4분 동안 이용할 수 있다. 온천을 즐길 때는 무조건 목까지 푹 담가야 하며 발만 담그면 안 된다. 유황온천이라 입욕에 15분을 넘기지 않는 것이 건강에 좋다. 현기증이 난다면 바로 나오자. 수건이나 속옷 등 입욕에 관한 개인 물품은 각자 준비해야 한다.

입장료: 성인 NT$40, 학생·아동·지역주민·65세 이상 노인 NT$20, 로커 비용 NT$20(한 번 열었다가 닫히면 동전을 다시 넣어야 하니 주의하자)   이용시간: 05:30~07:30, 08:00~10:00, 10:30~13:00, 13:30~16:00, 16:30~19:00, 19:30~22:00   구글지도 검색: 친수이공원로천온천

룽나이탕

룽나이탕(瀧乃湯)은 1907년 일제 식민지 시대에 문을 연 곳으로 베이터우에서 가장 오래된 공공 온천탕이다. 히로히토 일본 황태자가 방문해 유명해진 곳으로 일본 관광객들이 많은 편이다. 실내 온천으로 남탕과 여탕이 따로 분리되어 있으며 개장한 이후 보수만으로 유지하고 있어 시설은 다소 노후하다. 하지만 오랜 세월의 흔적을 느낄 수 있는 곳으로 다른 온천에 비해 수질은 최상급으로 평가받는 곳이다. 수영복은 필요 없지만 비누나 샴푸 사용은 금지다.

입장료: 성인 NT$150, 아동 NT$50,   이용시간: 06:30~21:00(금, 토는 23:30) 휴무일: 수요일   기타: 수건, 샴푸 등은 유료로 구매가능   홈페이지: www.longnice.com.tw   구글지도 검색: 룽나이탕

디러구

울창한 숲 안에 감추어진 디러구는 온천수의 진원지로 베이터우의 온천호에 온천수를 공급한다. 이곳에서는 용암이 식어 만들어진 울퉁불퉁한 지면 위로 펄펄 끓는 온천수를 볼 수 있는데 입구에서부터 유황 냄새가 코를 찌르고 유황 연기가 자욱하며 후끈후끈한 온천수의 열기가 가득한 곳이다. 온도는 80~100도 가량으로 계란을 넣으면 바로 익어버리며 여름에는 사우나에 온 듯한 느낌이 드는 곳이다. 이곳의 온천수가 베이터우 공원의 계곡으로 흘러 내려가 차가운 물과 만나는데 사람들은 계곡에 발을 담그며 족욕을 즐기기도 한다. 너무 가까이 다가가 소지품을 빠뜨리는 일이 없도록 주의하자.

입장료: 무료 이용시간: 화~일 09:00~17:00 구글지도 검색: 디러구

메이팅 관광안내소

1930년대 지어진 이 건물은 '한 시대의 초성'이라고 불리던 중국의 유명한 서예가 위유런(于右任)의 여름 별장으로 지어졌는데 현재는 관광안내소로 사용되고 있다. 실내는 전형적인 일본식 목조건축물로 타이완의 건축양식과 혼재되어 있어 매우 독특하며 뒤편에는 야외 테라스가 있다. 간단하게 차를 마실 수도 있고 기념품을 구매할 수도 있다.

이용시간: 화~일 09:00~17:00(매주 월요일, 공휴일 휴관) 구글지도 검색: 베이터우 매점

신베이터우,
어떻게 돌아보지?

1. 신베이터우역의 출구는 하나밖에 없다. 개찰구를 나와서 분수대 오른쪽으로 직진한 다음 오른쪽 건널목을 건넌다.

2. 건널목을 건너면 왼쪽이 중산루다. 중산루를 따라 올라가면 주요 볼거리가 모여 있다.

3. 카이다거란원화관(凱達格蘭文化館)은 타이완 원주민인 카이다거란족의 문화전시관으로 거란족의 역사·생활·문화를 전시하고 있다. 입장료는 무료다.

4. 중산루를 따라 직진하면 대로변에서 오른쪽으로 베이터우 스리투수관이 보인다.

5. 공원 정면으로 베이터우 원취안보우관이 있다.

6. 중산로 대로변에 베이터우원취안보우관 입구가 있다.

7. 베이터우원취안보우관: 일본식으로 지어졌기 때문에 내부에 다다미방도 있다.

8. 베이터우원취안보우관 지하: 당시에 사용했던 온천 시설이 그대로 남아 있다.

9. 베야터우원취안 보우관: 미량의 방사성이 함유되어 있어 치료 효과가 높다는 베이터우석. 타이완 지명으로 이름 붙였을 만큼 큰 의미를 지닌다.

Tip 1. 지하철 출구에서 중산루를 따라 걸으면 효과적이다. 카이다거란원화관, 베이터우 원취안보우관, 베이터우 친수이루톈위취안, 메이팅 관광안내소를 지나 계속 올라가면 왼쪽의 디러구까지 갈 수 있다. 다시 길을 내려와서 시간이 여유롭다면 푸지스, 베이터우 타이완인항 주수서, 베이터우 원우관까지 갔다 오면 된다. 여유가 없다면 디러구에서 내려와서 룽나이탕, 베이터우 스리투수관, 베이터우 공원을 거쳐 지하철로 돌아오면 된다. 신베이터우 대부분의 볼거리는 월요일에는 휴관.

Tip 2. 신베이터우에는 공용탕 외에도 호텔마다 숙박이 아니더라도 개별 온천을 즐길 수 있는 프라이빗 온천을 운영하고 있다. 베이터우 온천박물관 근처에 있는 골든핫스프링 호텔은 가격 대비 시설이 좋아 우리나라 사람들이 많이 이용하는 곳 중 하나다. 이용시간은 60분과 90분 둘 중 하나를 선택할 수 있으며, 가격은 편백욕조 유무, 객실 내 침대 및 화장실 유무, 주중과 주말, 오전과 오후, 프로모션 여부 등에 따라 달라진다. 샤워용품, 헤어 드라이기, 타월 등 온천에 필요한 물품들은 있으니 따로 준비할 필요는 없다.

골든핫스프링 호텔(金都精緻溫泉飯店) 이용 안내
주소: 台北市北投區光明路240號 전화번호: 02-2891-1228 홈페이지: http://www.springhotel.tw/ 구글지도 검색: 골든핫스프링 호텔

10. 대로변에 베이터우 친수이루톈위취안이 있다. 노천탕으로 수영복 착용이 필수다.

11. 일본식 목조건물로 지어진 메이팅(梅庭) 관광안내소

12. 메이팅 관광안내소에서 계속 직진하면 왼쪽으로 디러구 안내판이 보인다. 건널목을 건너 왼쪽 길을 따라 올라가면 디러구가 나온다.

13. 디러구 입구

14. 디러구 입구에서부터 열기와 유황 냄새가 느껴진다. 입구의 전망대와 건물을 따라 올라가면서 관람할 수 있다.

15. 대로변에서 안쪽으로 난 길로 오면 온천수가 흘러 내려가는 곳에서 족욕을 즐기는 사람들을 볼 수 있다.

타이베이의 낭만이 흐르는 곳, 단수이

淡水, 담수

저우제룬 주연의 영화 〈말할 수 없는 비밀〉의 촬영지로 알려진 단수이는 항구도시의 낭만을 품고 있는 곳이다. 단수이셴의 종점에 위치하고 있는 단수이는 타이베이에서 1시간 이내에 도착하는 곳으로 바다와 접하고 있어 현지인들도 하루 여행코스로 즐겨 찾는다. 단수이는 태평양을 바라볼 수 있는 입지 조건 때문에 스페인과 네덜란드의 식민 지배를 받았으며, 그 시대의 건물이 항구와 어우러진 독특한 풍경으로 이국적인 느낌을 자아내는 곳이다. 단수이는 17세기까지 영국·네덜란드·프랑스·일본의 상선과 군함이 오가던 타이완 제1의 무역 항로였고, 1980년대에는 외국 항로가 개설되기도 했으나 지금은 모래가 퇴적되어 항구의 역할을 하지는 못한다. 그러나 항구도시 단수이의 아름다운 일몰과 풍부한 해산물 덕택에 현재까지도 많은 사람들에게 사랑을 받고 있다.

단수이는 크게 3개의 관람 구역으로 나눌 수 있는데 대부분의 볼거리가 있는 단수이역에서 단수이라오제까지 1구역, 중산루를 따라 홍마오청(紅毛城)까지 2구역, 일몰과 야경이 아름다운 위런마터우(漁人碼頭) 부근과 〈말할 수 없는 비밀〉의 촬영지 단장가오지중쉐(淡江高級中學)까지 3구역이다. 도보로 이동하면 단수이역에서부터 중산루를 따라 홍마오청, 단장가오지중쉐까지 둘러볼 수 있다. 주요 볼거리로는 룽산쓰(龍山寺), 푸유궁(福佑宮), 마셰샹(馬偕像), 단수이자오후이(淡水敎會), 타일 벽화 골목, 단수이두촨터우(淡水渡船頭), 홍마오청, 전리다쉐(眞理大學), 단장가오지중쉐, 위런마터우 등이 있다.

느낌 한마디

단수이는 타이베이 최고의 일몰 명소이자 영화 〈말할 수 없는 비밀〉의 촬영지로 가장 기대한 곳이었다. 하지만 타이베이의 변덕스러운 날씨는 멀쩡하다가도 단수이를 가려고 계획만 하면 비가 쏟아지기를 몇 날 며칠 동안 반복했다. 무작정 단수이로 향하던 날도 비가 계속 흩뿌렸지만 단수이역에 도착하니 다행히 그치기 시작했다. 그러나 구름 낀 날씨는 멋진 일몰을 허락하지는 않았다. 단수이의 룽산쓰가 있는 중산루를 따라 걸으며 시장에서 항구 사람들의 삶의 모습을 마주하니 그동안 만났던 타이베이 사람들이 왜 그렇게 최고의 여행지로 단수이를 추천했는지 그 이유를 조금 알 것 같았다. 천천히 홍마오청을 지나 단장가오지중쉐 입구에 도착했다. 아스라한 감성의 골목에 접어드니 〈말할 수 없는 비밀〉 장면들이 스쳐 가며 마치 예전에 와본 것처럼 발걸음이 자연스러웠다. 학교 어디선가 영화 속 주인공들을 마주칠 것만 같았는데 내가 만난 건 이 학교에 재학중인 한국인 유학생과 그녀의 친구들이었다. 사춘기 소녀들은 말 한마디에도 까르르 웃음이 터져 나왔다. 홍조 띤 소녀들의 얼굴에서 나는 단수이의 일몰보다 더 멋진 젊음의 황홀함을 만났다.

단수이,
어떻게 가야 할까?

1. 단수이센 종점 단수이역에서 하차한다.

2. 출구 쪽 계단을 내려가면 오른쪽에 관광안내소가 있다.

3. 도보로 이동시 단수이역 1번 출구로 나간다.

4. 버스를 이용할 경우 2번 출구로 나가면 된다. 紅26번 버스를 이용하면 된다.

5. 공밍지에(公明街)로 나가면 허빈공원(河濱公園)으로 이어진다.

Tip. MRT 2호선 단수이선은 베이터우(北投)까지만 운행되는 지하철도 있으니 주의하자. 이 경우 베이터우역에서 환승하면 된다.

-단수이 주요 시설

홍마오청

1629년 동방원정을 나선 스페인이 타이완을 지배하기 위한 전초기지로 삼고자 건축한 것으로 '산토 도밍고(Fort Santo Domingo)'로 불리던 곳이다. 1642년부터는 네덜란드가 이곳을 지배하면서 타이완 사람들이 이 지역을 서양인의 '붉은 머리카락'을 뜻하는 '홍마오(紅毛)'라고 부르자 이 건물을 '홍마오청'이라고 부르게 되었다. 이후 1867~1972년에는 영국의 대사관으로 사용된 후 다시 미국 대사관이 되었다가 이후 일본제국주의를 거쳐 지금에 이르고 있다. 이처럼 주인이 계속 바뀐 역사를 가진 홍마오청은 타이완의 역사적인 면면을 느낄 수 있는 곳이기도 하다. 홍마오청은 감옥과 전시 탑으로 사용되었던 건물과 영국대사관으로 이용되었던 빨간 벽돌 건물로 나뉜다. 감옥과 전시 탑으로 사용되었던 건물 앞에 이곳을 지배했던 나라의 국기가 게양되어 있는 것이 상당히 이채롭다. 이처럼 역사적 의미도 있는 곳이지만 잘 가꾸어진 정원과 멋진 바다가 먼저 눈에 들어오는 아름다운 곳이다.

입장료: NT$80 이용시간: 월~금 09:30~17:00(주말 ~18:00), 티켓 판매마감은 폐관시간 30분 전까지다. 구글지도 검색: 홍마오청

푸유궁

마주를 섬기는 푸유궁은 단수이에서 가장 오래된 사원이다. 1782년에 짓기 시작해 1796년에 완공되었고 여러 번 보수했지만 초기 양식을 그대로 가지고 있다. 마주는 도교의 해양 수호 여신으로 뱃사람이 믿는 수신(水神)이다. 절 입구에 있는 돌사자 머리 부분이 반들반들한 것을 볼 수 있다. 돌사자는 원래 항해할 때 배를 안정시켜주는 역할을 하는데 이곳의 이민자들이 바다를 건너왔기 때문에 사자 머리를 만지면 수호와 평안의 효력이 있다고 믿고 사자 머리를 자주 만진 탓에 반들반들해졌다고 한다. 궁 안에는 빨간색 팔각 통에 담긴 반달 모양의 나무조각을 던져서 자신의 운세를 점쳐볼 수 있다.

입장료: 무료 이용시간: 24시간 주소: 新北市淡水區中正路200號 구글지도 검색: 복우궁

단장까오지중쉐

단장까오지중쉐는 단수이에서는 빼놓을 수 없는 여행지다. 이곳에서 촬영한 영화 〈말할 수 없는 비밀〉은 엄청난 인기를 얻었던 영화다. 특히 이 영화에서 감독·각본·주연의 1인 3역을 해낸 저우제룬이 실제로 이 학교를 졸업했다고 해서 더 화제가 되었다. 야자수가 늘어선 이국적인 교정의 풍경, 긴 회랑, 음악 강당 등 영화를 본 사람이라면 누구라도 단장까오지중쉐의 매력에 빠질 수밖에 없다. 일요일을 제외하고 학교를 개방하기도 했으나 학교를 방문하는 사람이 너무 많기도 하고 교정에서 불미스러운 일이 발생하기도 하는 등 여러 가지 이유로 학교를 상시 개방하지는 않는다. 그러나 간혹 교문을 개방하는 경우도 있으니 운이 좋다면 학교를 둘러볼 수도 있다.

주소: 淡水區眞理街26號 구글지도 검색: 담강고등학교

단수이룽싼스

칭수이제 시장 안에 위치하고 있는 룽싼스는 1858년 지어진 사찰로 관음보살과 바다를 지키는 수호신을 모시고 있는 절이다. 참고로 타이완에는 총 5개의 룽싼스가 있다. 룽싼스는 다른 곳과는 달리 지형적인 이유로 세로로 길쭉한 구조다. 150년이나 지났음에도 잘 보전되어있는데 보수작업을 할 때도 매우 세심한 주의를 기울인다고 한다. 룽산쓰는 다른 절과 달리 지형적인 이유로 세로로 길쭉한 구조가 상당히 특이하게 느껴지는 곳이다. 절은 잘 보전되어 있는데 보수작업을 할 때도 매우 주의를 기울인다고 한다.

입장료: 무료   이용시간: 24시간   주소: 251新北市淡水區中山路95巷22號   전화번호: (02) 2621-4866   홈페이지: www.淡水龍山寺.org   구글지도 검색: 단수이룽싼스

단수이,
어떻게 돌아보지?

1. 1번 출구로 나가서 정면에 보이는 건널목을 건너면 중정루다.

2. 1번 출구에서 공밍지에로 나간 후 스타벅스 옆으로 난 골목이 단수이라오제다.

3. 단수이라오제는 공밍지에와 연결되며 지도상에 Gongming St.로 표시된다.

4. 중정루를 따라 직진하면 칭수이제 시장 입구에 룽싼스 표지판이 보인다. 단수이라오제가 끝나는 삼거리에서 길 건너 오른쪽으로 언덕길이 칭수이제 시장이다.

5. 룽싼스 표지판을 따라 약간의 경사가 있는 길을 올라가다 보면 오른쪽 45도 방향에 룽산쓰 표시가 보인다.

6. 시장 입구에서 직진 후 중간쯤에서 좌회전하면 룽산쓰가 있다.

7. 푸유궁·절 입구의 돌사자 머리를 만지면 행운이 있다고 전해진다.

8. 단수이에는 작은 마을 사이에 숨겨진 작은 명소가 여러 곳이 있는데 단수이를 정비하면서 총 23개의 관광 명소로 벽화를 꾸몄다.

9. 캐나다에서 온 선교사 마셰(George Mackay)는 단수이에 처음으로 기독교를 전파한 인물로 타이완 최초의 서양식 의원인 셰이관(偕醫館)을 설립했다.

10. 마셰상을 지나 건널목을 건너 골목길을 따라 직진하면 셰이관이 나온다. (구글지도 검색: Huwei Mackay Hospital)

11. 셰이관 내부는 전시관과 카페를 겸하고 있고 당시 모습 그대로 꾸며져 있다. (입장료: 무료, 이용시간: 11:00~18:00, 금~일요일은 19시까지)

12. 셰이관 옆으로는 고딕 양식의 첨탑 지붕이 멋진 단수이자오후이가 있다. (구글지도 검색: Tamsui Church)

13. 직진하면 오른쪽으로 언덕길이 나오며 골목길을 따라 올라가면 타일 벽화가 있다.

14. 해변에 관광안내소가 있으며 기념 스탬프를 찍을 수 있다.

15. 선착장 옆으로 스타벅스가 있다. 이곳 스타벅스 2층은 일몰 장소로 유명하다.

16. 단수이두챤터우(페리선착장). 이곳에서 페리를 타면 강 건너 마을인 바리(八里)와 위런마터우로 이동 가능하다.

17. 중정루 대로 끝부분의 정면에 홍마오청 입구가 있다. 10:00, 11:00, 14:00, 15:00, 16:00에 중국어 해설 안내가 있다.

18. 감옥과 전시탑으로 사용되었던 홍마오청의 건물 앞에는 이곳을 지배했던 나라의 국기가 게양되어 있다.

19. 훙마오청 옆으로는 영국대사관으로 사용하던 건물이 있다.

20. 1882년에 세워진 전리다쉐는 마셰 박사가 세운 타이완 최초의 대학교이다. 건물이 매우 이국적이며 영화 〈말할 수 없는 비밀〉의 촬영지였다. (구글지도 검색: Aletheia University)

21. 전리다쉐에서 이국적인 느낌을 자아내는 골목을 따라 계속 올라가면 단장가오지중쉐 입구가 나온다.

22. 단수이의 가장 안쪽에 위치한 위런마터우는 항구도시 단수이를 느낄 수 있는 곳이다.

23. 위런마터우는 일몰이 아름답기로도 유명한 곳이다.

24. 위런마터우의 상징이 되고 있는 링언차오(情人橋)는 러버 브리지(Lover's Bridge)라는 별명이 붙어 있다.

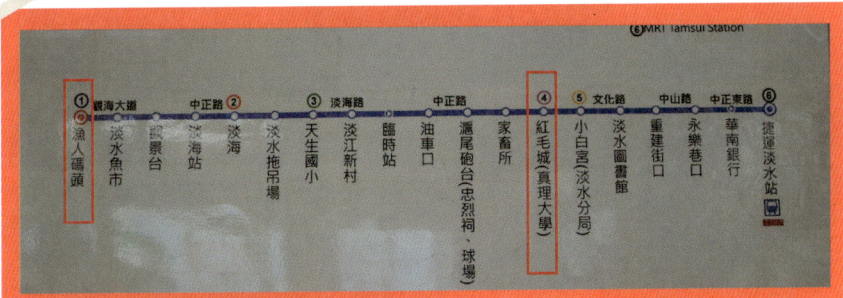

Tip. 단수이역에서 중정루를 따라가면 주요 볼거리를 모두 볼 수 있기 때문에 훙마오청까지는 도보로 이동하는 것이 좋다. 훙마오청에서 위런마터우까지 갈 때와 훙마오청이나 위런마터우에서 단수이역으로 돌아올 때 버스를 이용하는 것이 수월하다. 단수이는 볼거리가 많은 곳이기 때문에 반나절 정도로 시간을 넉넉하게 예상하는 것이 좋다.

한걸음 더 04.

단수이 라오제, 이건 꼭 먹어야 해!

단수이 초입의 단수이 라오제에서는 온갖 샤오츠(간식 혹은 주전부리)가 유혹을 하는지라 정작 단수이 항구보다 더 많은 시간을 보내게 된다. 그 나라의 길거리 음식을 먹어보는 것은 여행의 또 다른 재미. 굳이 이것저것 고르지 않아도 걷다가 먹고 싶은 것이 눈에 띄면 먹는 것이 길거리 음식의 정석이다.

단수이에서 꼭 먹어야 봐야 하는 필수 음식 중 하나인 위안탕. 오랜 전통을 자랑하고 있는 위안탕 전문점
주소: 北縣淡水鎭中正路 232號

단수이 아게이(淡水 阿給). 단수이에서 꼭 먹어 봐야 하는 필수 음식 중 하나인 아게이. 아게이로 유명한 집이 많이 있고 맛도 대부분 비슷 비슷한 편이다.

그동안 먹었던 카스테라를 모두 잊게 만드는 촉촉한 단수이 카스테라. 20분마다 한 판씩 구워지는 카스테라는 나오기가 무섭게 모두 팔려 나간다. 푸유궁의 벽화 옆에 위치한다.

1. 헬로키티 펑리수

2. 단수이 꼬치(단수이 카스테라 옆집)

3. 화즈샤오(花枝燒). 단수이에서 빼놓을 수 없는 대왕오징어튀김.

4. 게, 오징어, 새우 등으로 만든 각종 튀김들

5. 소시지구이

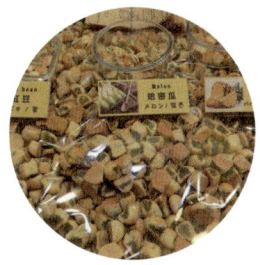
6. 한입 펑리수

7. 누가쿠키 및 아몬드과자

8. 타이완 기념품가게 하오리여우(好禮遊文創市集) 주소 台灣新北市淡水區中正路210號

9. 공밍지에와 단수이 라오제에는 각종 상점가들이 몰려 있다.

타이베이 제1의 야시장,
스린 야시장

士林夜市, 사림야시

타이베이 제1의 야시장으로 당당히 이름을 올리고 있는 스린 야시장은 타이베이에서 가장 규모가 큰 야시장으로 사람들과 어깨를 부딪치며 걸어야 할 만큼 늘 사람들로 북적이는 곳이다.

규모도 규모지만 부담스럽지 않은 가격으로 마음껏 먹을 수 있는 풍부한 길거리 음식이 관광객들의 호기심을 자극하기에 충분하다. 2011년 12월에 완공된 새로 지은 건물의 지하 푸드코트에는 먹거리가 가득하고, 쇼핑거리에는 옷 · 신발 · 가방 · 패션 소품 · 가구 · 의류 · 액세서리 · 애완용품 등을 취급하는 500개가 넘는 다양한 가게들이 골목마다 빼곡하다. 다른 곳의 야시장과는 규모, 다루는 식품과 물품, 매력 면에서 비교가 안 되는 스린 야시장의 밤은 전 세계 관광객의 필수 코스다.

스린 야시장 이용 안내

◆ **이용시간:** 15:30~다음 날 새벽(금~일 지하 푸드코트는 11:30부터 영업) ◆ **주소:** 臺北市士林區基河路60號 ◆ **전화번호:** (02) 2881-5557 ◆ **구글지도 검색:** 스린 야시장

아열대 기후의 나라답게 야시장이 발달한 타이베이에서는 자신이 머무는 곳 근처에서 야시장을 찾는 일은 식은 죽 먹기와도 같다. 많아도 너무 많은 타이베이의 야시장 중 고민할 필요도 없이 선택할 수 있는 곳은 바로 타이베이 최대 규모를 자랑하는 스린 야시장이다. 스린 야시장에서 꼭 먹어야 하는 닭튀김 지파이를 비롯해 온갖 길거리 음식들이 눈을 사로잡는 스린 야시장의 밤. 폭우가 쏟아지는 밤이었지만 그게 무슨 대수겠는가. 생생한 타이베이를 느끼고 싶다면 매일 밤 불야성을 이루는 스린 야시장이 제격이다. 여행자의 불타는 밤은 이렇게 깊어간다.

스린 야시장,
어떻게 가야 할까?

1. 스린 야시장은 젠탄역 1번 출구로 나가면 된다.

2. 지하철역 출구를 나가기 전 왼쪽에 관광안내소가 있다. 관광안내소 운영시간은 월요일부터 일요일까지 09:00~21:00이다.

3. 왼쪽 대로변으로 나간다.

4. 대각선 방향으로 대로변을 건넌다.

5. 대로변을 건너면 양쪽 대로변의 가게는 물론이고 골목 안쪽까지 모두 스린 야시장 상권이다.

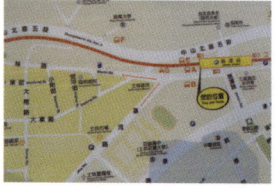

스린 야시장,
어떻게 돌아보지?

1. 지하철과 이어진 지하보도를 따라 외부로 나오면 정면으로 포장마차가 즐비하다.

2. 본격적인 야시장이 시작되기 전에 아케이드에도 다양한 가게가 있다.

3. 건물마다 아케이드가 있어서 비가 내려도 큰 불편함이 없다.

4. 아케이드가 끝나면 나이키 매장 옆 하이라이프 편의점이 있는 갈림길이 나오는데 왼쪽으로 가면 다둥루이고, 지하의 푸드코트가 나온다.

5. 열대 과일의 나라답게 각종 열대 과일이 가득하다.

6. 관광객과 현지인이 선호하는 음식은 조금 다르지만 루웨이(滷味) 종류만 빼고는 대부분 입맛에 잘 맞으니 새로운 음식이라도 도전해보는 용기가 필요하다.

7. 지하 푸드코트에서 음식을 먹는 사람들.

Tip. 타이베이 제1의 야시장인 만큼 규모가 상당한 곳으로 의류나 잡화를 파는 구역과 먹거리를 파는 구역이 나뉘어 있다. 지하철 1번 출구에서 시작해 아케이드가 끝나는 길의 하이라이프 편의점을 기준으로 왼쪽 다둥루를 따라 걷다가 만나는 지하 푸드코트에서 저녁을 해결한다. 이후 안핑제와 샤오난제까지 천천히 돌아보고 다둥루 중간에 있는 뚱뚱 고양이 맞은편 골목으로 들어가 후식으로 스린 야시장표 팥빙수 한 그릇을 먹고 난 뒤 원린루(文林路)를 따라 젠탄역으로 돌아오는 동선이 효율적이다.

–스린 야시장 음식 맛보기

1. 커짜이젠(蚵仔煎). 굴, 달걀, 고구마전분을 넣고 부쳐, 달고 매운 소스를 뿌려 먹는다.

2. 사차루웨이(沙茶滷味): 루웨이는 간장을 넣고 오랫동안 삶아 재료를 연하게 만드는 조리법이다. 사차루웨이는 사차라는 생선이나 새우에 땅콩 등을 넣어 만든 소스에 저린 것이다.

3. 주쉐가오(豬血糕): 돼지 피로 만든 떡으로 타이완 사람들이 즐겨 먹는 음식이다. 돼지 피와 찹쌀을 섞어 쪄내는데 찜으로 데워 먹기도 하고 꼬치에 꿰어 지지거나 튀겨서 먹기도 한다.

4. 지파이(鷄排). 닭튀김으로 남다른 크기를 자랑한다. 항상 사람들이 줄을 서서 기다리며 순식간에 팔려나간다.

5. 샹창(香腸): 타이완식 소시지로 찹쌀을 넣은 순대인 너우미창(糯米腸)에 핫도그인 러거우(熱狗)를 넣어주는데 맛이 독특하다.

6. 러거우와 너우미창의 소스: 쏸웨이(蒜味, 마늘 맛), 헤이후자오(黑胡椒, 검정 후추 맛으로 매운 편), 위안웨이(原味, 플레인), 제모(芥末, 겨자 맛) 중 고를 수 있다.

7. 루러우판(魯肉飯, 돼지고기 간장 덮밥), 훈둔(餛飩, 얇은 사각형 피로 속을 싸서 작게 빚은 만두), 다창몐셴(大腸麵線, 곱창국수), 오아몐셴(蚵仔麵線, 굴곱창국수) 등이다.

8. 찬사오(串燒, 꼬치), 지피구(雞皮股, 닭 넓적다리살 꼬치), 지피(雞皮, 닭꼬치) 등이다.

9. 화즈샤오(花枝燒, 낙지 튀김), 딩샹위(丁香魚, 생선의 일종), 펑리샤추(鳳梨蝦球, 파인애플 새우 롤), 하이뤄(海螺, 소라)

10. 롼커셴(軟殼蟹): 연한 게 튀김으로 껍질이 부드러워 통째로 먹는다.

11. 카오유위(烤魷魚, 오징어 구이), 주러우충쥐안(豬肉蔥捲, 파를 돼지고기로 말은 것), 찬사오(串燒, 꼬치)

12. 톄반뉴파이(鐵板牛排): 철판 스테이크다. 소·돼지·닭고기에 옥수수, 완두콩, 당근 등의 채소와 달걀 프라이와 함께 면을 먹는다. 소스는 헤이후자오, 모구젠(蘑菇醬, 버섯 소스) 등이 있다.

아주 특별한 타이완
타이베이 최초의 곤돌라 타고 떠나는 여행, 마오콩(貓空)

마오콩에서 바라본 타이베이101 빌딩

타이베이 도심에서 그리 멀지 않은 마오콩은 동물원이 있어 유원지 느낌이 나지만 사실은 타이완의 대표적인 차 생산지다. 마오콩에서 생산되고 있는 티에관인(鐵觀音)은 타이완 10대 명차 중 하나일 만큼 유명하다. 천혜의 자연조건으로 인해 12~2월을 제외하고 언제든지 찻잎을 수확하는 타이완은 중국과 일본에 비해 차의 역사는 짧지만 차 종주국인 중국에서 수입해 갈 만큼 차 시장에서 타이완의 위치는 확고하다.

이처럼 차로 유명한 타이완에서도 대표적인 차 생산지인 마오콩은 타이베이 시내에서 지하철로도 이동할 수 있을 만큼 가까운 거리지만, 타이베이 도심과 완전히 다른 풍경은 타이완의 또 다른 매력을 느끼기에 충분하다. 특히 곤돌라를 타고 마오콩 정상으로 이동하면서 보게 되는 타이베이 도심의 풍경은 물론이고 마오콩 정상에서 바라보는 타이베이 101 빌딩의 풍경은 또 다른 선물이다. 시간이 조금 여유롭다면 마오콩 일대를 천천히 산책하는 하이킹도 좋겠다.

마오콩 정상까지 타이베이 최초의 곤돌라를 타고 이동할 수 있다. 이 곤돌라는 타이완에서 가장 긴 곤돌라로 무려 산을 3개나 넘어야 하며 총 길이는 4.03km에 달한다. 마오콩 곤돌라는 동우위엔(動物園), 동우위엔네이(動物園內), 즈난궁(指南宮), 마오콩까지 총 4개의 역이 있으며 중간 역에서도 탑승이 가능하며 동우위엔에서 출발할 경우 약 25분 정도 소요된다. 곤돌라 1대당 최대 탑승인원은 8명 정도다. 1층 매표소에서 매표를 한 후 4층에서 곤돌라에 탑승하게 되는데 바닥이 투명한 케빈을 이용하기를 원할 경우 매표소 왼쪽에서 번호표를 먼저 뽑은 다음 매표를 해야 한다. 마오콩의 경우 타이베이 시민들의 주말 나들이 장소로도 인기가 많은 곳이라 주말에는 엄청난 사람들이 몰리기 때문에 대기 시간이 상당하다. 곤돌라 안에는 냉방시설이 없어 여름에는 햇빛을 그대로 받기 때문에 매우 덥다는 점에 주의하자.

마오콩 곤돌라 이용 안내

◆ **이용시간:** 화요일~목요일 09:00~21:00, 금요일과 공휴일 전날 09:00~22:00, 주말 및 공휴일 08:30~22:00(일요일과 마지막 연휴일 21:00까지) ◆ **휴무:** 월요일(다만 매달 첫 번째 월요일은 운영 09:00~21:00) ◆ **요금:** 동우위엔 출발 마오콩까지 편도 가격 성인 NT$120(다만 동우위엔네이역에서 탑승하는 경우 성인 NT$70), 아동(6~12세 미만) 및 노약자(65세 이상) NT$50, 왕복 가격 NT$260(NT$20은 보증금으로 추후 카드 반환할 때 환불), 이지카드 사용 시 NT$20 할인(평일에 한함) 타이페이 펀 패스(마오콩 케이블카 1일권) NT$350(MRT, 버스, 마오콩 곤돌라 이용금액 포함) ◆ **홈페이지:** www.gondola.taipei ◆ **구글지도 검색:** 곤돌라 리프트 승강장

마오콩, 어떻게 가야 할까?

1. 지하철 원후셴 동우위엔역에서 하차 후 2번 출구로 나간다.

2. 마오콩 곤돌라 표지판이 가리키는 왼쪽 방향으로 직진한다.

3. 타이베이 동물원을 지나서 계속 직진한다.

4. 마오콩 곤돌라 동우위엔역에 도착한다.

5. 1층의 매표소에서 매표를 한다. 투명 케빈에 타기를 원한다면 왼쪽에서 번호표를 먼저 뽑은 다음 매표를 해야 한다. 투명 케빈의 경우 대기선이 다르다.

6. 주말에는 엄청난 인파가 몰리는데 매표하게 되면 대략 언제쯤 곤돌라 탑승이 가능할지 예상 시간이 매표소 옆에 표시된다.

7. 4층에서 티켓을 개찰구에 투입한 다음 직원들의 안내에 따라 케빈에 탑승한다.

8. 마오콩에 도착하면 개찰구에 티켓을 투입하고 밖으로 나가면 된다.

Tip. 마오콩 곤돌라까지는 지하철 동우위엔역에서 약 340m 떨어져 있어 꽤 멀다. 따라서 택시를 이용할 경우 마오콩 곤돌라역으로 바로 가면 편리하다. 지하철 원후셴의 경우 무인경전철로 맨 앞칸과 맨 뒷칸의 경우 큰 유리창으로 되어 있어 색다른 재미를 느낄 수 있다.

마오콩, 어떻게 즐겨볼까?

1. 마오콩 곤돌라 동우위엔역의 모습(키티 캐릭터를 이용한 마오콩 곤돌라)

2. 마오콩 곤돌라 티켓(성인)

3. 마오콩 곤돌라 티켓(아동)

4. 곤돌라에서 바라본 풍경

5. 마오콩의 풍경

6. 마오콩역의 풍경

7. 마오콩역을 나가면 왼쪽으로는 수십 개의 찻집과 음식점들이 즐비하다.

마오콩, 무엇을 먹을까?
타이베이 도심을 내려다 볼 수 있는, 마오콩 룽먼커짠(貓空龍門客棧 묘공룡문객잔)

룽먼커짠

2대에 걸쳐 내려오는 전통 음식점으로 90년대 초에 이곳에 자리를 잡은 룽먼커짠은 마오콩에서 유명한 곳 중 하나다. 높은 지대에 위치하고 있어서 타이베이의 도심을 경관을 내려다볼 수 있는 독특한 풍경은 낮에도 아름답지만 밤이면 색다른 야경을 즐길 수 있다.

대부분 중식으로 구성된 음식들로 현지 식재료로 만들어지는데, 가장 신선한 음식을 제공하기 위해 직접 기르고 재배한 식재료를 사용하고 있다고 한다. 룽먼커짠의 대표 메뉴는 소금으로 간을 해 재료 본연의 맛을 살린 통닭구이(桶仔)지만 조리하는 데 다소 시간이 걸리는 편이다. 그 외 한국 사람들 입맛에 잘 맞는 메뉴는 찻잎

가루를 넣어서 만든 볶음밥인 차예차오판(茶葉抄飯), 가지 냄비요리인 위샹지아즈바오(魚香茄子), 찻잎 쌀국수인 차요미몐셴(茶油麵線), 표고버섯튀김 자시앙구(炸香菇), 야채계란프라이 차이부단(菜脯蛋) 등이 있다. 음식 가격은 대략 NT$100~300 정도다.

그 외에 차로 유명한 곳인 만큼 마오콩에서 유명한 티에관인차를 비롯해 향이 짙은 원산바오종차(文山包種茶) 등과 함께 현지 찻잎을 이용해 만든 매실을 곁들여 타이완 차를 음미해보는 것도 좋다. 다만 찻값 외에 차 도구 비용도 추가되며, 남은 찻잎은 가지고 갈 수 있다.

룽먼커짠 이용 안내

◆ **이용시간**: 11:00~25:00 ◆ **주소**: 台北市文山區指南路三段38巷22號之2 ◆ **전화번호**: 02-2939-8865 ◆ **구글 지도 검색**: Dragon Inn

> Tip. 자정까지 영업을 하지만 마오콩 곤돌라 운행 시간이 룽먼커짠 영업시간보다 일찍 끝나기 때문에 혹시 밤에 마오콩을 방문한다면 너무 늦지 않도록 주의하자.

룽먼커짠, 어떻게 가야 할까?

1. 마오콩 역에 하차한 후 밖으로 나온다.

2. 정면으로 관광안내센터 앞으로 세 갈래 길이 있다.

3. 왼쪽은 찻집거리와 즈난궁 방향이다.

4. 정면으로 보이는 가운데 길을 따라 직진한다.

5. 도보로 3분 정도만 가면 룽멍커짠에 도착한다.

룽먼커짠, 어떻게 즐겨볼까?

1. 마오콩에서 본 타이베이 풍경

2. 차요미멘센(茶油麵線): 마오콩 찻잎이 들어간 쌀국수다.

3. 자시앙구(炸香菇): 버섯튀김이다.

4. 차예차오판(茶葉炒飯): 마오콩 찻잎을 넣어 만든 볶음밥이다.

5. 위샹지아즈바오(魚香茄子煲): 말린 생선을 넣은 가지볶음이다.

6. 차이부단(菜脯蛋): 달걀과 말린 무(차이푸)를 이용한 부침개로 '대만식 피자'라는 이름을 가지고 있다.

7. 바오종차메이(包種茶梅): 바오종차에 곁들이는 매실 절임이다.

8. 원산바오종차(文山包種茶): 향이 강하고 맑으며 찻잎 자체에 꽃향기가 있어 마신 뒤 입안의 상쾌함을 더해주는 차다.

9. 차 도구

다섯째 날,
타이베이 근교 여행을 떠나다

다섯째 날,
일정 한눈에 보기

예류
천만 년의 시간이 빚어놓은 진귀한 기암괴석은 최고의 걸작품

① 약 1시간 소요
② 약 1시간 소요
③ 약 50분 소요
④ 약 10분 소요
⑤ 약 1시간 소요

타이베이

진과스(수이난퉁)
황금의 도시였던 탄광촌의 흔적이 남은 곳

스펀(핑시)
소원을 실은 천등을 하늘로 날리며 멋진 추억 만들기

주펀
수치루의 홍등계단이 유명해 각종 드라마나 영화에 등장하는 곳

> 타이베이 북부에 위치해 있는 근교 여행지의 경우 4군데를 모두 돌아보려면 아침 일찍부터 움직이는 것이 좋다. 주펀과 진과스는 차로 약 10분 정도 걸리는 가까운 거리에 위치하고 있으니 참고하자. 4곳의 이동 순서는 어떤 교통수단을 이용하느냐에 따라 결정하면 된다.

★ 타이베이 근교 여행을 할 때 점심 식사는 여행자가 원하는 곳에서 선택해서 먹으면 된다. 택시투어를 하면 담당 택시 기사가 비교적 한국인의 입맛에 잘 맞고 가격도 적당한 곳을 추천해준다.

타이베이 ▶ 예류 ▶ 스펀(핑시) ▶ 주펀 ▶ 진과스(수이난퉁) ▶ 타이베이

1천만 년의 시간 여행,
예류

野柳, 야류

예류는 타이베이 북부 해안에 자리한 도시다. 예류는 '야생(野) 버드나무(柳)'라는 이름을 가졌지만 이곳은 버드나무 대신에 기이한 용암, 파도에 침식된 산호 조각, 그리고 관광객으로 가득하다. 타이베이에서 자동차로 1시간을 달리면 만날 수 있는 예류에는 천만 년 동안 바람과 파도의 풍화작용으로 만들어진 진귀한 기암괴석을 볼 수 있는 지질공원 예류디즈궁위안(野柳地質公園)이 있다. 예류 관광의 백미는 단연 예류디즈궁위안이다.

예류디즈궁위안은 총 길이가 약 1.7km의 곶으로 침식·풍화작용이 반복되는 동안 버섯바위, 촛대바위, 생강바위, 여왕머리바위, 해식동굴 등과 같은 특이한 지형이 차츰 형성되었다. 원래는 바닷속에 있던 암석이 해면 위로 솟아올라 바람과 파도 등의 영향으로 깎이면서 독특한 모양의 각양각색 기암괴석으로 만들어졌다. 또한 예류의

▲ 예류디즈궁위안 입장권 뒷면에 관람 동선이 설명되어 있으며 각 바위의 위치를 상세하게 표시하고 있다.

지형은 지금도 바람과 파도에 의해 끊임없이 모양과 색깔이 제각각으로 바뀌는 과정에 있어서 예류는 세계 지질학상 중요한 해양 생태계 자원으로 인정받고 있는 곳이다.

예류는 버섯 바위가 있는 1구역, 여왕머리바위가 있는 2구역, 해식평대가 있는 3구역으로 크게 나눌 수 있다. 3구역은 바위마다 이름을 다
붙이기도 어려울 만큼 많은 괴석들이 있고 한쪽은 절벽, 또 다른 쪽은 파도가 용솟음치는 모양으로 되어 있어 예류에서 가장 중요한 생태보호구역이다.

예류의 기암괴석을 보기 위해서는 해안가에 표시된 관람로를 따라 걸으며 때로는 파도가 철썩이는 절벽까지 가까이 가야 하는 경우도 있다. 이런 곳은 파도가 무척이나 거친 곳으로 관람객들의 안전을 위해 안전요원이 지키고 있지만, 만약의 경우를 대비해 표시해둔 붉은 안전선을 반드시 지키면서 관람해야 한다.

관람 전에 입장권 뒷면에 있는 관람 동선을 익힌 다음 관람 동선대로 움직이면 예류의 유명한 모든 바위를 빠뜨리지 않고 볼 수 있다. 각양각색 다양한 모습의 바위 모두 여행자의 눈을 사로잡지만, 그 중에서도 가장 눈에 띄는 바위는 여왕머리바위다. 여왕머리바위는 가장 인기가 많은 바위로 사진 한 장을 찍기 위해 줄을 한참 서서 기다려야 만날 수 있다.

예류 이용 안내

◆ **입장료**: 성인 NT$80, 학생(국제학생증 소지자) 및 아동(만 12세 이하) NT$40, 키 115cm 이하 또는 6세 미만 아동은 무료 ◆ **이용시간**: 08:00~17:00 ◆ **관광안내소 이용시간**: 08:00 ~ 17:00 ◆ **홈페이지**: www.ylgeopark.org.tw ◆ **구글지도 검색**: 예류지질공원

타이베이 근교 여행을 떠나는 날은 하필이면 하루 종일 비가 내렸다. 날씨가 좋았으면 했지만 언제나 그렇듯 '내 뜻대로 되지 않는 것도 여행길에 하나쯤은 있어야 추억이 아니겠는가' 하는 마음으로 출발을 서둘렀다. 다행히도 타이베이를 벗어나면서 비가 잦아들기 시작했다. 짧은 여행임에도 불구하고 도시를 떠난다는 해방감으로 살짝 들뜨는 마음이 들었다.
약 1시간을 달려 타이완의 아름다운 해안 도시 예류에 도착했다. 예류의 공원 입구에서 얼마 걷지 않아 눈앞에 펼쳐지는 기암괴석을 보니 자연이 빚은 예술품이라는 찬사를 보낼 수 밖에 없었다. 버섯과 똑 닮은 바위도 신기했지만 바람과 파도가 버섯을 만들어내고 있는 풍경은 자연이 선사하는 또 다른 선물이었다. 버섯바위와 생강바위에 정신이 팔려 버섯바위에서 안쪽으로 더 들어가면 볼 수 있는 촛대바위를 보지 못했다는 사실은 관람이 끝나고 나서야 알았다. 가장 인기가 많은 여왕머리바위의 얼굴 한 번 보고 사진 한 번 찍기 위해서는 긴 줄을 서야 했지만 여왕머리바위에는 보는 이들이 가꾸고 지켜야 하는 여왕의 품격이 느껴졌다. 색깔과 모양이 같은 것 하나 없이 모두 제각각인 다양한 바위들은 그 모양새에 따라 버섯바위, 촛대바위, 여왕머리바위, 두부바위, 생강바위 등의 이름이 붙어 있었다. 하지만 이름이 뭐가 그리 중요하겠는가? 내 눈에 보이는 그대로 온갖 상상력을 발휘해 내가 이름 붙이는 소소한 재미도 느낄 수 있다. 저마다의 사연을 가진 바위 사이를 걷다 보니 흡사 천만 년 전으로 시간 여행을 하고 있는 듯한 기분이 들었다.
지겹도록 되풀이되는 시간 속에 거친 파도와 모진 바람을 견뎌내는 동안 결과보다 과정이 빛을 발하며 지금의 모습을 만들어낸 듯한 그들의 영웅담은 그래서 더 위대해 보였다. 고생하지 않고 하루아침에 만들어지는 것은 없다는 세상의 이치를 예류의 신비한 자연을 통해 배워 간다.

예류,
어떻게 돌아보지?

1. 예류에 도착했음을 알리는 표지석

2. 예류 입구

3. 매표소 왼쪽으로 관광안내소가 있다.

4. 관광안내소에서는 스탬프를 찍을 수 있으며, 기념품 가게, 카페, 화장실 등이 있다. 주요 바위를 설명하는 한국어 안내서를 제공하고 있어 유용하다.

5. 개찰구를 지나 관람로를 따라 걷는다.

6. 약 5분 정도 걸으면 예류의 풍경을 만난다.

7. 버섯바위

8. 똑같은 모양이 하나도 없는 다양한 버섯바위는 그 형성 과정을 알 수 있는 살아 있는 박물관이다.

9. 생강바위

10. 버섯바위에서 보이는 3구역의 한쪽은 아주 가파르고 한쪽은 완만하다.

11. 타이완 지도를 닮은 바위

12. 해식동굴

13. 버섯바위가 있는 1구역

14. 파도에 휩쓸려가는 아이를 구하고 대신 목숨을 잃은 사람을 기리기 위해 동상을 세웠다.

15. 여왕머리바위

16. 관람을 마치고 출구로 나오면 사자바위가 있다.

Tip 1. 다음 일정을 위해 예류에서 시간을 너무 지체하지 않는 것이 좋다. 해안가에 위치하고 있어 날씨가 워낙 변덕스러운 지역이니 날씨에 대한 기대는 크게 갖지 않는 것이 좋다. 여름에 이곳을 방문한다면 그늘이 거의 없으므로 자외선 차단에 각별히 신경 쓰자. 예류 예상 관람 소요시간은 약 2시간 정도다.

Tip 2. 대중교통을 이용하는 경우 궈광커윈(國光客運)이 운영하는 진산(金山)행 1815번 버스를 이용해 예류에서 하차하면 된다. 이 버스는 중샤오푸싱(忠孝復興)역, 스정푸역을 지나가므로 두 곳에서도 탑승이 가능하다. 배차 간격은 10~20분 정도이며 예류까지 약 1시간 30분 정도 소요된다. 버스 요금은 NT$96로 유유카드(이지카드) 사용이 가능하다. 궈광커윈 정류소는 타이베이처짠역 M2출구와 연결되며 타오위완 공항버스 정류장과 동일하다.

-예류의 바위들

버섯바위

예류에서 가장 먼저 만나는 바위로 전 구역을 통틀어 약 180여 개가 분포해 있으며 가장 많이 주목을 받는 바위다. 하늘을 받치고 있는 거대한 버섯 모양을 하고 있다고 해서 '서까래바위'라고 불리기도 한다. 자세히 보면 목이 굵거나, 목이 가늘거나, 목이 없거나, 목이 부러진 모습으로 똑같은 모양은 하나도 없다.

여왕머리바위

예류의 모든 관광안내서의 표지를 이 여왕머리바위가 장식할 만큼 예류를 대표하는 바위다. 이집트의 3대 미녀로 꼽히는 이집트 여왕 네페르티티의 옆모습을 닮았다고 해서 여왕머리바위라고 부른다. 한눈에 보아도 우아하고 고귀한 자태가 예사롭지 않아 관람객들의 인기를 한 몸에 받고 있다. 목 부분이 가늘고 길어서 언제 부러질지 모르기 때문에 언제나 많은 사람들이 몰려 다른 바위들과 달리 여유롭게 감상할 수도, 마음 놓고 사진을 찍을 수도 없는 바위다.

생강바위

가운데는 단단한 칼슘 성분의 돌덩이에 주변은 부드러운 암층으로 구성된 바위다. 지층이 밀려나오고 파도가 치면서 가로세로의 균열이 더해져 겹겹이 쌓인 늙은 생강 모양으로 만들어졌다. 다른 곳의 기암괴석과는 확연한 차이를 보인다.

소원 실은 천등이 하늘을 난다,
스펀
十分, 십분

해마다 위안샤오제(元宵節, 정월 대보름) 저녁이면 수천 개의 천등이 불을 밝히며 행복과 행운의 기운으로 온 하늘을 뒤덮는 곳이 있으니 바로 핑시셴에 위치한 스펀(十分)이다. 스펀은 타이베이에서 자동차로 약 1시간 정도면 도착할 수 있는 곳이다. 지룽(基隆) 하천을 따라 철로 옆에 자리한 소박한 마을인 스펀은 낭만이 넘치는 하루 여행코스로도 손색이 없다. 스펀을 지나는 철로인 핑시셴은 총 길이 12.9km로 과거 탄광산업이 부흥했던 시절에 석탄 운송을 목적으로 만들어졌으나 1992년 탄광업이 몰락하면서 탄광열차 대신 핑시셴 관광열차가 그 자리를 이어받았다. 핑시셴이 현재까지 옛 철도의 모습을 그대로 간직하고 있고, 핑시셴이 운행되는 루이팡·스펀·핑시·징통마을은 타이완에서 가장 오래된 마을의 모습을 오롯이 느낄 수 있어 영화나 드라마, 뮤직비디오 등의 단골 촬영 장소로도 이용되고 있다. 특히 위안샤오제에 벌어지는 핑시 천등(天燈)축제는 미국 디스커버리채널(Discovery Channel)에 의해 세계 제2대 페스티벌로 선정되었다. 처음에 천등은 주민들이 도적을 막기 위해 사용했다. 하지만 요즘은 매년 음력 설과 정월 대보름에 천등을 날리며 갖가지 소원을 빌기 위해 많은 사람들이 스펀으로 몰려든다고 한다. 낡은 철길과 디젤 증기기관차가 있는 동화 같은 마을 스펀에서 소원을 실은 천등을 하늘로 날려 보내는
특별한 순간을 만끽해보는 것도 좋겠다. 핑시셴이 운행되는 다른 마을에서도 천등을 날릴 수 있지만 스펀이 종류도 다양하고 가게도 많아서 가장 인기가 좋다.

스펀 이용 안내

◆ **천등 체험 요금:** 1가지 색 NT$150, 2가지 색 NT$170, 여러 가지 색 NT$200 (색깔의 종류를 몇 가지로 할지 선택하면 되는데 2가지 이상의 색깔을 선택할 경우 지정된 색깔만 선택할 수 있다. 색깔에 따라 기원하는 내용이 정해져 있지만 가게마다 조금씩 다르기도 하니 크게 구애받지 않아도 될 듯하다.) ◆ **구글지도 검색:** 스펀라오지에

느낌 한마디

철로 옆으로 옹기종기 늘어선 비에 젖은 가게들을 비집고 고요한 적막을 흔들며 저 멀리서 기차가 반갑게 달려온다. '어린 시절 보았던 만화영화 〈은하철도 999〉의 낭만이 이런 것일까?' 하는 생각이 들 만큼 동화의 나라에 온 듯한 착각에 빠지게 하는 핑시셴이었다. 비가 잦아들기를 기다리며 스펀역까지 철로 옆길로 늘어선 옛 거리를 따라 느긋하게 걸어보았다. 도심이었다면 추적추적 내리는 비가 반갑지는 않았을 테지만 도심을 떠났다는 이유만으로도 비는 여행의 또 다른 낭만을 색칠하고 있었다. 스펀역에서 잠시 시간을 보내고 비가 멈추자 천등을 날리는 사람들의 손길이 분주해졌다. 오각형 기둥 형태의 천등 사방에 소원을 빼곡하게 적었다. 천등은 빼곡히 적힌 소원을 싣고 나의 가슴 깊은 곳에 있는 너의 하늘을 향해 훨훨 날았다. 내 소원은 그곳에 닿았을까?

스펀,
어떻게 돌아보지?

1. 스펀은 아주 조그만 시골간이역의 풍경을 그대로 가지고 있는 곳이다.

2. 천등축제의 고장답게 기찻길 옆으로 천등 가게들이 즐비하다.

3. 한글뿐 아니라 다양한 언어로 적힌 소원들을 볼 수 있다.

4. 천등 사방에 소원을 적고 천등을 날리기 전에 천등을 돌리며 기념사진으로 남길 수 있도록 해준다.

5. "하나, 둘, 셋, 손 놓으세요." 하는 능숙한 한국어에 따라 손을 놓으면 비로소 천등은 소원을 싣고 하늘을 향해 날아간다.

6. 천등 체험을 하는 곳에서 스펀역까지 철길을 따라 각종 기념품을 파는 곳이 많아 구경하면서 걷는 재미가 쏠쏠하다.

7. 철길 옆으로 늘어선 기념품 가게의 아기자기한 소품이 눈길을 끈다.

8. 다양한 천등 모양의 기념품

9. 소박한 타이완 시골길의 정취가 배어 있다.

10. 철길의 건너편에는 장안댜오차오(靜安吊橋)가 있어 다리를 건너가볼 수도 있다.

11. 플랫폼에서 바라본 스펀역의 모습

12. 스펀역을 지키고 있는 역장 마스코트는 이곳의 명물이다.

13. 스펀역 플랫폼의 모습이다. 각종 영화나 텔레비전 프로그램에 단골로 등장하는 곳이다.

14. 관광객이 많이 다녀가는 곳이라 역사 안에도 기념품 가게가 있고 사람들로 늘 북적인다.

15. 핑시셴 기차가 들어오는 모습은 마치 동화 속의 한 장면처럼 느껴진다.

16. 밤에도 천등 체험을 할 수 있다.

> Tip. 스펀에서 그리 멀지 않은 곳에 스펀 폭포(十分大瀑布)가 있다. 이 폭포는 높이가 무려 20m로 대만에서 가장 높은 폭포로 알려져 있으며 주변 풍광이 아름다워 한번쯤은 가볼 만하다. 스펀역에서 가깝기 때문에, 택시투어를 하는 경우라면 예약할 때 미리 스펀 폭포를 추가하면 된다(추가 요금을 별도 징수함). 도보로 이동할 경우 스펀 기차역을 따라 스펀 라오지에 이동한 뒤 약 30분쯤 걸으면 폭포에 도착한다. 사유지였던 폭포가 정부 소유로 변경되면서 폭포는 멋진 산책코스가 있는 공원으로 조성되었다. (입장료: 무료, 영업시간: 10월~5월 09:00~17:00(입장마감 16:30), 6월~9월 09:00~18:00(입장마감 17:30))

수이진주의 숨은 보석,
진과스

金瓜石, 김과석

타이완 관광청에서 타이완을 대표하는 10대 관광 소도시 중 한 군데로 광산문화와 비경이 아름다운 신베이시 루이팡구의 수이진주(水金九)를 선정했다. 수이진주는 신베이시 루이팡구 3개의 작은 소도시인 수이난퉁(水南洞), 진과스(金瓜石), 주펀(九份)의 앞 글자를 딴 이름으로 각 도시는 차로 약 10분 거리에 옹기종기 모여 있다. 수이진주는 일제강점기에 광산이었던 곳으로 철로 공사중에 금광이 발견되면서 한때 골드러시로 들끓었으나 무자비한 채굴로 결국 쇠락의 길을 걷게 되었다. 금광채굴로 인해 흥망성쇠를 겪은 마을들은 폐허 상태인 채로 시간이 멈추어버렸다. 이후 타이완 정부는 탄광 지역의 특성을 살려 이 지역을 관광도시로 탈바꿈시켰다. 수이진주로 불리는 3곳은 탄광 지역이라는 공통점이 있지만 각각 나름대로의 독특한 정취를 자랑한다. 진과스는 탄광촌 사람들의 삶의 흔적을, 수이난퉁은 광산의 흔적을, 주펀

은 광부들이 고된 하루 일과를 끝내고 즐기던 유흥의 흔적을 고스란히 만날 수 있는 곳이다. 특히 수이진주라는 지명은 '아름다움이 영원하다.'라는 타이완의 방언과 발음이 똑같다고 하니 단순히 우연의 일치라고 하기에는 매우 신기하다.

이 중 진과스는 주펀에서 차로 10분 거리에 위치하고 있지만 주펀의 유명세에 밀려 상대적으로 덜 알려진 곳이다. 주펀과 달리 고즈넉하고 그윽한 풍경의 진과스는 그 옛날 산간 마을이 가진 광산 특유의 정취가 고스란히 남아 있어 여행을 제대로 즐길 줄 아는 사람이라면 주펀보다는 진과스에 더 후한 점수를 줄 것이다. 주요 볼거리로는 성훠메이쉐티옌팡(生活美學體驗坊, 4열형 일본식 주택), 타이쯔빈관(太子賓館), 황진보우관(黃金博物館) 등이 있다. 황금의 도시라 불리는 진과스에서 가장 유명한 것은 황진보우관의 금덩어리다. 박물관 2층에는 순도 99.9%의 세계에서 가장 큰 220kg짜리 금괴가 있는데 실제로 만져볼 수도 있다. 이 금괴를 손으로 만지면 재물운이 들어온다고 해서 여행자들의 발길이 끊이지 않는다. 혼자서 들고 갈 수 있으면 금괴를 준다고 하는 우스갯소리도 있으니 자신 있다면 한번 도전해보자. 이곳에서 거대한 금괴만큼 유명한 것이 광부 도시락이다. 당시 광부들이 먹던 식사를 재현해 밥과 각종 채소를 볶은 후 그 위에 돼지고기를 올린 것으로 맛도 좋고 속도 든든하다. 진과스 지도가 그려진 보자기로 곱게 싸서 나오는 광부 도시락은 다 먹은 뒤 도시락통, 보자기, 젓가락을 기념품으로 가지고 갈 수 있다. 이 광부 도시락을 가지려고 일부러 진과스를 찾는 사람이 있을 만큼 여행자에게 매우 인기 있는 상품이다. 관광안내소에서 무료로 한국어 오디오가이드를 대여할 수 있다.

신베이시에서는 수이진주가 관광의 도시인 만큼 여행자를 많이 배려하고 있다. 신베이시에서 수이진주를 여행하는 사람들에게 QR코드로 여행 정보 안내 서비스를 제공하고 있다. 자세한 내용은 타이완 여행정보 사이트(tour.tpc.gov.tw)를 참고하자.

진과스 황진보우관 이용 안내

◆ **이용시간**: 평일 09:30~17:00, 주말 및 공휴일 09:30~18:00 ◆ **휴무**: 매월 첫째 주 월요일(단, 법정공휴일이면 개관, 다음 날이 휴일), 음력 12월 31일~1월1일 ◆ **황진보우관(黃金博物館) 입장료**: NT$80 ◆ **번산5터널(本山五坑) 갱도 체험 입장료**: NT$50(체험 시간 약 15분) ◆ **매표 시간**: 평일 09:30~16:30, 주말 09:30~17:30 ◆ **사금 채취 시간**: 10:30, 11:30, 13:30, 14:30, 15:30 ◆ **사금 체험 장소**: 황진보우관 3층 ◆ **사금 체험 시간**: 약 30~40분 ◆ **사금 채취 체험 요금**: NT$100(체험 가능 시간 10:30, 11:30, 14:30, 15:30, 체험 시간 약 30~40분) ◆ **이용 시간**: 09:30~17:00(주말 18:00까지, 첫 번째 월요일은 휴관) ◆ **광부 도시락 가격**: NT$290(도시락 없이 식사만 주문하면 NT$180, 첫 번째 월요일은 카페도 휴업) ◆ **무료 가이드 투어**: 10:00, 14:00, 15:00(주말에는 11:00 추가), 관람안내시간 10분 전까지 본관 관광안내소 안내데스크에 등록해야 함. ◆ **한국어 해설 오디오 대여료**: 무료(다만 여권 지참 필수) ◆ **홈페이지**: www.gep.ntpc.gov.tw ◆ **구글지도 검색**: Jinguashih

타이베이 근교 여행으로 선택할 수 있는 작은 도시 중 주펀에서 가까운 곳이 아니었다면 십중팔구 가지 않았을 진과스는 전혀 기대하지 않았던 곳에서 금맥을 발견한 것 같은 기분을 느끼게 했다. 비로 인해 습기를 잔뜩 머금은 퇴락한 광산마을은 몹시도 그윽했다. 바다가 바로 앞에 펼쳐지는 산허리에 구불구불하게 자리 잡고 있는 마을은 구름 탓인지 안개 탓인지 온통 희끄무레 수줍은 듯 얼굴을 가렸다. 구름과 안개가 산허리를 감싸며 넘어가는 풍경은 묘하게 마음을 끌어당겼다. 곳곳에는 광산 개발을 위해 일본이 이 땅을 차지했던 흔적이 남아 있었다. 황진보우관에 이르니 광산 채굴을 위해 이용되었던 철로가 그대로 남아 이국적인 풍경을 연출하고 있었다. 수십 년간 황금빛 찬란한 영화를 누렸을 철로의 시간은 그대로 멈추었고 침목에 배인 오래된 기름 냄새는 멈춰진 시간 속으로 안내하고 있었다. 진과스의 채광 노동자들이 흘린 땀과 발자국이 고스란히 배인 철로의 침목이 토해내는 진한 향기가 온 신경을 자극했다. 비 내린 철로를 따라 무작정 걸었다. 관람이 끝나는 시간에 도착하는 바람에 갱도 체험도 하지 못했고, 220kg 무게를 가진 순도 99.9%의 금은 구경도 하지 못했다. 그럼에도 불구하고 진과스는 매력 만점이었다.

진과스,
어떻게 돌아보지?

1. 산허리에 구불구불하게 자리를 잡고 있는 진과스는 비가 오면 묘한 분위기를 자아낸다.

2. 가장 먼저 관광안내소가 나온다. (이용시간: 월~금 9:30~17:00, 토~일 09:30~18:00)

3. 진광루를 따라 관람로가 연결되어 있다.

4. 관광안내소 오른쪽으로 계단이 이어지고 있는데 이 계단을 끝까지 올라가면 황진보우관에서 시작된 광산 철로를 만난다.

5. 성훠메이쉐티엔팡은 일본인이 사용하던 숙소로 4채의 집이 결합된 특이한 구조다. 이 중 1채를 관람할 수 있다. 직위에 따라 머물 수 있는 집이 달랐다고 한다.

6. QR코드를 통해 여행 정보를 안내받을 수 있다.

7. 경찰서 입구에서 스탬프를 찍을 수 있다.

8. 싱정반궁스(行政辦公室)에서는 아시아 최대 관우상이 있는 취안지탕이 오른쪽 산허리에 위치하고 있는 모습을 볼 수 있다.

9. 쾅궁스탕(礦工食堂)이다. 광부 도시락 외에도 다양한 음식이 있으며 커피 등 음료를 주문할 수 있다. (월요일 휴무)

10. 보자기에 싼 광부 도시락은 당시 광부들이 먹었던 도시락을 그대로 재현했다. 젓가락을 꼽아 놓은 것도 인상적이다(NT$290).

11. 광부 도시락은 한 끼 식사로도 충분하다. 도시락을 가져갈 필요가 없다면 도시락 없이 식사만 주문 가능하다.

12. 타이쯔빈관은 일제강점기에 일본 황태자가 타이완에 광업 시찰을 오면 머물기 위한 호텔로 1922년에 특별히 지어졌다.

13. 타이쯔빈관에서 오른쪽으로 가면 황진보우관으로 향하는 계단이 나온다.

14. 황진보우관 옆에는 더우화(豆花)나 음료를 파는 카페가 있다. 더우화에는 부드러운 연두부가 들어 있으며 달짝지근하다.

15. 번산5터널에서는 갱도 체험을 할 수 있다.

16. 황진보우관 입구

17. 광산 철로 산책로. 이 길을 따라 끝까지 걸어서 계단을 내려 오면 관광안내소 옆길로 내려오 게 된다.

18. 박물관 내부는 2층으로 되어 있으며 광부들의 탄광촌 모습이 재현되어 있다.

19. 순도 99.9%, 무게 220kg의 금괴는 황진보우관의 보물이다. 손을 넣어 직접 만져볼 수 있다.

Tip. 버스를 이용할 경우 진과스행 1062번을 이용하면 된다. 이 버스는 MRT 중사오푸싱역, 송산역, 루이팡역 등을 거치는데 이용하기 편한 버스 정류장을 이용하면 된다. 참고로 이 버스는 주펀을 거쳐 진과스에 도착한다. 진과스까지 약 1시간 정도 소요되며 버스 요금은 유유카드(이지카드) 또는 현금으로 가능하며 현금의 경우 잔돈을 거슬러주지 않기 때문에 동전을 미리 준비하는 게 좋다. 기차를 이용할 경우 루이팡역(瑞芳, Ruifang)에서 진과스 방향으로 나온 다음 왼쪽도로를 따라 계속 직진하면 버스 정류장이 나온다. 진과스행은 1062번, 788번을 이용하면 된다. 진과스까지 약 30분 정도 걸린다.

골드러시의 비경을 간직하다,
수이난퉁

水南洞, 수남동

진과스에서 구불구불한 산길을 가로지르며 펼쳐지는 수이난퉁은 황금의 고향이 가진 품격을 고스란히 느낄 수 있는 곳이다. 대부분의 여행 책자에서는 수이난퉁을 진과스에 묶어서 설명하고 있다. 하지만 수이난퉁은 수이진주의 하나로 자신의 목소리를 내기에 충분한 곳이다.

일명 '로맨틱 도로'라 불리는 진수이궁루(金水公路)를 따라 펼쳐지는 수이난퉁의 주요 볼거리로는 스싼청이즈(十三層遺址), 제련소인 쉬안렌창(選煉場), 황금빛과 짙푸른 색이 서로 포개져 있는 인양하이(陰陽海), 대자연이 만들어낸 폭포인 황진푸부(黃金瀑布) 등이 있다. 진과스행 버스 종점에 위치하고 있는 취안지탕(勸濟堂)은 아시아에서 제일 큰 관우상이 있는 곳으로 사실상 진과스에 속한다고 보아야 하지만, 취안지탕 입구에 있는 전망대야말로 수이난퉁의 경치를 한눈에 품을 수 있는 최고의 명소다.

진과스의 산젠루(山尖路)가 주펀과 수이난퉁의 옛길로 통하며 수이진주 3개의 마을을 연결하고 있어서 시간만 충분하다면 3곳의 서로 다른 정취를 직접 느낄 수 있는 도보여행도 가능하다. 하지만 수이난퉁 내 관광 명소들은 가파른 산길에 있기 때문에 걸어서 돌아보기는 힘들고 대중교통(버스)이나 택시를 이용하는 것이 편리하다. 택시투어를 이용하면 진과스와 함께 수이난퉁의 주요 명소들을

편하게 돌아볼 수 있다. 대중교통을 이용해서 진과스로 이동한 경우라면 수이난퉁 지역을 도보로 돌아보는 것은 무리다. 하지만 진수이랑만하오(金水浪漫號)로 불리는 마을 관광버스 891번, 856번이 있으니 걱정하지 않아도 된다. 이 버스를 이용하면 인양하이, 황진푸부, 취안지탕 등 수이난퉁의 주요 볼거리에 버스정류장이 있다. 버스 요금은 NT$15 (이지카드 사용 가능)로 진과스(황진보우관) 입구에 있는 버스정류장에서 출발하며 평일엔 1시간에 1대(매시 정각에 출발), 주말에는 30분에 1대(매시 정각과 30분에 출발)가 운행된다. 다만 버스 운전기사에 따라 버스정류장에서 여유시간을 주지 않는 경우가 많아 자칫하면 1시간씩 버스를 기다려야 하는 경우도 있다.

느낌 한마디

예류와 핑시에서 시간을 너무 지체한 것이 화근이었다. 진과스와 수이난퉁이 이런 비경을 숨겨놓고 있을 줄은 상상도 못 했다. 게다가 하루 종일 비가 내리고 있으니 산간 마을에 어둠은 더 빨리 찾아오는 것 같았다. 사진으로만 보아도 푸른빛과 황금색으로 나뉜 바다의 오묘한 풍경이 매우 신기해서 꼭 눈으로 확인하고 싶었던 인양하이에서는 짙은 어둠 속에서 집채만 한 파도만 볼 수 있을 뿐 더이상의 풍경은 허락되지 않았다. 어둠이 깔리기 시작하는 수이난퉁 곳곳은 폐허의 상태 그대로 남은 광산의 건물에서 뿜어내는 을씨년스러운 스산함만이 맴돌았다. 하지만 '아름다움이 영원하다.'라는 타이완의 방언과 발음이 똑같다는 수이진주의 시간이 멎은 상태로 남은 처연함이 가슴에 와 닿았다. 모든 것이 황망히 떠나간 자리에 거세게 부는 바람만이 메아리로 되돌아오는 수이난퉁의 밤. 내가 품은 수이난퉁의 밤은 영원히 아름다울 것 같다.

수이난퉁,
어떻게 돌아보지?

진과스에서 구불구불한 산길을 내려가면 황진푸부를 볼 수 있다. 황금색으로 드러난 바위들이 장관을 이루는 모습이 일품이다. 폭포의 수원은 샘물이지만 사람들의 광산 채굴로 폐광석이 지반으로 스며들고 중금속 광물이 섞인 모래가 바닥에 침전·산화해 황금색의 폭포가 만들어졌다.

수이난퉁 891번 버스의 종점인 주차장이다. 그 뒤로는 쉬안롄창 제련소가 위치하고 있다. 진과스나 주편이 광부들의 삶의 흔적을 볼 수 있는 곳이라면 확실히 이곳은 골드러시가 어느 정도였을지 짐작이 되는 광산의 흔적을 느낄 수 있는 곳이다. 주편과 진과스에서 채취한 원석을 이곳에서 가공했다.

제련소 왼쪽으로는 스싼청이즈 유적지가 있다. 멀리서 보면 황폐한 아름다운 궁전처럼 보인다고 해서 '광산 위의 포탈라궁'으로 불리기도 한다. 수이난퉁 주차장에서 보면 가장 잘 보인다. 타이완 가수 장위(長宇)의 〈용신량쿠(用心良苦)〉 뮤직비디오 촬영지로 타이완 사람들은 이곳에 오면 자연스럽게 그 노래를 떠올린다.

날씨가 맑은 날 인양하이에서는 푸른색과 황금색 2가지 색깔의 바다가 펼쳐지는 신비한 현상을 볼 수 있다. 그 이유는 진과스의 암석이 황철석 함유량이 높기 때문이다. 비가 내리면 빗물이 광석에 스며들어 물이 산성이 되고, 광석의 수산화철이 빗물에 씻기면서 황갈색의 수산화철이 해면 위에 떠서 황금색으로 보이는 것이다.

취안지탕 입구 전망대에서 진수이루와 인양하이를 함께 볼 수 있다. 진수이루는 '로맨틱 도로'라는 별명이 붙어 있다. 억새풀이 피는 계절이면 산과 계곡이 바람에 따라 흔들리는 억새로 로맨틱한 분위기를 자아낸다고 해서 붙여진 이름이다. 또한 진과스의 마을 풍경과 함께 수이난퉁의 풍경을 볼 수 있는 것도 낭만적이다.

취안지탕에는 아시아에서 가장 큰 관우상인 관궁(關公, 관우)상이 있다. 이곳 사람들은 '기당묘'라고 부르는데, 진과스의 기당지루는 이 이름 때문에 붙여졌다. 무게 25톤, 높이 12m에 달하는 관궁상은 손에 『춘추』를 들고 있으며 순동으로 제작되었다. 취안지탕은 명실공히 진과스의 수호신이라고 할 수 있다.

취안지탕 곳곳에서 아름다운 조각을 볼 수 있다. 특히 독특한 건축 양식을 볼 수 있는데 신감, 신탁, 대들보, 마룻대 등과 같은 내외전 목각 부분은 타이완 국보급 예술가 황구리의 작품이며, 대들보와 마룻대의 유화는 유화 대가인 곽불사의 작품으로 동서양을 융합한 설계라고 한다.

취안지탕에서도 운수를 점쳐볼 수 있다. 서로 다른 반달 모양이 나오면 소원이 이루어진다고 한다. 취안지탕 입구에 있는 큰 반달로 점쳐보려면 소원을 빌고 난 뒤 옆에 있는 나무 막대기를 하나 뽑자. 그 안에 숫자가 적혀 있다. 오른쪽 모퉁이를 돌아 뽑은 번호에 해당하는 서랍을 열면 운세가 적힌 쪽지가 있다. 절의 스님이나 택시 기사에게 의미를 물어보면 된다.

Tip. 진과스를 둘러보고 이곳을 안 보고 가기에는 정말 아깝다. 택시 투어를 하지 않고 진수이랑만하오 마을 투어 버스도 타기 곤란하다면 황진보우관에서 연결된 다리를 건너 산책로를 따라 걸으면 약 15분 정도면 취안지탕에 도착한다. 취안지탕에 이르는 동안 멀리서 바라보는 황진보우관의 풍경도 색다르고, 발 아래로 보이는 진과스 일대와 수이난퉁의 경치도 멋지다. 취안지탕에서 조금만 더 직진하면 날씨 좋은 날 입구에 있는 전망대에서 구불구불 로맨틱한 도로와 함께 2가지 색깔의 바다가 있는 인양하이도 볼 수 있다. 지우펀에서 1062번 버스를 이용한다면 종점인 취안지탕에서 하차해 취안지탕을 둘러보고 산책로를 따라 황진보우관으로 가는 것도 한 방법이다. 조금만 시간을 더 할애해 수이난퉁의 절경을 놓치지 말자.

골목길을 누비며 나만의 보물찾기,
주펀

九份, 구분

정말 유명해서 두말할 필요 없는 곳 주펀은 타이완 여행에서 빼놓을 수 없는 관광지다. 본래 주펀은 산비탈에 9가구만이 살며 외부에서 물자를 조달해오면 9가구가 사이좋게 9등분(九份)했다고 해서 이름 붙여진 곳이다. 그러나 1920년대 금광이 발견되고 일확천금을 꿈꾸는 많은 사람들이 몰려들면서 그 모습이 바뀌었다. 비탈지고 좁은 골목마다 수많은 술집과 찻집, 극장이 들어섰다. 조용하던 시골 마을은 작은 상하이로 불리기도 했다. 하지만 금광 채산성 악화로 화려했던 골드러시는 오래가지 않았고 사람들은 하나둘씩 주펀을 떠나게 되었다. 화려함을 잃은 주펀은 시간이 멈춘 채 타이완의 옛 모습을 그대로 간직하고 있다. 일제강점기에 지어진 일본식 목조 가옥이 그대로 남은 주펀의 독특한 풍경은 타이완 영화 〈비정성시〉의 무대가 되며 주목받기 시작했다. 주펀은 일약 스타덤에 오르며 타이완 최고의 관광지로 급부상했

다. 또한 우리나라의 SBS 드라마 〈온 에어〉의 촬영지, 일본 애니메이션 〈센과 치히로의 행방불명〉의 영감을 얻은 곳으로 알려져 있다. 주펀은 마을을 동서로 이어주는 지산제(基山街)와 그 중간 즈음에서 위아래로 이어지는 수치루, 이 2개의 골목을 중심으로 관람하면 된다. 차들이 다니는 대로변 입구의 편의점 세븐일레븐 옆 좁은 골목이 바로 지산제가 시작되는 곳이다. 북적거리는 사람들을 따라 걸어 올라가면 수치루 계단으로 이어진다. 주펀의 골목골목은 특색이 있고 개성 넘치는 가게들이 즐비하니 숨은그림찾기를 하듯 돌아보는 것도 좋겠다. 관람에는 1시간 30분~2시간 정도가 소요된다. 타이베이에서 버스를 이용할 경우 지하철 반난셴 중샤오푸싱역 1번 출구에서 진과스행 버스(1062번)를 이용하면 된다. 타이베이를 출발한 버스는 주펀에서 정차 후 진과스를 거쳐 종점인 취안지탕까지 운행된다. 주펀에서 진과스까지 차로 약 10분 정도 소요된다. 주펀 관람에는 약 1시간 30분~2시간 정도 예상하면 된다.

느낌 한마디

주펀이 9가구가 옹기종기 모여 있는 광산마을이라는 것은 알았지만 그 정도로 산꼭대기에 있을 것이라고는 상상하지 못했다. 9가구가 옹기종기 모여 살았다는 주펀의 동화 같은 이야기는 산골의 낭만적인 풍경을 상상하게 했다. 게다가 타이완 관광청을 비롯해 모든 여행 자료에서 어김없이 등장하는 수치루 계단이 늘어선 홍등 풍경은 주펀에 대한 기대감을 키우기에 충분했다. 주펀 입구 버스 주차장 바로 옆에 있는 전망대에 올라 눈앞에 산과 바다가 조화를 이루고 있는 경치를 볼 때까지만 해도 그 환상은 여전했다.

그런데 지산제 입구에 가기도 전에 숨이 턱 막혔다. 아! 사람이 많아도 너무 많다. 내가 기대하던 풍경은 이런 것이 아니었다는 실망감이 찾아왔다. 시끌벅적한 사람들 사이를 비집고 다녀야 하는 것도 오랜만의 일이라 버거웠다. 하지만 어느새 나도 모르게 사람들과 어깨를 부딪치면서 걷는 것에 적응하고 있었다. 특색 있는 가게를 발견하며 골목마다 즐비한 샤오츠(小吃, 주전부리)를 먹는 재미도 쏠쏠했다. 소소한 재미로 넘쳐나는 골목길 여행에 푹 빠져버렸다. 그러다 어느 순간 좁은 골목길을 빠져나오니 탁 트인 바다가 한눈에 들어왔다. 서서히 어둠이 찾아들던 수치루 계단에 홍등이 하나씩 밤을 밝히니 붉은 밤에 수줍게 취할 것만 같았다. 골드러시는 썰물처럼 밀려왔다 밀물처럼 밀려가버렸지만 또 다른 골드러시의 행렬은 그때나 지금이나 현재진행형이다.

주펀,
어떻게 돌아보지?

1. 주펀버스정류장. 타이베이에서 출발한 1026번 버스는 주펀을 지나 진과스를 거쳐 종점인 취안지탕에 정차한다.

2. 언덕길을 따라 가게를 몇 군데 지나면 전망대가 나온다.

3. 세븐일레븐 바로 옆 골목에서 지산제가 시작된다.

4. 펑리수를 파는 가게 첸신팡(千信坊)

5. 사람들이 발걸음을 멈추는 오카리나 가게 스청타오먀오(是誠陶苗). 모든 제품이 수제품으로 종류가 다양해서 선물로도 인기 만점이다.

6. 땅콩 아이스크림 가게 화성자 빙치린(化生加冰淇淋)

7. 주펀에서 땅콩 아이스크림은 꼭 먹어야 하는 명물이다.

8. 쇠고둥 구이집 카오페이추이뤄(烤翡翠螺). 즉석에서 바로 구워지는 소라는 보기에도 좋고 맛도 좋다.

9. 사장님의 특이한 복장으로 눈길을 사로잡는 소시지 가게 우디샹창(無敵香腸)은 워낙 튀는 사장님의 외모로 유명한 곳이다.

10. 토란 떡집 아란(阿蘭)은 한국 관광객보다는 타이완 현지인이나 일본인 관광객이 유독 붐비는 곳이다.

11. 위위안 가게 라이아포위위안(賴阿婆芋圓)이다. 위위안(芋圓)은 토란을 경단 모양으로 반죽해 시럽에 담근 것으로 젤리보다는 단단하다. 뜨거운 것과 차가운 것 2종류가 있다.

12. 위위안, 판수위안(蕃薯圓), 루차위안(綠茶圓), 디과위안(地瓜圓), 산야오위안(山藥圓) 등 다양한 우위안을 맛볼 수 있다.

13. 골목 중간 즈음에 만국기가 걸린 곳이 지산제와 수치루가 만나는 교차로다.

14. 기괴스러운 개인 가면 박물관인 니런우(泥人吳). 입장료는 대인 NT$50, 어린이 NT$30이고, 박물관 내부에서는 기념 스탬프를 찍을 수 있다.

15. 골목을 빠져나오면 전망대가 있다. 전망대 벽면에 광부 조각이 있으니 놓치지 말자. 관람 후 전망대 옆 계단을 따라 내려가면 된다.

16. 낮과는 전혀 다른 느낌을 자아내는 주펀의 밤

17. 주펀을 대표하는 홍등이 걸린 수치루는 항상 사람들로 붐비는 곳이다. 이 계단의 가장 아랫부분부터 맨 윗부분까지 세어보면 총 365개이니 한 번 걸으면 1년을 걷는 셈이다.

18. 동굴 입구 같은 찻집 위쯔판수(芋仔蕃薯)는 진과스 광부들이 이용했던 갱도가 그대로 남아 있는 곳이다. 내부에서 아메이차주관(阿妹茶酒館)이 보인다.

19. 아메이차주관 입구에는 탈이 3개 걸려 있다. 이곳의 탈이 일본 애니메이션 〈센과 치히로의 행방불명〉의 모티브가 되었다고 한다.

20. 영화 〈비정성시〉와 우리나라 드라마 〈온 에어〉의 촬영 장소인 베이칭청스(悲情城市)다. 이곳에서는 바다가 보이지 않는다.

21. 수치루의 맨 아래에는 미니 나막신 전문점 샤오샹강무지(小香港木屐專賣店)가 있다.

22. 수치루를 끝까지 내려오면 왼쪽으로 극장 성핑시위안(昇平戲院)이 있다. 1914년에 문을 연 극장으로 영화와 공연을 하는 곳이며 당시에는 최고 규모였다고 한다.

23. 골드러시가 한창일 때 성핑시위안에서 진과스까지 경전철이 운행되었다. 지금은 주펀역이었던 곳을 개조해서 레스토랑으로 이용하고 있다.

24. 주펀 현지인이 살고 있는 골목길은 주펀의 또 다른 정취를 느끼게 한다.

> Tip. 평소에도 늘 사람들로 북적이는 주펀은 주말에는 상상하기 힘들 만큼 많은 사람들이 몰리는 곳이니 가급적이면 주말에 가는 것은 피하자. 주펀의 가게들은 저녁 6시 30분이면 서서히 문을 닫기 때문에 제대로 관람하기 위해서는 늦더라도 오후 4시에는 도착해야 한다. 수치루 야경을 생각하고 늦게 도착하면 정말 야경 하나만 보게 될 수도 있다. 편리하게 이동하려면 지산제 입구에서 수치루와 교차하는 골목까지 걸어 간 다음, 수치루 위쪽을 돌아보고 내려와서 지산제를 따라 직진해 전망대를 본 후, 골목을 따라 되돌아와서 수치루 아래 계단으로 이동하는 것이 효과적이다. 골목길에는 장인정신이 가득한 가게들도 있고 아기자기하면서도 특색이 있는 가게들도 많이 있으니 자신만의 골목길 지도를 만들어보는 것도 좋겠다.

타이완에서 맛보는 훠궈,
쥐 타이베이 헝양디엔점

聚, 취

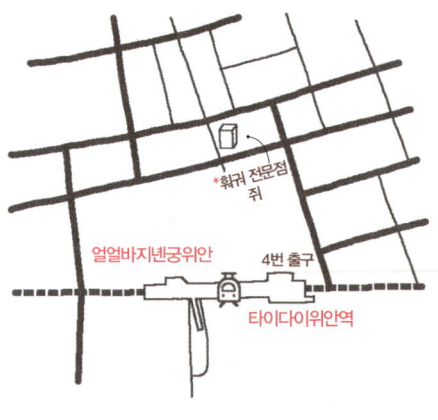

4번 출구에서 도보 5분 이내

중국의 쓰촨성 등 북쪽 지방의 전통 음식인 훠궈(火鍋, 중국식 샤부샤부)는 진하게 끓여낸 육수에 고기와 채소 등을 익혀 먹는 음식으로 중국에서 먹는 것보다 타이베이가 맛이 뛰어나다는 평가를 받고 있다. 훠궈는 타이베이에서 꼭 맛보아야 하는 음식 중 하나다. 타이베이에는 다양한 훠궈 전문점이 있는데 우리나라와는 달리 뷔페식 샤부샤부가 흔한 편이다. 1인분만 주문할 경우 추가 요금을 받는 곳도 있다. 뷔페식 훠궈 전문점의 경우 육수를 비롯해 소스까지 먹는 사람이 전부 알아서 만들어야 하기 때문에 사람에 따라 호불호가 있을 수 있다. 여러 종류의 훠궈 중 마라훠궈(麻辣火鍋)는 매운 맛이 강한 훠궈로 어떤 경우에는 그 매운 정도가 상상을 초월하기도 한다.

훠궈 전문점 쥐는 육수, 고기, 채소, 소스, 완자, 면, 디저트가 1인당 1세트로 제공되며 취향에 따라 육수와 고기 등을 선택할 수 있다. 우리나라의 샤부샤부 먹는 방식과 흡사한 곳이다. 2인분 이상일 경우 하나의 냄비를 반으로 나누어 매운 육수와 맵지 않은 육수가 둘 다 제공되는 위안양궈(鴛鴦鍋) 방식으로 먹을 수 있다. 다른 종류의 훠궈집에 비해 대체로 우리 입맛에 잘 맞는 편이다.

쥐 이용 안내

타이베이 헝양디엔점(台北衡陽店) ◆가격: 세트 메뉴에 따라 1인당 NT$398~540(10% 부가세 별도) ◆이용시간: 평일 11:30~14:30(마지막 주문 14:00), 17:30~22:00(마지막 주문 21:00), 주말 11:30~15:00(마지막 주문 14:30), 17:00~22:00(마지막 주문 21:00) ◆주소: 台北市中正區衡陽路3號2F ◆전화번호: (02) 2331-2767 ◆구글지도 검색: Giguo 타이베이 소고충샤오동점(台北SOGO忠孝東店) ◆이용시간: 11:00~22:00(마지막 주문 21:00) ◆주소: 台北市大安區忠孝東路四段45號11F ◆전화번호: (02) 2721-8787 ◆가는 방법: 충샤오푸싱 4번 출구와 연결되는 소고백화점 11층 ◆홈페이지: www.giguo.com.tw

느낌 한마디

추운 지방에서 발달한 음식인 훠궈가 더운 나라인 타이완에서 보편적인 음식이라는 사실이 좀 의아했다. 하지만 난방시설이 전혀 없는 타이완의 겨울은 생각보다 꽤 추운 편이어서 타이완 사람들은 뜨거운 음식이나 차를 마시면서 겨울을 보낸다. 따라서 뜨끈한 국물의 훠궈가 인기가 있다고 한다. 쥐는 아예 1인당 세트 메뉴가 구성되어 있어 다른 훠궈 식당과 달리 무엇을 주문할지 고민할 필요가 없다. 육수를 선택하면 입맛에 맞는지 확인을 시켜준 뒤 음식을 준비해주는 서비스가 좀 특별했다. 온통 주황색의 인테리어로 활기가 느껴지는 쥐는 천당새(극락조) 꽃으로 꾸며져 있다. 그 이유를 물으니 천당새 꽃말인 '활력, 열정'의 의미를 담고 있다고 했다. 한쪽 방에서는 '쥐'의 운영을 맡고 있음 직한 직원들이 삼삼오오 모여 메뉴에 대한 의견을 나누고 신메뉴를 테스트하는 모습이 눈에 띄었다. 그리고 다시 내부를 둘러보니 직원들 모두가 젊은 청년들이었다. 그들의 열정이 담긴 훠궈는 그 어떤 음식보다 맛있고도 뜨거웠다. 현지인이 자주 가는 곳이라며 추천해준 곳인데 우리 입맛에 딱 맞는 훠궈는 감동 2배.

쥐 타이베이 헝양디엔점, 어떻게 가야 할까?

1. (좌) 타이다이위안역 4번 출구로 나간다.
   (우) 출구에서 왼쪽 얼얼바지넨궁위안(二二八紀念公園) 방면으로 간다.

2. (우) 지하철 출구에서 오른쪽 대로변으로 간다.
   (좌) 얼얼바지넨궁위안을 가로질러 가도 상관없다. 이 경우 공원 끝에서 정면으로 건널목을 건너 직진하면 바로 쥐가 위치한다.

3. (좌) 대로변에서 왼쪽 방향이다.
   (우) 대로변을 따라 곧장 직진한다.

4. (좌) 사거리가 나오면 건널목을 건넌다.
   (우) 왼쪽 방향으로 직진한다.

5. (좌) 계속 직진하다가 건물을 따라 우회전한다.
   (우) 훠궈 전문점 '쥐'의 간판이 보인다.

쥐 타이베이 헝양디엔점, 어떻게 주문하지?

육수, 고기, 채소, 소스, 완자, 면, 디저트가 1인 1세트로 제공된다. 한글 메뉴판이 있다.

취향에 따라 육수와 고기 등을 선택하면 된다.

> **Tip.** 현지인들에게도 인기가 많은 곳이라 경우에 따라서는 30분~1시간 정도 대기할 수 있으니 미리 전화 혹은 홈페이지에서 예약이 가능하다. 타이베이헝양디엔점의 경우 바로 앞에 얼얼바지넨궁위안(228공원)이 있으니 대기 시간 동안 돌아보는 것도 좋겠다. 헝양디엔점 및 소고중샤오둥점 외에도 중샤오둔화의 청핀수뎬점 등 타이베이에 다수의 지점을 보유하고 있으며 타이베이의 인근 도시 신주, 타오위안 등을 비롯해 이란, 가오슝, 타이중, 타이난, 타이동 등 타이완 전역에 지점을 보유하고 있다.

아주 특별한 기차여행 01.
광산 철길 따라 푸동푸동(두근두근) 기차여행

총 길이 12.9km에 12개의 역이 8개의 마을을 하나로 연결하고 있는 핑시센(平溪線)은 타이완의 오래된 마을 모습을 그대로 간직하고 있어 당일치기 낭만 기차여행으로도 인기가 높다. 핑시센은 1907년 핑시에서 탄광이 발견된 이후 석탄 운반을 위해 1918년 핑시센의 철로를 건설했다. 하지만 탄광의 생산량이 감소하는 등 탄광업이 몰락하면서 폐광이 되자 철로의 시간은 멈춰버렸다. 이후 남아 있던 철로에서는 광산을 추억하는 사람들이 희망의 글씨를 적어 천등을 날리던 전통이 유지되면서 천등의 고향으로 자리를 잡았고, 이후 탄광열차가 다니던 철로에는 관광열차가 그 자리를 이어받았다. 핑시셴은 루이팡(瑞芳)에서 징통(青桐)까지 왕복 운행되는데 이 중 허우통(猴硐), 스펀(十分), 핑시(平溪), 징통(菁桐)은 각 마을마다 서로 다른 느낌을 자아내며 볼거리가 있어 사람들이 많이 찾는 곳이다. 위 마을은 모두 그리 크지 않은 편이라 하루 동안에 모두 둘러볼 수 있다. 핑시셴 1일권(성인 NT$64, 아동 NT$32)을 구입하면 핑시셴을 무제한 이용할 수 있기 때문에 하루 동안 기차를 갈아타면서 마을을 모두 둘러볼 수 있어 유익하다.

타이베이에서 핑시 기차여행을 하려면 타이페이처잔역에서 루이팡역으로 이동한 다음, 루이팡역에서 핑시셴 열차로 갈아타야 한다. 루이팡역까지는 기차 등급에 따라 쯔창하오(自強號, 가격 NT$76), 푸유마(普悠瑪, 가격 NT$76), 쥐광하오(莒光號, 가격 NT$59), 취지엔처(區間車, 가격 NT$49), 이렇게 4종류의 기차가 운행되고 있는데, 쯔창하오와 쥐광하오는 지정석이고 취지엔처는 자유석으로 운행된다. 루이팡역까지 쯔창하오로 약 35분~45분, 취지엔처로 약 1시간 정도 걸린다. 타이베이에서 루이팡역까지는 기차 등급 구분 없이 약 30분마다 한 대씩 운행되는데 기차 등급에 따라 요금 차이가 있긴 하지만 시간을 생각하면 먼저 오는 기차를 이용하는 것이 효율적이다.

참고로 루이팡역까지 기차표를 구매하지 않아도 이지카드로 기차의 등급에 상관없이 취지엔처 요금으로 탑승이 가능하지만 지정석이 아니어서 만석일 경우 루이팡역까지 서서 갈 수도 있으므로 가급적이면 기차표를 구입하는 것이 좋다(다만 푸유마의 경우 모두 지정석이기 때문에 이지카드를 이용할 수 없다).

핑시셴 1일권은 타이베이처잔역 12번 창구나 루이팡역에서 구입 가능하다. 루이팡역에서 구입시 매표소를 다시 찾아야 하고, 주말에는 사람이 많이 붐비기 때문에 미리 타이베이처잔역에서 구입하는 게 편리하다. 핑시셴 기차는 약 1시간에 1대가 운행되고 있기 때문에 효율적인 기차여행을 위해서는 타이베이처잔역 메인홀 옆의 안내센터에 구비되어 있는 기차시간표를 미리 확인하자.

Tip. 루이팡에서 가장 가까운 허우통역에서 하차해 차례로 마을을 둘러보고 종점인 징통까지 이동하거나 혹은 그 반대여도 크게 상관없다. 어느 마을을 둘러볼 것인지는 자신의 여행 스타일과 여행 일정을 고려해 모든 마을을 전부 다 둘러보거나 혹은 일부 마을만 둘러볼 것인지 결정하면 된다.

타이베이처잔역에서 루이팡역 가는 방법

1. 타이베이처잔역 메인홀의 기차역에서 루이팡역까지 가는 기차표를 구입한다.

2. 평일 오전 8시 54분에 타이베이처잔역에서 루이팡역 가는 취지엔처 기차표

3. 핑시센 기차역별 운행 시간표는 매표 창구 왼쪽 옆에 위치해 있는 안내센터에 준비되어 있다.

4. 핑시센 1일권은 12번 창구에서 구입이 가능하다. 타이베이처잔역 메인홀은 11번 창구까지만 있어 정면에서 보이지 않는다. 11번 창구 옆면의 오른쪽으로 돌아가면 12번 창구가 있다.

5. 핑시센 1일권

6. 핑시센은 4번 플랫폼에서 탑승한다. 4번 플랫폼은 지하1층에 위치해 있다.

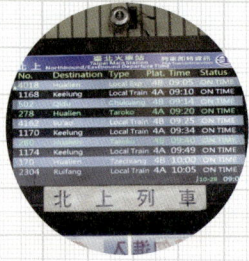

7. 자신이 타야 할 기차의 방향(A 혹은 B)을 착오하지 않도록 주의하자.

8. 취지엔처의 내부는 지하철과 동일하다.

9. 루이팡역에서 하차한다.

루이팡역에서 징통 가는 방법

1. 루이팡역에서 핑시셴 플랫폼 환승 안내판(한글 안내판 있음)을 따라 승차대기로 이동하면 된다.

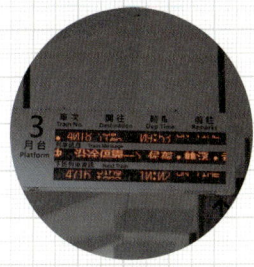
2. 플랫폼 전광판에는 운행 노선에 대한 안내가 있으므로 참고하자.

3. 평일에도 많은 관광객들이 루이팡역에서 핑시셴을 이용한다.

4. 핑시셴이 루이팡역으로 들어오고 있다.

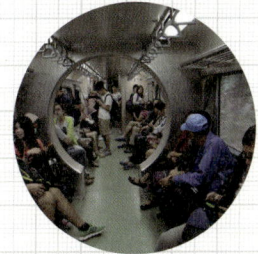
5. 핑시셴 내부 모습

6. 핑시셴의 종점역인 징통역까지는 약 1시간 정도 소요된다.

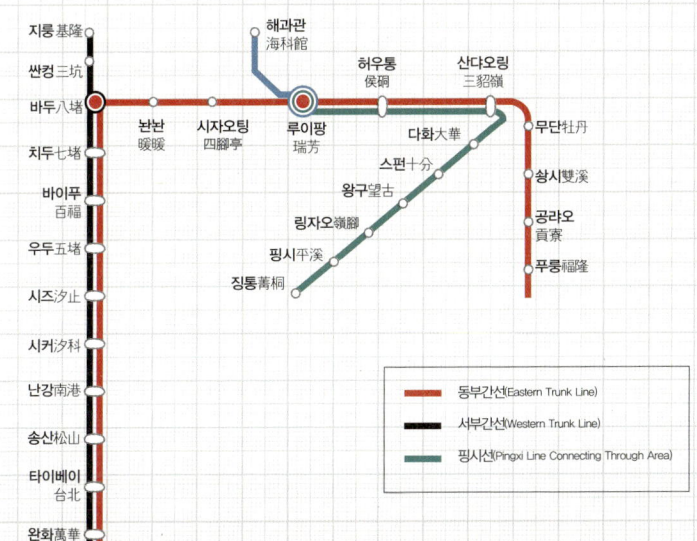

아주 특별한 기차여행 02.

그 시절을 추억하고 싶다, 징통(菁桐)

징통

소원을 적어놓은 대나무가 주렁주렁 매달려 있어 이국적인 느낌을 자아내는 징통은 대만의 시골스러움을 한껏 느낄 수 있는 곳이다. 이곳은 특히 대만 영화 〈그 시절, 우리가 좋아했던 소녀〉의 촬영지로도 유명하다. 이 영화가 개봉하자마자 대만 영화 사상 최단 기간 박스오피스 1억 달러의 수익을 거두며 대만에서 첫사랑 열풍을 불러일으켰고 촬영 장소였던 징통 역시 인기 관광지로 급부상했다. 무엇보다 배우 지성과 이보영이 결혼식 청첩장 문구에 이 영화의 명대사 'Remember, you are the

apple of my eye(기억해, 넌 아주 소중한 사람이야).'를 적어 넣었을 만큼 우리나라에서도 인기를 끌었던 영화이기도 하다. 이처럼 영화 속에서 첫사랑과의 데이트 장소였던 징통은 초록색의 선로가 끝없이 펼쳐지고 있는 풍경과 소원을 적어놓은 대나무가 주렁주렁 달려 있는 이국적인 모습에 영화를 본 사람이라면 혹은 영화를 보지 않았더라도 한번쯤은 가보고 싶다는 생각이 드는 곳이다. 징통역은 핑시셴의 종점역답게 징통광예솅후어관(菁桐礦業生活館)이라는 작고 소박한 기념관에서 핑시셴의 변화 과정을 비롯해 탄광촌의 옛 모습을 살펴볼 수 있다. 또한 다른 역에 비해 탄광촌의 옛 모습이 가장 많이 남아 있다.

징퉁역, 어떻게 돌아보지?

1. 시골 간이역의 정취를 풍기는 징퉁역

2. 영화 〈그 시절, 우리가 좋아했던 소녀〉에 이 철로를 걷는 장면이 나오는데 관광객들은 모두 영화 속 장면과 같은 포즈로 기념사진을 찍는다.

3. 징퉁역과 접해 있는 징퉁쾅예성후어관에서 핑시셴의 역사를 둘러볼 수 있다.

4. 징퉁역에서 안쪽으로 이동하면 짧은 옛 거리가 이어진다.

5. 옛 거리에는 기념품 판매점을 비롯해 간단한 길거리 음식을 먹을 수 있다.

6. 옛 거리 안쪽으로는 소원을 달아놓은 대나무가 주렁주렁 달려 있다.

7. 징퉁에서는 소원을 달아놓은 대나무를 흔하게 볼 수 있다.

8. 옛 거리 끝에 위치한 카페에서 소원을 적을 수 있는 대나무 구입이 가능하다.

9. 카페에서 왼쪽 계단으로 내려가면 '사랑의 다리'라는 별명을 가진 붉은색의 중치아오푸티에(中橋埔鐵)가 있다.

징통역, 무엇을 먹을까?
느긋하게 여유 한 모금, 탄창카페이(碳場咖啡)

몇 군데의 카페가 있지만 징통역을 바라보면서 조금 더 느긋하게 여유를 즐기며 차 한 잔으로 쉬어가기에는 탄창카페이가 제격이다. 탄광촌이었을 때 탄광석을 가공하던 공장으로 사용했던 건물을 카페로 개조한 곳이기에 철거 직전의 허름한 공장 건물에 카페가 있나 싶을 정도로 의심이 드는 곳이다. 하지만 계단을 올라 2층에 올라서면 탁 트인 산골의 징통마을이 한눈에 들어오며 감탄을 자아낸다. 또한 카페 내부의 높은 천장과 드넓은 실내는 석탄 공장의 모습이 그대로 남아 있고 사진과 벽화그림으로 만나는 그 시절 석탄인부들의 삶과 징통의 모습에 절로 코끝이 시큰해진다. 다소 삭막할 것이라는 예상과 달리 판다인형이 책상에 앉아 책을 읽는 카페 내무 모습에 긴장감을 일순간에 내려놓게 된다. 다양한 종류의 커피가 있지만 왠지 이곳에서는 밀크티 한 잔이 더 어울리는 곳이다.

탄창카페이 이용 안내

◆ **이용시간:** 10:00(주말 09:00)~20:00, 겨울(10월 중순 이후) 10:00~17:00　◆ **휴무:** 부정기　◆ **주소:** 新北市平溪區菁桐里菁桐街50號　◆ **전화번호:** (02) 2495-2513

01〉 징통역 맞은편으로 보이는 콘크리트 건물 양쪽으로 난 계단을 따라 올라간다. | 02〉 허름한 공장건물의 탄창카페이 | 03〉~04〉 카페 내부 | 05〉 창문 너머로 징통역이 보인다. | 06〉 장미 밀크티인 메이꾸이시엔나이차(玫瑰鮮奶茶)와 와플

징통역에서 핑시역까지 기차로 약 4분 정도밖에 걸리지 않을 만큼 가까운 거리에 위치해 있으며 걸어가도 20~30분 정도면 도착한다. 따라서 징통역에서 한 시간에 1대 오는 기차를 기다리기보다 핑시역까지 시골길을 걷는 것도 여행의 색다른 낭만이자 추억을 남길 수 있는 방법이다.

징통역에서 핑시역까지 도보로 이용하는 방법

1. 징통역 기찻길 옆으로 난 도로를 따라 핑시 방향으로 걷는다 (기차가 들어오는 반대 방향이다).

2. 길 중간에 핑시셴 방향을 안내하는 표지판이 있다.

3. 얼마 걷지 않아 마을을 벗어나게 된다.

4. 천녕사(天寧寺) 표지판이 보이는 다리에서 다리를 건너지 말고 정면으로 직진해야 한다.

5. 핑시까지 걷는 도중에 기차시간이 맞으면 핑시셴의 사진을 담을 수도 있다.

6. 핑시가 가까워지면 대로변에서 오른쪽으로 천등 조형물이 보이는데, 빠지지 말고 직진 방향으로 곧장 가면 된다.

7. 핑시 옛 거리에 도착한다.

8. 옛 거리에서 왼쪽으로 꺾어 언덕길을 오른다.

9. 핑시셴 기찻길이 나오고 기찻길 옆으로 핑시역이 위치한다.

아주 특별한 기차여행 03.
아기자기한 시골 간이역, 핑시(平溪)

핑시

조용하고 아기자기한 정겨움을 간직하고 있는 핑시는 원래 천등의 원조 마을이었던 곳이었다. 하지만 스펀에 천등을 날릴 수 있는 많은 가게가 생겨나면서 규모면에서 스펀역에 비해 소박한 곳이 되었다. 하지만 시끌벅적한 핑시를 피해 일부러 조용한 이곳 핑시를 찾는 사람들 또한 적지 않다. 특히 철로가 도로와 붙어 있는 다른 마을과 달리 강 위를 흘러가는 높은 다리를 통과하고 있어 다른 마을과는 또 다른 색다름으로 다가온다. 수많은 관광객들 사이에 무심한 듯 묵묵히 제 갈 길을 걷는 늙은 농부를 만나는 묘미를 가진 곳 또한 핑시다.

Tip. 스펀(十分)의 모습은 타이베이 근교 여행(236쪽)을 참조하면 된다.

핑시역, 어떻게 돌아보지?

1. 핑시 옛 거리에서는 다양한 샤오츠(주전부리)를 맛볼 수 있다.

2. 옛 거리 골목에는 귀여운 벽화그림도 볼 수 있다.

3. 마을 사이로 강이 흐르고 있어 색다른 정취를 느낄 수 있다.

4. 이곳에서도 천등체험이 가능하다. 단색 NT$150

5. 천등을 날리는 사람들

6. 철로에서 기념사진을 찍고 있는 사람들

7. 핑시의 모습

8. 천등이 조명시설로 달려 있는 소박한 간이역 핑시

9. 기차를 타는 사람들

아주 특별한 기차여행 04.
탄광촌에 고양이가 사는 마을, 허우통(猴硐)

허우통

허우통에 내리면 온통 고양이 그림이 그려진 역사부터 시작해 마을이 고양이 캐릭터로 가득 차 마치 만화 속에 들어온 기분이다. 그러나 그것도 잠시, 진짜 고양이들이 관광객들을 보고도 피하기는커녕 유유히 사람들 사이를 자유롭게 활보하며 다니는 모습은 허우통에서는 흔한 풍경이다. 눈만 돌리면 고양이와 마주치는 고양이 마을 허우통은 원래는 이 지역의 한 동굴에 원숭이가 살고 있어서 원숭이 구멍(猴洞, 후동)으로 불리던 곳이었으나 탄광시절 주민들이 갱도 안에 물이 차는 것을 피하고자 좋은 의미를 더해 뒷글자를 통(硐)으로 바꾸었다. 허우통은 검은 하늘과 검은 땅

이었던 전형적인 탄광마을로 타이완이 대부분 석탄 연료를 사용하던 시절, 허우통에 풍부하게 매장된 석탄으로 인해 약 70년 동안 대만 공업 연료의 중추지로서의 인구 6천여 명이 살던 황금의 시기를 누리던 도시였다. 하지만 1990년 석탄 생산이 중단되면서 마을은 퇴락했고 현재는 약 수백 명 정도만 거주하고 있다. 타이완에서 제일 큰 탄광촌을 보존하고자 지난 2005년 타이완 정부에서는 이 지역을 허우통 석탄 박물관원구로 지정해 타이완의 석탄 산업의 역사를 보존하고 있다. 허우통역 주변으로 석탄을 운반하던 다리, 석탄 선별공장 갱도 등이 남아 있으며 이 밖에도 광부 숙소, 일백 계단 등 탄광촌의 모습이 잘 보존되어 있어 반나절 여행코스로도 손색이 없다.

탄광촌의 모습 외에 허우통은 고양이 마을로 더 많이 알려져 있다. 기찻길을 사이에 두고 고양이 마을과 선탁 박물관원구로 나뉘며, 기차역사와 연결된 구름다리를 건너가면 마을 전체가 고양이 마을로 꾸며져 있어 관광객들은 마주치는 고양이의 사진을 담느라 분주하다. 다른 역들은 30분 정도면 모든 걸 둘러볼 수 있을 만큼 작지만 허우통은 고양이들과 시간을 보내다 보면 어느새 다음 기차가 들어오는 1시간이 빠듯하게 느껴질 만큼 시간이 훌쩍 가는 묘한 곳이다. 하지만 그리 바쁘게 서두를 필요가 뭐 있나? 게으른 고양이가 느긋한 잰걸음으로 걷는 허우통이지 않은가.

허우통, 어떻게 돌아보지?

1. 허우통역은 역사가 2층으로 되어 있다. 1920년 루이팡역에서 허우통역 구간이 개통되면서 주변의 루이산 광업의 석탄 선별장까지 철로가 추가되어 루이산에서 생산한 석탄이 전국으로 운반되던 곳이었다.

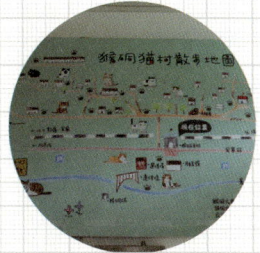

2. 허우통의 간략한 지도가 고양이 그림으로 역사 안에 붙어 있다.

3. 허우통 역사 1층은 상점가와 바로 이어진다.

4. 허우통 역사 안은 온통 고양이로 장식되어 있다.

5. 허우통 기차역과 마주보는 정면에 관광안내소가 있다. (관광안내소 운영시간: 08:00~18:00 전화번호: 02-2497-4143)

6. 관광안내소에는 다양한 종류의 고양이 모양 스탬프가 준비되어 있다.

7. 관광안내소 옆의 비전홀에서는 탄광촌이었던 허우통의 모습이 전시되어 있다. 비전홀 안에는 작은 카페가 있는데 강가 풍경을 바라볼 수 있어 남다른 운치를 느낄 수 있다. (비전홀 운영시간: 10:00~18:00)

8. 석탄선별공장. 허우통에서는 모든 갱에서 가져온 석탄이 이곳에서 세척되고 선별되었다. 현재는 폐건물로 남아 탄광촌 역사의 산 증거가 되고 있다.

9. 석탄운반다리. 지룽강을 가로질러 높이 솟아 있는 다리로, 이 다리를 통해 허우통 기차역까지 석탄을 운반했으며 주민들이 기차역까지 이동하는 통로로도 이용되었다.

10. 허우통 역사와 이어진 구름다리를 건너가면 고양이 마을로 이어진다.

11. 구름다리가 철로를 가로질러 이어져 있다.

12. 구름다리 안에서도 각종 고양이 조형물을 비롯해 진짜 고양이를 만날 수 있다.

13. 고양이 마을에는 다양한 고양이 소품가게를 비롯해 여러 카페가 있다.

14. 싼마오시아푸(三貓小舖). 지붕 위에 대형 고양이 한 마리가 앉아 있다. 고양이를 주제로 한 다양한 기념품을 판매하고 있다. (영업시간: 10:00~17:30 전화번호: 09-8611-6690)

15. 고양이 마을을 걷다 보면 볼 수 있는 나무판자로 만들어진 고양이 집. 고양이들이 추운 겨울을 보내기 위한 곳으로 고양이 마을의 공예가들이 수공품을 판매한 수익의 일부로 유지 관리되고 있다. 특히 프랑스왕가에서 현지 주민들이 고양이를 잘 키울 수 있도록 사료도 지원해주고 있다고 한다.

16. 기차 노선에 따라 허우통에서 타이베이로 바로 가는 열차가 정차하기도 하므로, 루이팡에서 환승할 필요 없이 허우통에서 바로 타이베이 혹은 송산으로 갈 수 있다.

Tip. 고양이 마을 주의사항! 고양이 마을은 주민들이 거주하고 있는 곳으로 마당과 길의 경계가 모호하다 보니 관광객들이 아무 집에나 들어가는 경우가 있는데, 사생활 보호차원에서 주의해야 한다. 특히 이곳의 고양이들은 길고양이가 아니라 모두 주인이 사료를 먹여 키우는 집고양이들로 아무거나 주면 안 된다.

아주 특별한 타이완
일석이조의 여행수단, 타이완 택시투어

택시투어

타이완에서 대중교통을 이용해 타이베이 근교를 여행하는 것은 초보 여행자에게는 무척이나 어려운 일이다. 타이베이 근교 1~2군데를 다녀오는 데 반나절 혹은 하루를 꼬박 할애해야 하는데 어느 곳을 선택하고 어느 곳을 포기해야 할지는 고민이 될 수밖에 없다. 타이완의 경우 타이베이 근교 여행을 위한 택시투어가 매우 활성화되어 있어 택시투어를 이용하면 두 마리 토끼를 한 번에 잡을 수 있다. 유명 관광지마다 투어택시를 어렵지 않게 발견할 수 있고, 택시투어를 이용해 타이완을 여행한 블로거들의 택시투어 이용 후기도 어렵지 않게 찾을 수 있다. 몇몇 개인택시 기사는 여행객들의 입소문을 타고 몇 달 전부터 예약을 하지 않으면 안 될 만큼 인기가 높다.
근교 여행을 위해 대중교통을 이용할 경우 타이베이에서 출발해 기본적으로 1번 혹은 2번 정도는 다른 교통수단으로 갈아타야 한다. 이때 시간을 잘못 맞추면 시간 낭비하기 십상이다. 게다가 아열대성의 기후를 가진 타이완의 더운 날씨마저 더해진다면 여행은 더이상 즐겁기 힘들다. 시원한 에어컨이 나오는 택시를 타고 편안하게 이동하면서 짧은 시간 안에 여러 곳을 볼 수 있다는 것이 택시투어의 큰 장점이다. 게다가 차량 안에 기본적으로 여행지에 대한 한글 자료가 비치되어 있고, 시원한 물과 비가 올 것을 대비해 우산과 우의도 준비되어 있다. 또한 택시 기사가 가이드 역할도 일정 부분 해주기 때문에 근교 여행에 별다른 준비를 하지 않아도 편안한 여행이 될 수 있다. 기사에 따라서는 영어가 능통한 경우도 있고 조금 서투른 경우도 있지만 여행하기에 큰 불편은 없다. 대중교통에 비해 가격은 다소 높은 편이지만 택시투어를 이용한 여행객 대부분이 택시투어에 대해 만족감을 표시할 만큼 장점이 많다. 특히 어린 자녀나 어르신을 동반한 가족이라면 택시투어는 필수라고 해도 과언이 아니다. 또한 택시투어를 이용하는 경우 예약이 필요한 곳(식당 등)의 예약을 대행해주기도 해서 매우 유용하다.

택시투어의 요금은 택시 1대당 요금으로 정해지는데 기본 인원수 4명으로 1/n이 되므로 실제 1인이 부담해야 하는 가격은 생각한 것보다 비싸지는 않다. 1~2인 여행자의 경우 택시 1대 요금을 지불해야 하는 것이 부담된다면 택시투어 커뮤니티를 통해 동행을 구하는 것도 방법이다. 택시투어 요금에는 식사, 입장료, 간식 등의 비용은 포함되지 않는다.

주로 많이 이용하는 근교 여행지로는 예류, 주펀, 핑시, 진과스(수이난통), 양밍산 등이 있다. 또한 동부 지역의 화롄 역시 하루 일정으로 많은 사람들이 택시투어를 이

Tip. 최근에는 택시투어보다 좀더 저렴한 가격으로 예류·지우펀·스펀·진과스 등 타이베이 근교를 하루에 돌아볼 수 있는 버스투어(일명 예진지스 버스투어)도 많이 이용하는 편이다. 버스투어는 여행지에서 머무는 시간의 제약이 있지만 혹시 발생할지 모르는 택시투어의 불미스러운 점을 피하고 택시투어에 비해 가격이 저렴하며 여행지마다 이동하며 일일이 정보를 찾아야 하는 자유여행의 단점을 보완해주기 때문에 큰 인기를 누리고 있다. 대만여행사인 케이케이데이(KKday)를 비롯해 하나투어·인터파크투어 등 여행사는 물론이고 11번가·쿠팡·티몬 등 소셜커머스 등에서 버스투어 예약이 가능하다. 여행사에 따라 한국인 가이드가 함께 동행해 타이완과 여행지에 대해 설명을 진행하기도 한다.

용해 여행한다. 근교 여행지 중 어떤 곳을 여행할지는 자신의 일정·시간·비용 등 고려해서 선택하면 된다. 근교 여행지를 모두 돌아볼 수도 있고 원하는 여행지만을 선택해서 돌아볼 수도 있다. 경우에 따라서는 근교 여행과 타이베이 시내 관광지 중 1~2곳을 맞춤 선택할 수도 있다. 예류, 핑시, 주펀, 진과스는 택시투어 하루 일정으로 모두 돌아볼 수 있으며, 예류를 첫 방문지로 해서 일정을 짜되 나머지 여행지는 순서를 변경해도 무방하다. 주펀과 진과스는 10분 거리에 위치하고 있어서 통상적으로 붙여서 움직인다. 만약 택시투어를 이용해 하루 일정으로 예류, 핑시, 주펀, 진과스를 모두 여행할 예정이라면 시간 계획을 잘 세워야 한다. 각 여행지마다 볼거리가 많고 이동하는 데 시간이 꽤 걸리기 때문에 자칫하다가는 마지막 여행지를 제대로 관람하지 못할 수 있다. 특히 주펀의 경우 수치루에 홍등이 켜지는 것을 보기 위해 맨 마지막 일정으로 잡는 경우가 많은데 주펀의 가게들은 대부분 오후 6시면 문을 닫기 시작하기 때문에 제대로 돌아보려면 늦어도 오후 5시에는 주펀에 도착하는 것이 좋다. 꼭 주펀의 야경을 보지 않아도 된다면 핑시를 가장 마지막 일정으로 잡아도 좋다. 최근 타이완을 방문하는 사람들이 늘어나면서 타이베이 근교 여행을 위한 택시투어 역시 인기가 높아서 1~2달 전에 예약이 마감되기도 하니 택시투어를 생각한다면 예약을 서두르는 것이 좋다.

하지만 최근에는 택시투어의 높은 인기를 반영하듯 우후죽순으로 택시투어 업체들이 생겨나고 있고 영업용 택시가 미터기를 켜지 않고 불법으로 영업하는 택시투어도 성행하고 있다고 한다. 또한 택시투어와 관련해서 민원 발생(추가 비용 요구, 성추행 등)이 증가되고 있는 추세라고 한다. 택시투어 이용을 원한다면 택시의 보험 가입여부 등을 비롯해 믿을 만한 업체인지 꼼꼼히 따져보고 이용자 후기 등을 살펴보고 선택하는 지혜가 필요하다.

다음 카페 대만택시투어: cafe.daum.net/taiwantaxi

대만 여행시 택시기사와 분쟁이 발생할 경우 민원을 제기하는 방법: 공공운수처(公共運輸處) 및 경찰국교통경찰대대(警察局交通警察大隊)에 민원을 제기하면 된다.

민원 제기시 필요사항: '①본인의 성명 ②연락처 및 주소 ③민원제기 대상 차량 번호 ④차량 기사 성명 ⑤분쟁 발생 시간 ⑥민원 제기 사유' 등을 상세하고 확실하게 알려야 한다.

참고 연락처: 타이페이시 공공운수처(臺北市公共運輸處) +886-2-2-2759-2677
타이페이시경찰국 교통경찰대대(臺北市政府警察局交通警察大隊) +886-2-2394-9007, 야간, +886-2-2321-9166
타이페이시 교통국(臺北市政府交通局) +886-2-2725-6888

대만 근교 여행을 위해서는 타이완하오씽(셔틀버스)를 이용하는 것도 방법이다. 타이완 하오씽은 대중교통을 이용해 타이완 각 지역의 유명 관광지에 편리하게 갈 수 있다. 타이완을 동서남북으로 나누어 다양한 타이완 하오씽이 운영되고 있으며 요금이 저렴하고 관광지와 바로 연결된다는 이점이 있다. 타이완하오씽은 각 노선별로 정해진 관광지를 정해진 시간에 맞춰 이동하게 된다. 하루 종일 무제한으로 탈 수 있는 일일권과 편도 요금으로 구성되며 차 내에서 매표를 하면 된다. 가장 인기가 많은 타이완하오씽 노선은 루이팡기차역(瑞芳)에서 출발해 지우펀(九份), 황금박물관(黃金博物館), 쉐이난동(水湳洞) 등을 운행하는 노선인 황금푸롱선(黃金福隆線), MRT단수이(淡水)역에서 출발해 북부해안선을 따라 이동하며 예류(野柳)지질공원, 주밍(朱銘)미술관을 거쳐 기롱(基隆)기차역을 운행하는 황관베이하이안선(皇冠北海岸線), 그리고 MRT무짜역을 출발해 징통(菁桐), 핑시(平溪), 스펀라오제(十分老) 등을 운행하는 무짜핑시선(木柵平溪線)이다. 무짜핑시선은 같은 번호에 스펀행, 핑시행 두 노선이 운행중인데 스펀행은 핑시를 경유하지만 핑시행은 스펀을 경유하지 않으니 유의하자. 타이완하오씽 노선 배차간격 및 시간, 금액은 타이완하오.씽 웹사이트(www.taiwantrip.com.tw/Main/Lang/?redirect=/About/&dang=ko-kr)에서 확인할 수 있다.(한글 제공)

황금푸롱선(856번) 가격: 왕복 1일권 NT$50, 구간 일반요금 대인 NT$15, 학생 NT$12, 아동 NT$8, 교통카드 사용 가능
무짜핑시선(795번) 가격: 전 구간 편도 NT$45, 구간별 요금 징수(구간비용·NT$15), 교통카드 사용 가능
황관베이하이안선(862번) 가격: 왕복 1일권(원데이패스) NT$160(원데이패스 당일 사용횟수 무제한), 구간별 요금 징수(구간 비용 NT$15), 교통카드 사용 가능
타이베이 펀 패스(Taipei Fun Pass) 구입시 당일에 한해 횟수 제한 없이 타이완 하오싱(황관 베이하이안 선, 롱공산바오셴, 베이터우 주즈후선, 무짜핑씨선, 황금 푸롱선), 타이베이 지하철 및 버스(4자리 수번호의 시외 버스 제외)를 이용할 수 있다.

마지막 날,
굿바이 타이베이!

마지막 날,
일정 한눈에 보기

타이베이처잔
타이베이 교통의 중심지

타이베이처잔 臺北車站
룽산쓰 龍山寺
시먼 西門
신푸 新埔
푸중 府中
야둥이위안 亞東醫院
하이산 海山
투청 土城
융닝 永寧
산다오쓰 善導寺
중샤오신성 忠孝新生
중샤오푸싱 忠孝復興
중샤오둔화 忠孝敦化
궈푸지녠관 國父紀念館
스정푸 市政府
융춘 永春
허우산피 後山埤
쿤양 昆陽
난강 南港
난강잔란관 南港展覽館

시먼딩
우리나라 명동 혹은 홍대와 유사한 곳으로 대만 젊은이들이 많이 모이는 곳

아쫑몐셴
숟가락으로 먹는 특별한 곱창 국수

★ 모든 것이 낯설기만 했던 여행의 첫날과 달리 타이완에 어느 정도 적응되고 익숙해질 만하니 어느새 여행의 마지막 날이다. 공항으로 출발하기 전 마지막 여행의 아쉬움을 달래본다. 굿바이 타이베이!

시먼딩 ▶ 아쫑몐셴 ▶ 타이베이처잔역
(시먼역)   (시먼역)

다양한 매력이 넘치는 번화가, 시먼딩

西門町, 서문정

우리나라의 명동 혹은 홍대와 흡사한 시먼(西門)은 타이베이에서 가장 번화한 곳으로 손꼽힌다. 시먼에는 일제강점기에 지어진 타이베이 최초의 극장 시먼훙러우(西門紅樓)가 있고 타이베이 시에서 최초로 형성된 보행자 거리가 있다. 이뿐만 아니라 총 4개의 멀티플렉스 극장과 대형 쇼핑몰을 비롯해 크고 작은 다양한 가게들이 줄지어 있고 길가에는 의류, 패션 소품, 액세서리 등의 좌판이 넘쳐나는 곳이다. 또한 현지식 음식점들도 즐비하고 저녁이면 늘어선 포장마차에서 음식을 즐기는 현지인들도 쉽게 만날 수 있다.

시먼역 6번 출구와 이어지는 한중제(漢中街)는 시먼에서 가장 붐비는 거리다. 주말 저녁이면 시먼의 거리 곳곳에서 이름 없는 아티스트들이 길거리 공연을 펼치며 사람들을 불러 모은다. 시먼은 젊음의 열기가 식지 않는 곳이다.

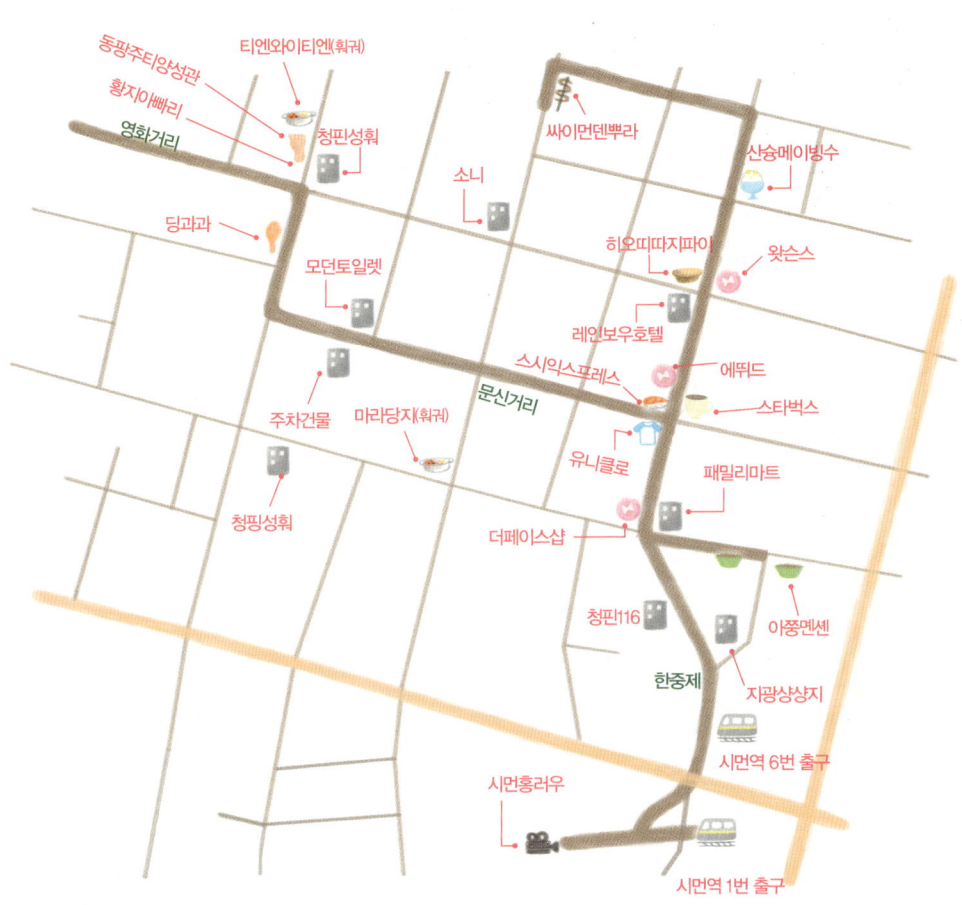

Tip. 시먼을 효율적으로 돌아보기 위해서 시먼역 1번 출구로 나가서 시먼홍러우 관람을 하고 난 뒤 횡단보도를 건너 한중제를 따라 돌아보면 동선이 편리하다. 혹은 반대로 6번 출구로 나가서 시먼딩을 돌아보고 난 뒤 시먼홍러우로 가도 된다.

시먼홍러우 이용 안내

◆ **입장료**: 무료, 월요일 휴관 ◆ **이용시간**: 일~목 11:00~21:30, 금~토 11:00~22:00 ◆ **주소**: 臺北市万华区成都路10号 ◆ **전화번호**: (02) 2311-9380 ◆ **홈페이지**: www.redhouse.org.tw ◆ **구글지도 검색**: 시먼홍러우

> **느낌 한마디**

'한국의 명동 혹은 홍대에 온 것이 아닐까?' 하는 착각이 들었던 시먼딩 거리였다. 우리의 명동성당이 시끌벅적한 명동에서 중심을 잡아주듯 시먼홍러우 또한 그런 곳이었다. 물론 시먼홍러우 역시 내부에는 다양한 기념품 가게가 있었지만 팔각의 붉은 건물이 가진 100년의 아우라에서 최신식 고층빌딩이 가질 수 없는 세월의 품격이 고스란히 느껴졌다. 한중제 쪽으로 발길을 옮겨 타이완을 대표하는 망고빙수 가게 중 세 손가락 안에 손꼽히는 집이라는 산슝메이 빙수집에 도착했다. 이곳이 워낙 명물이라 그런지 바로 옆에 유사한 가게가 경쟁을 벌이고 있는데 간혹 산슝메이 빙수보다 더 많은 줄이 늘어서 있어 어떤 사람들은 그곳을 산슝메이 가게로 착각을 하기도 했다. 그래서인지 산슝메이 빙수집에서는 거리에서 전단지를 나누어주며 호객행위를 하고 있었다. 워낙 명물로 소문난 산슝메이 망고빙수였던지라 좀 특별한 맛을 기대했으나 내 입맛으로는 산슝메이 망고빙수의 맛은 그저 그랬다.

산슝메이를 지나 한 모퉁이 돌았을 뿐인데 이방인들의 발길은 사라지고 타이완 현지인들의 삶의 모습과 정면으로 마주쳤다. CNN에서 다녀간 어묵탕 가게도 있었다. 영어도 통하지 않는 현지인들만 바글바글한 곳이었지만 타이완 사람들이 좋아한다는 어묵탕이니 그냥 지나칠 수는 없었다. 텐부라(甜不辣)는 국물부터 우리나라의 어묵탕과는 완전히 다른 맛이고 러우쭝(肉粽), 러우위안(肉圓)은 입에 맞지 않아 먹기 힘들었다. 하지만 현지인과 이방인이 자연스럽게 어우러지는 시먼딩은 참 오묘한 곳이란 생각이 들었다.

시먼딩, 어떻게 돌아보지?

1. 시먼훙러우는 팔각형의 모양으로 1908년에 완공되었다. 사방팔방에서 사람들이 모여들기를 기원한다는 뜻을 담아 '팔괘' 구조로 설계했으며 주 건물은 십자형 구조로 되어 있다.

2. 시먼훙러우 앞의 훙러우 광장에서는 주말과 휴일에 젊은 예술가들이 자신의 작품을 선보이는 벼룩시장이 열린다.

3. 훙러우 광장 뒤쪽으로 가볍게 맥주 한잔을 즐길 수 있는 노천 광장이 있다.

4. 시먼훙러우의 입구다. 단층에서 1945년 2층으로 개조되면서 경극이나 오페라 극장으로 이용되다가 2009년부터 전시 및 공연 장소로 활용되고 있다.

5. 입구와 이어지는 1층에는 커피 전문점과 식음료를 판매하는 곳이 있다.

6. 입구 안쪽으로 시먼훙러우와 시먼딩의 역사를 보여주는 전시품을 볼 수 있다.

7. 창이스리우공팡(創意16工房). 디자인 타이베이를 위한 정부의 지원 아래 문화 창작의 꿈을 키울 크리에이티브 부티크(Creative Boutique)를 표방하며 입주 브랜드들의 전시와 판매가 이뤄진다.

8. 팔각루와 이어지는 십자루 1층과 2층에는 아이디어가 참신한 디자인 제품들을 만날 수 있다. 독특하고 아이디어가 넘치는 다양한 디자인 상품을 구경하다 보면 어느새 지갑을 열게 된다.

9. 시먼역 6번 출구 앞 광장은 주말 저녁이면 인디밴드들의 공연이 열려 젊은이들의 열기를 고스란히 느낄 수 있는 곳이다.

10. 시먼딩의 명물 지광샹샹지(繼光香香雞). 튀기는 순간 바로 팔려나가는 유명한 치킨집으로 치킨너겟과 버섯튀김이 인기 메뉴다.

11. 문신거리. 한중로 대로변에 위치한 유니클로 골목으로 들어가면 타투가게가 몰려 있는 문신거리가 있다. 개방된 가게 안에는 타투를 시술받고 있는 사람들의 모습을 볼 수 있다.

12. 타이베이 제1의 야시장인 스린 야시장에서 가장 유명한 것은 바로 지파이. 굳이 스린 야시장을 가지 않고도 시먼딩 하오따따 지파이(hot star, 豪大大雞排)에서 지파이를 맛볼 수 있다.

13. 지파이는 닭고기를 튀긴 것으로 바삭해 그 맛이 일품으로 얼굴만 한 크기를 자랑한다.

14. 산슝메이 빙수집이다. (영업시간: 10:00~23:00 주소: 臺北市萬華區漢中街23號 전화번호: (02) 2381-2650)

15. 산슝메이 망고빙수 (구글지도 검색: 삼형매빙수)

16. 시먼딩의 출입구에서 왼쪽으로 꺾어 걸어가면 현지인들이 주로 이용하는 음식점들이 아케이드를 따라 줄지어 있다.

17. 사이먼텐부라(賽門甜不辣)의 텐부라는 CNN에서 타이완 사람들이 꼭 먹는 음식 40가지 중 하나에 선정된 대중적인 음식이다. (영업시간: 10:30~22:00 주소: 台北市萬華區西寧南路95號 전화번호: (02) 331-2481)

18. 사이먼텐부라 내부는 소박해 보이지만 유명 인사들과 함께 찍은 사진들이 한쪽 벽을 장식하고 있을 만큼 매우 유명하다.

19. 왼쪽부터 텐부라, 러우쭝, 러우위안이다. 러우쭝은 찹쌀에 고기, 대추, 밤 등의 재료를 넣고 야자수 잎으로 싸서 찐 음식이다. 러우위안은 쫄깃한 피에 고기 등을 넣어서 만든 것이다.

20. 1958년부터 영업한 사이먼 텐부라의 텐부라는 생선 뼈를 고아서 만든 담백한 육수에 다양한 종류의 어묵과 함께 직접 만든 소스를 곁들이는 것이 특징이다.

21. 모던 토일렛(Modern Toilet Restaurant) 시먼딩점. 화장실 인테리어를 본 딴 이색 레스토랑. 식기까지도 변기 모양이니 비위가 좋다면 도전해보자. [영업시간: 평일 11:30~22:00(주말 11:00부터), 주소: 台北市萬華區西寧南路50巷7號2樓, 전화번호: (02) 2311-8822, 홈페이지: www.moderntoilet.com.tw]

Tip. 발마사지 원조의 나라인 타이완. 타이베이 시내에는 여러 군데의 발마사지 거리가 있으며 시먼딩 역시 여러 군데의 마사지가게가 있다. 이 중 우리나라 사람들에게 가장 많이 알려진 마사지가게는 황지아빠리(皇家峇里), 동팡주티양성관(東方足體養生館)이다. 우리나라 사람들이 많이 찾는 만큼 한글 안내장은 물론이고 직원들도 아주 간단한 한국어 정도는 구사하는 편이다. 또한 2군데 모두 한국 가이드북에 소개된 곳으로 가이드북을 이용해 야외 배너광고로 홍보를 하고 있을 정도다. 2군데 모두 가격은 동일하며 마사지 서비스도 큰 차이는 없는 편이다. 한국 사람들이 많이 이용하는 만큼 시먼딩의 다른 마사지가게에 비해 한국 사람들이 만족할 만한 스타일이다.

숟가락으로 먹어야 하는 면,
아쫑멘셴

阿宗麵線, 아종면선

타이완 여행중에 하루 한 끼는 면 종류로 식사를 한다고 해도 타이완 면 요리의 극히 일부만 맛볼 수 있을 정도로 타이완에는 다양한 종류의 면 요리가 있다. 온통 젊은 사람뿐인 시먼딩에서 남녀노소와 민족에 상관없이 모두 함께 어울려 국수 한 그릇을 서서 후루룩거리며 먹을 수 있는 곳이 있으니, 바로 아쫑멘셴이다.

주인인 린밍쫑(林明宗)의 이름을 간판으로 내세운 아쫑멘셴은 1975년에 문을 열었다. 아쫑멘셴의 메뉴라고는 가는 면발의 국수 단 하나뿐이고 가격도 매우 저렴한 편이다. 국수의 양만 큰 것과 작은 것의 2가지 중 하나로 선택하면 된다. 아쫑멘셴의 면은 젓가락이 아니라 숟가락으로 떠먹어야 할 만큼 면발이 매우 가늘다. 걸쭉한 국물에 가는 면과 곱창이 어우러지는데 곱창의 쫄깃쫄깃 씹히는 맛이 일품이다. 건물의 아케이드 한쪽에 자리하고 있는 아쫑멘셴은 앉을 자리가 부족하기 때문에 주문한 국수를 받아 들고 적당한 자리를 찾아 서서 먹어야 할 만큼 서민적인 곳이다. 이렇게 불편한데도 이 국수 한 그릇을 먹기 위해 이곳은 언제나 사람들로 넘쳐난다. 타이완뿐 아니라 우리나라 케이블 방송에서도 아쫑멘셴이 소개되었을 만큼 시먼딩의 유명세를 높이는 데 일조하고 있는 곳이다.

아쫑멘셴 이용 안내

◆ **이용시간:** 09:00~23:00 ◆ **주소:** 臺北市萬華區峨眉街8之1號 ◆ **전화번호:** (02) 2388-8808 ◆ **가격:** 큰 것 NT$70, 작은 것 NT$55, 칠리소스 NT$140 ◆ **구글지도 검색:** 아종면선 본점

느낌 한마디

노점으로 시작해서 우리나라에까지 유명해진 아쫑멘셴에 가보고 그 명성에 비해 초라한 모습에 조금 당황스러웠다. 아쫑멘셴에는 앉을 자리가 부족해서 국수를 서서 먹어야 했다. 간이 이용 의자가 있기는 했지만 노약자 표시가 있어 앉기에는 왠지 좀 부담스러웠다.
아쫑멘셴에는 메뉴가 한 가지밖에 없으니 무엇을 먹을지 고민할 필요는 없다. 곱창 특유의 냄새가 있어 다소 부담스럽게 느껴지기는 하지만 쫄깃한 것이 그리 나쁘지는 않았고, 실처럼 가는 면발은 후루룩 소리를 절로 내게 만든다. 현지인들과 이방인들이 국수 한 그릇을 받쳐 들고 후루룩 후루룩 소리를 내며 먹는 모습에 타이완 특유의 맛과 향이 이런 것인가 싶었다.

아쭝몐셴,
어떻게 가야 할까?

1. 시먼역 6번 출구로 나온다.

2. 정면에 보이는 쇼핑몰 옆으로 시먼딩 출입구가 있는데 이 거리가 한중제다.

3. (좌) 한중제를 따라 직진한다.
   (우) 가다 보면 더페이스샵이 보이는 광장에 도착한다.

4. (좌) 광장에서 편의점이 보이는 오른쪽 방향의 골목길로 들어간다.
   (우) 약 1분 정도 걷다 보면 오른쪽에 아쭝몐셴 간판이 보인다.

아쫑몐셴,
어떻게 주문하지?

조리 과정을 그대로 볼 수 있다.

뒤쪽으로는 소스를 넣는 곳이 있다. 취향에 따라서 칠리 소스, 마늘 소스, 식초 소스 중에 선택할 수 있다.

가는 면발에 곱창이 들어간 진한 국물의 국수. 평소에는 샹차이(香菜)가 향신료로 곁들여지는데 태풍 등으로 샹차이 가격이 폭등하면 주청타(九層塔) 등의 다른 채소가 사용되기도 한다.

아케이드에서 사람들이 각자 국수 한 그릇씩을 받아 들고 서서 먹는 진풍경이 벌어진다.

뷔페식으로 즐기는 타이완 훠궈,
티엔와이티엔

天外天, 천외천

타이완에서 꼭 먹어 봐야 할 음식 중 하나인 훠궈는 우리나라에서와 달리 뷔페식으로 제공된다. 또한 냄비를 반으로 나누어 서로 다른 육수가 제공되는 위안양궈(鴛鴦鍋)는 한 번에 2가지 맛을 즐길 수 있다. 시먼딩에는 우리나라 사람들에게 훠궈로 유명한 티엔와이티엔과 마라딩지(馬辣頂級)가 있다. 이 중 티엔와이티엔의 경우 한국인의 입맛에 딱 맞는 김치육수가 있으며 김치 또한 반찬으로 제공되고 있어 인기가 높다. 따라서 육수를 선택할 때 한 가지는 김치육수를, 다른 한 가지는 기호에 따라 매운 맛이 강한 마라탕이나 맑은 육수 등을 선택하면 무난하다. 주문하는 방법은 먼저 육수의 가짓수를 선택한 다음 육수의 종류를 선택하고 마지막으로 고기의 종류를 선택하면 된다. 고기의 종류는 소고기, 돼지고기, 양고기, 닭고기, 오리고기의 총 5종이 있으며 이 중 3가지를 선택하면 되는데 소고기, 돼지고기, 양고기 등이 가장 무난하

1. 입구 2. 뷔페식으로 제공되는 각종 야채 3. 2가지 육수를 맛볼 수 있는 위안양궈 4. 3종류의 고기가 무한정 제공된다. 5. 다양한 열대 과일 6. 가장 인기가 많은 하겐다즈 아이스크림

다. 고기는 직원을 통해 직접 추가하면 되고 무한정으로 제공된다. 또한 각종 채소, 해산물, 과일, 디저트, 주류, 하겐다즈 아이스크림까지 모든 메뉴가 무제한으로 제공되지만 2시간의 시간 제한이 있다. 모든 메뉴판에는 한글이 표기되어 있어 주문이 어렵지 않으며 부가세 10%가 추가된다.

티엔와이티엔 이용 안내

◆ 이용시간: 평일 점심(11:30~16:00) NT$509, 평일 저녁(16:00~03:00) 및 주말(11:30~03:00) NT$589, 아동 NT$259(다만 부가세 10%는 별도) ◆ 주소: 台北市昆明街76號2樓 ◆ 전화번호: (02) 2314-0018 ◆ 홈페이지: www.tianwaitian.com.tw ◆ 구글지도 검색: 천외천정치화과

알고 보면 정말 쉽다, 타이베이처잔역

台北車站, 태북차참

타이베이에서 타이베이처잔역은 여행자가 가장 많이 방문하는 곳이다. 그런데 타이베이처잔역은 복잡해도 너무 복잡하다. 그도 그럴 것이 이곳은 지하철 MRT 단수이셴과 반난셴이 교차하고, 일반열차인 TRA와 고속열차인 THSR 기차역이 2개나 있으며, 시외버스를 타는 버스 정류장도 여러 곳이므로 그야말로 타이베이 모든 교통의 집약처라고 할 수 있다. 게다가 공항버스도 타이베이처잔역에서 타고 내리기 때문에 매우 복잡하다.

사정이 이러하다 보니 타이베이처잔역은 타이베이 시민들과 여행자들이 뒤섞여 하루 동안 상상을 초월하는 유동 인구가 오간다. 이렇듯 사람도 많고, 시설도 여러 곳이 집약되어 있어서 여행자들은 이곳에서 십중팔구 한 번쯤은 방향감각을 상실하는 경험을 하게 된다.

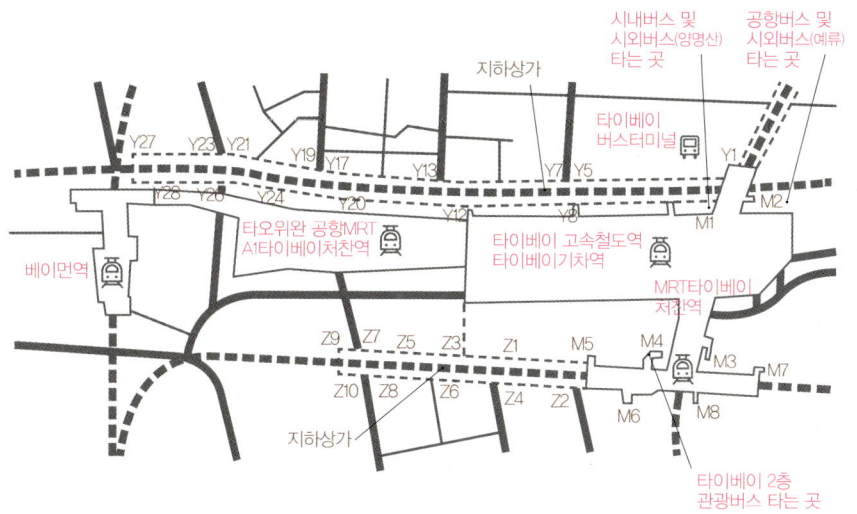

하지만 미로처럼 얽히고설킨 이곳도 알고 보면 이용하기 편리하고 매우 쉬운 편이다. 또한 워낙 넓다 보니 다양한 가게와 레스토랑, 우체국 등 다양한 시설이 많아서 다른 지하철역에는 없는 이곳만의 특별한 매력을 갖고 있다. 참고로 타오위완 공항철도 MRT의 경우 타이베이처잔역(台北車站)과 베이먼역(北門站) 모두 연결되니 자신의 숙소 위치를 감안해 지하철역을 결정하면 된다.

처음 타이베이처잔역에서 받았던 인상은 한마디로 '황당하다.'였다. 지하철 MRT, 기차역, 시외버스터미널이 모두 한곳에 있다 보니 여행자의 눈에는 헷갈리고 복잡했다. 지하철 MRT 타이베이처잔역 개찰구를 나와 타이베이 고속철도역 메인 홀을 바로 앞에 두고도 못 찾아서 헤매야 했고 타이베이 고속철도역에 위치한 2층 브리즈센터를 못 찾아서 또 헤매야 했다. 이건 뭐 눈 뜬 장님도 아니고 정말 나를 미치게 하는 타이베이처잔역이었다. 결국 타이완 동부 화롄행 기차 타는 곳을 못찾아 기차를 놓칠까 봐 전날 저녁에 예행연습을 해야 했다. 이렇게 몇 번 헤매고 나니 그제서야 타이베이처잔역이 비로소 훤하게 들어왔다. 그런데 그렇게 한 번씩 헤맬 때마다 색다른 곳도 하나씩 발견했으니 꼭 나쁜 것만은 아니었다. 인생 만사 하나도 버릴 경험은 없다고 하더니 허허실실로 여유로운 마음이야말로 여행자가 가져야 할 첫 번째 마음가짐이 아닌가 싶다.

타이베이처잔역,
어떻게 가야 할까?

1. MRT 타이베이처잔역에서 HSR 고속철도, 타오위완 공항철도 MRT, 타오위완 공항버스, 버스터미널이 모두 연결된다.

2. 타이베이 고속철도역 메인 홀은 지하철 타이베이처잔역 어느 출구로 나오든 상관없이 'MRT Taipei Main Station' 표지판을 따라가 'Station Hall' 표지판의 처잔다팅(車站大廳) 타이테서우퍄오추(台鐵售票處)를 따라 계단을 올라가면 된다.

3. (좌) 1층의 오른쪽 기둥 사이로 들어간다.
(우) 타이베이처잔역 메인 홀이 나온다. 화롄행 기차표를 구매하거나 예매한 표를 찾는 곳이다.

4. 타이베이처잔역 관광안내소가 매표소 왼쪽 옆에 위치하고 있다.

5. 지하철 타이베이처잔역 M5번 출구에 관광안내소가 표시되어 있는데 바로 이곳이다.

타이베이처잔역, 어떻게 돌아보지?

> **Tip.** 타이베이처잔역의 경우 워낙 출구가 많아서 길을 헤매지 않으려면 표지판을 보고 따라가야 된다. 지하철을 이용할 경우라면 MRT 표지판을 따라가면 되고 기차를 이용할 경우라면 TRA 표지판만 따라가면 된다.

1. 타이베이처잔역 메인 홀에 일반열차인 TRA매표소와 여행안내센터가 있다.

2. 이 메인 홀을 둘러싸고 1층과 2층에는 브리즈센터의 푸드코트가 있다.

3. 네모난 메인 홀 4군데 가장자리에는 모두 2층으로 올라가는 계단과 에스컬레이터가 있다.

4. 생각 이상으로 규모가 크며 다양한 종류의 가게가 있다.

5. 브리즈센터 1층에는 기념품과 다양한 샤오츠 가게들이 입점해 있다. 깜찍한 캐릭터 케이크가 눈길을 끈다.

6. 브리즈센터 2층에는 다양한 음식점이 있다.

7. 간단하게 기차에서 먹을 수 있는 철도 도시락을 판매한다.

8. 타이베이처잔역 메인 홀의 고속철도 HSR매표소 (지하 개찰구에도 매표소가 있다.)

9. 지하 1층에는 고속철도 및 일반철도 승강장이 위치한다.

아주 특별한 타이완 01.
철도 기념품 가게, 타이베이제원(臺北捷運 商品館, 태북첩운 상품관)

타이베이제원 기념품 가게

타이완에서 특별한 기념품을 원하거나 여행지에서 미처 선물을 구매하지 못했다면 타이베이 지하철을 테마로 한 기념품은 어떨까? 지하철 노선이 그려진 종이컵, 지하철 모형, 타이베이 지하철 로고가 있는 인형, 열쇠고리, 타이베이 지하철 로고가 새겨진 가방과 셔츠 등 정말 다양한 상품이 있다. 타오위안 공항버스를 타러가기 전에 타이베이제원 기념품 가게에 들러 타이완 여행을 추억해보자.

타이베이제원 기념품 가게 이용 안내

◆ **이용시간:** 08:30~22:30 ◆ **주소:** 臺北市中山北路2段48巷7號 24小時客服專線 ◆ **전화번호:** (02) 2511-5003
◆ **홈페이지:** www.metro.taipei/Default.aspx ◆ **가는 방법:** MRT 타이베이처잔역 M3출구 방향으로 향하다가 계단을 내려간 다음 계속 직진하면 오른쪽에 위치한다. ◆ **구글지도 검색:** Taipei MRT merchandise shop

타이베이제원 기념품

01

02

03

04

05

06

01〉 지하철 역사에 있는 타이베이제원 기념품 가게 | 02〉 다양한 열쇠고리 | 03〉 귀엽고 앙증맞은 캐릭터 인형들 | 04〉 아이들에게 인기 만점인 지하철 모형 장난감 | 05〉 타이베이제원 기념품들 | 06〉 타이베이 로고가 들어간 기념품이 많다.

아주 특별한 타이완 02.
타이완 원주민이 생산한 기념품, 타이완하오, 띠엔(臺灣好, 店, 대만호, 점)

타이완하오, 띠엔

타이완 여행을 기념하기 위한 다양한 기념품이 있지만 타이완 원주민의 문화와 생활이 고스란히 담긴 제품들이야말로 가장 의미 있는 기념품일 것이다. 2009년에 문을 연 타이완하오, 띠엔(臺灣好, 店)은 타이완 각 지역의 주민이나 원주민이 생산한 제품을 판매하고 있는 공정무역 가게다. 대만 각지에서 그들이 생산한 약 1천여 개의 수공예품을 취급하고 있으며 조금이나 대만 원주민의 다양한 문화를 엿볼 수 있는 곳이다. 1층과 2층의 공간에는 각종 소품, 목공제품, 패브릭, 비누, 가방, 액세서리, 도자기류 및 지역 특산품 등 다양한 수공예품을 판매하고 있으니 좀더 특별한 기념품을 원한다면 타이완하오, 띠엔으로 가보자.

타이완 원주민의 문화와 생활이 담긴 기념품들

타이완하오, 띠엔 이용 안내

◆**영업시간**: 12:00~21:00 ◆**휴일**: 월요일 ◆**주소**: 台北市南京西路25巷18-2號 ◆**전화번호**: 02-2558-2616 ◆**홈페이지**: www.lovelytaiwan.org.tw ◆**가는 방법**: MRT 중산역(中山站) 4번출구에서 대로변을 따라 200m 직진 혹은 중산역과 연결된 중산지하가 R7번출구에서 대로변을 따라 50m 직진 ◆**구글지도 검색**: Lovely Taiwan

PART 3 꽃보다 타이완,
타이베이 카페 스토리

스타벅스 콘셉트 스토어,
스타벅스 맹갑점

星巴克 艋舺門市, 성파극 맹갑문시

우리나라는 물론이고 세계 어느 곳에나 흔한 스타벅스. 그래서 스타벅스는 해외여행중에 일부러 찾아가야 할 카페는 아니다. 하지만 스타벅스 콘셉트 스토어라면 이야기는 달라진다. 스타벅스 콘셉트 스토어는 원조인 시애틀에서 벗어나 해당 도시만이 가지고 있는 고유한 문화를 자연스럽게 녹여내며 스며든다. 그래서 어떤 여행자는 세계 각국의 스타벅스 콘셉트 스토어만 찾아다니기도 한다. 타이베이에는 옛날 건물 전체를 스타벅스 콘셉트 스토어로 꾸민 곳이 몇 군데 있는데 룽싼스 근처에 위치한 스타벅스 맹갑점(星巴克 艋舺門市) 역시 그런 곳이다. 이곳은 1935년에 지어진 완화린씨 고택(萬華林宅)으로 1층과 2층은 카페고 3층과 4층은 린씨의 개인 공간으로 사용되고 있다. 고택 자체가 문화재라 스타벅스 콘셉트 스토어가 되기까지 약 2년이라는 시간이 걸렸다. 덕분에 100년 가까이 된 고택의 모습을 그대로 재현하고 있으며 곳곳에는 옛날에 사용했던 소품들도 그대로 진열되어 있어 특별한 기분을 느낄 수 있다. 특히 진공 여과방식을 사용해 물이 담긴 플라스크를 가열한 증기압으로 뜨거운 물이 커피가루가 담긴 용기로 이동해 커피를 추출하는 사이폰 커피(虹吸式咖啡)를 맛볼 수 있는 몇 안 되는 곳 중 하나다.

스타벅스 맹갑점 이용 안내

◆**영업시간**: 평일 07:00(주말 08:00)~21:30   ◆**주소**: 台灣台北市萬華區西園路一段306巷24號   ◆**전화번호**: 02-2302-8643   ◆**홈페이지**: http://www.starbucks.com.tw/   ◆**가는 방법**: MRT 룽싼스역 2번출구로 나오자마자 좌회전 후 대로변을 따라 도보로 300m 직진하면 된다.   ◆**구글지도 검색**: STARBUCKS BangKa Store

01

02

01> 100년이 다 되어가는 고택을 개조한 곳이다. | 02> 사이푼 커피를 추출하는 과정을 직접 볼 수 있다.

유기농 차와 따뜻한 음악,
촨먼즈차관

串門子茶館, Stop By Tea House

차(茶) 종주국인 중국에서 타이완의 차를 수입할 만큼 타이완은 명실공히 '차의 나라'라고 할 수 있다. 촨먼즈차관은 주인이 직접 차 농장을 운영하고 관리하는 한편, 농약을 쓰지 않는 친환경 유기농으로 키운 찻잎을 사용하고 있다. 이곳은 차뿐만 아니라 다양한 찻잔과 차기들을 갖추고 있는데, 이런 다기 역시 화학제품은 사용하지 않는다. 진쉔(高山金萱), 동방메이런(東方美人), 동딩후롱우이(冻顶乌龙回), 간요위윈(甘有余韵) 등 각종 명차를 선보이고 있다. 이 중에서도 동방메이런, 진쉔, 동딩우롱차(凍頂烏龍)를 차게 해서 한꺼번에 맛볼 수 있는 칭춘찬췐(靑春三泉)은 가장 인기가 많다. 참고로 동방메이런의 원래 이름은 바이후우롱차(白毫烏龍茶)지만 영국의 엘리자베스 1세 여왕이 이 차를 마시고 탁월한 맛에 반해 '동방의 미인(東方美人)'이란 별칭을 붙이면서 정식 이름보다 오히려 별칭으로 더 유명하다. 촨먼즈차관은 평소에는 1층만 영업하는데 매월 마지막 주 일요일 저녁에는 지하 차실에서 '취슈이리우시앙(曲水流觴)', 일명 비파파티가 열린다. 흡사 경주 포석정이 연상되는 찻길을 따라 찻잔이 떠다니고 전통 악기인 비파를 연주하는 음악회를 겸하고 있어 매우 특별한 느낌을 자아낸다. 하지만 아쉽게도 평소에는 개방하지 않는다. 명차 외에도 중국식 디저트를 함께 맛볼 수 있다.

챤먼즈차관 이용 안내

◆ 영업시간: 13:00~21:00(비파파티는 매월 마지막 주 일요일 저녁)　◆ 칭춘찬췐 가격: NT$190　◆ 비파파티 가격: NT$600(인원 한정으로 예약 필수)　◆ 휴무: 수요일　◆ 주소: 台北市大安區麗水街13巷9號1樓　◆ 전화번호: (02) 2356-3767　◆ 페이스북 페이지: http://www.facebook.com/stopbyteahouse　◆ 가는 방법: 융캉제 지도(171쪽) 참조
◆ 구글지도 검색: Stop By Tea House

01

02

03

04

01〉입구 모습 | 02〉칭춘찬췐과 윈도우좌니췐(芸豆棗泥捲) | 03〉3가지 명차를 한꺼번에 시원하게 맛볼 수 있는 칭춘찬췐 | 04〉지하 차실 취슈이리우시앙

복합 문화공간,
타이베이즈지아(타이베이필름하우스)

光點台北(台北之家), SPOT-Taipei Flim House

'도심의 문화 오아시스'라고 불리는 중산(中山)일대에서 가장 눈에 띄는 곳은 타이베이즈지아(타이베이필름하우스)다. 1926년에 건축되어 100살이 다 되어가는 이 건물은 한동안 미국 대사관의 관저로 사용된 곳으로, 순백색의 고딕풍 양식이 발길을 붙들기에 충분하다. 이곳이 처음부터 인기가 많았던 것은 아니었다. 1979년 타이완이 미국과 단교 후 건물만 남겨졌고 이후 관리가 되지 않아 폐허처럼 방치되던 공간이었다. 그렇게 버려졌던 공간이 영화감독이자 타이완 영화문화협회 이사장이었던 허우샤오시엔이 관리를 맡게 되면서 예술영화 상영, 레스토랑, 기념품가게 등이 한데 모인 복합 문화공간으로 탄생하게 되었고 인기를 누리게 되었다. 대사관의 응접실, 사무실 등을 개조해 1층에는 기념품가게와 카페 뤼미에르가 있고 2층에는 영화관이 있다. 허우샤오셴 감독은 영화 〈비정성시〉를 연출한 감독이다. 〈비정성시〉

는 제46회 베니스국제영화제에서 최우수 작품상을 수상했다. 그런 감독의 업적을 기리듯 허우샤오셴 감독의 영화 중 하나인 〈카페 뤼미에르〉를 카페 이름으로 사용하고 있다. 영화는 하루에 약 7회 정도 상영되며 상영시간은 조금씩 바뀐다. 영화 상영시간은 홈페이지에서 확인이 가능하다.

타이베이즈지아 이용 안내

◆ **카페 영업시간**: 10:00~21:00, 금요일 및 토요일의 경우 영업시간 24:00로 연장가능(예약가능) ◆ **기념품가게 영업시간**: 일~목 10:30~22:00, 금~토 10:30~22:30 ◆ **휴무**: 2달에 한 번 휴무(홈페이지 공지) ◆ **주소**: 台北市中山北路2段18號 ◆ **전화번호**: (02) 2562-5612 ◆ **홈페이지**: www.spot.org.tw ◆ **가는 방법**: 중산역 3번출구에서 나와 왼쪽으로 직진하다가 교차로에서 좌회전한 후 직진하면 왼편에 위치한다.(도보로 3분 이내) ◆ **구글지도 검색**: 타이베이 필름하우스

01

02

03

04

01〉 입구 | 02〉 카페 뤼미에르 | 03〉 블루베리 베이글과 샐러드(가격에 부가세 10% 별도) | 04〉 기념품가게로 타이완 영화감독의 DVD도 구매가 가능하다.

주걸륜이 운영하는 카페,
MR. J 이파추팡

Mr.J 義法判房北醫店

우리나라에서 선풍적인 인기를 끌었던 타이완 영화 〈말할 수 없는 비밀〉. 이 영화 때문에 타이완에 가보고 싶다는 사람들도 있을 정도다. 저우제룬(주걸륜)은 타이베이 시내에 자신의 영문 이니셜을 딴 'MR. J'를 비롯해 몇 군데의 레스토랑을 운영하고 있는데 저우제룬이 운영한다는 사실만으로도 화제다. 그 중 타이베이 의과대학교 캠퍼스 안에 위치한 MR. J 이파추팡은 들어서는 순간 영화 속 공간에 머물고 있는 느낌을 자아낸다. 영화에서 소품으로 사용되었던 피아노와 악보, 그리고 마지막 장면에 등장해 영화의 비밀에 대한 실마리를 제공하는 '글씨가 쓰인 책상'이 이곳에 있기 때문이다. 그뿐만 아니라 이 영화 한 편으로 타이완 음악계에서 '진취지앙(金曲獎)'을, 영화계에서 '진마지앙(金馬獎)'을 수상했는데 그 트로피도 전시되어 있다. 영화가 개봉한 지 꽤 되었지만 아직도 영화를 사랑하는 사람들의 발길은 끊이지 않는다. 이탈리아 음식과 함께 가벼운 디저트와 차를 즐길 수 있다. 오후 3시부터 5시까지 케이크와 음료수가 세트 메뉴로 구성되어 판매되며, 추가 요금을 부담한 후 음료수를 다른 메뉴로 교환 가능하다. 부가세 10%는 별도다.

MR. J 이파추팡 이용 안내

◆ 영업시간: 11:30~22:00(마지막 주문 21:30)　◆ 주소: 台北市吳興街250號(台北醫學院學校內)　◆ 전화번호: (02) 2377-9090　◆ 홈페이지: www.mrj-tw.com　◆ 가는 방법: 스정푸역 2번 출구에서 타이베이 의학대학교(臺北醫學大學)행 무료 셔틀버스 혹은 일반 시내버스를 이용　◆ 구글지도 검색: Mr Jay French And Italian Restaurant

01

02

03

04

01〉 스정푸역에서 출발하는 타이완 의과대학행 무료 셔틀버스 | 02〉 MR. J레스토랑이 있는 의과대학 건물(본관에서 도보로 약 3분 거리에 위치) | 03〉 영화에서 실마리를 제공하는 '글씨가 쓰여진 책상'은 2층 화장실 앞에서 볼 수 있다. | 04〉 케이크와 라떼 오후 세트메뉴

타이베이 원조의 쩐주나이차가 있는 곳,
춘수이당 송옌뎬

春水堂 松菸店

우리나라에서 버블티로 불리는 쩐주나이차는 타이완에서 꼭 먹어야 하는 음료다. 1983년 문을 연 춘수이당은 따뜻한 차를 마시던 것이 일반적이던 시절 전통차에 얼음을 넣는 판매전략으로 개업하자마자 큰 인기를 얻었다. 춘수이당을 대표하는 음료이자 타이완의 국민 음료라고 해도 좋을 쩐주나이차(珍珠奶茶)도 알고 보면 우연의 산물이라고 한다. 제품개발을 담당하던 직원이 타피오카를 차가운 밀크티에 빠뜨린 것이 계기가 되어 오늘날의 쩐주나이차가 탄생하게 된 것이다. 쩐주나이차라는 이름도 '타피오카가 흑진주처럼 보인다(珍珠茶).'라는 의미를 담고 있다. 쩐주나이차 외에도 다양한 종류의 차와 간단한 식사도 가능하다. 쩐주나이차를 주문하는 방법은 먼저 크기를 선택한 다음 원하는 당도를 선택하면 된다. 당도는 0%, 30%, 50%, 80%, 100% 중 정하면 된다. 본점이 있는 타이중 외에도 타이베이를 비롯한 타이완 곳곳에서 춘수이당 지점을 볼 수 있으며 그 외 타오위안국제공항과 송산국제공항에도 입점해 있다. 쩐주나이차가 조금 지겹다면 파오모홍차(泡沫紅茶), 관인지시앙(觀音秸祥)도 괜찮다. 본점은 타이중(台中)에 있다.

춘수이당 송옌뎬 이용 안내

◆**송옌점 영업시간:** 11:00~22:00 ◆**주소:** 台北市信義區菸廠路88號3樓(松菸店) ◆**전화번호:** (02) 6639-8957 ◆**홈페이지:** chunshuitang.com.tw ◆**가는 방법:** 송산문화지구 청핀성훠 3층에 위치 ◆**기타:** 타이베이 시내 곳곳에서 춘수이당을 지점을 쉽게 만날 수 있다.

01

02

03

04

01〉 고풍스러운 인테리어 | 02〉 쩐주나이차와 관인지시앙 | 03〉 파오모홍차 | 04〉 중국식 짜장면 공푸몐(功夫面)

와플이 맛있는 브런치카페,
멜란지카페 1호점

米朗琪咖啡館, 미랑기가배관

타이페이의 중산거리는 맛집과 카페들이 몰려 있어 항상 현지인들과 여행객들로 북적이는 곳이다. 그 중에서도 멜란지카페는 언제나 긴 줄이 늘어서 있어 대기표까지 받으면서 기다려야 할 정도로 인기 있는 곳이다. 무엇보다 오너가 커피 무역업을 하고 있어 질 좋은 커피를 맛볼 수 있는 곳으로 알려져 있다. 이곳의 인기메뉴는 13시간에 걸쳐 내리는 더치커피(冷滴咖啡)다. 더치커피는 저온이나 상온에서 오랜 시간 커피가루에서 원액을 우려내는 방식으로 일반 커피보다 향이 진하다는 평가를 받는다. 카페 안쪽에는 더치커피를 내리는 모습을 볼 수도 있다. 또한 딸기 와플은 소위 '비주얼 깡패'라고 불릴 정도로 먹음직스러워 인기가 많고, 커피나 와플 외 다양한 피자, 샐러드 등의 디저트들도 맛있는 편이다. 차 종류도 인기가 많다. 1인당 최소 주문 금액은 NT$100이며 디저트 주문시에도 반드시 1인 1차를 주문해야 하고

10% 부가세는 별도다. 골목의 앞쪽으로 멜란지카페 2호점이 있는데 늘 사람들로 북적이는 1호점보다 좀더 차분하고 조용한 분위기다.

멜란지카페 이용 안내

◆**영업시간**: 07:30(휴일은 08:30)~22:00 ◆**주소**: 台北市中山區中山北路二段16巷23號1樓 ◆**전화번호**: 02-2567-3787 ◆**홈페이지**: www.facebook.com/MelangeCafe ◆**페이스북**: www.facebook.com/MelangeCafe
◆**가는 방법**: MRT 중산역(中山站) 4번출구로 나온 다음 정면 좌측으로 액세서리 숍인 스테이리얼(STAYREAL)이 보이는 골목으로 직진하면 바로 보인다. ◆**구글지도 검색**: 멜란지카페

01

02

03

01〉 카페 안쪽에는 더치커피를 내리는 것을 볼 수 있다. | 02〉 딸기와플과 과일차 |
03〉 멜란지카페 2호점의 모습

100년 넘은 목조주택,
얼티아오통 뤼다오샤오예취

二條通 綠島小夜曲, 이조통 녹도소야곡

타이완 역시 일제강점기를 겪은 나라로 당시 도시계획에 따라 타이베이는 일본인의 고급주택가로 만들어졌다. 그런 동네들은 티아오통(條通)이라는 이름으로 이티아오통(一條通), 얼티아오통(二條通) 등으로 구획했는데 얼티아오통은 지금의 중산베이루(中山北路)로다. 이 일대는 그 당시에 지어진 일본식 목조건물들이 아직 남아 있는데 뤼다오샤오예취도 그런 곳 중 한 곳이다. 한자인 녹도소야곡(綠島小夜曲)은 '녹색 섬의 세레나데'라는 낭만적인 뜻을 가지고 있는데 카페의 분위기와 이름이 잘 어울리는 곳이다. 이 목조건물은 80년 전 일본인이 지은 주택으로 현재는 대만 건축가가 개조해 1층은 카페로 2층은 건축사무실로 사용하고 있다. 독특한 분위기의 카페가 입소문이 나면서 현지인들이 많이 찾는 핫플레이스로 아직은 여행자보다 현지인들이 많이 찾는다. 독특한 카페 분위기에 커피나 디저트도 맛있다는 평이다. 이곳에서는 다양한 원산지의 커피와 간단한 식사 메뉴로 파니니, 샐러드 등이 있고 차도 마실 수 있다.

얼티아오통 뤼다오샤오예취 이용 안내

◆**영업시간**: 12:00~21:30 ◆**주소**: 台北市中山區中山北路一段33巷1號 ◆**전화번호**: 02-2531-4594 ◆**페이스북**: www.facebook.com/theisland33 ◆**가는 방법**: MRT 타이베이처잔역 2번출구에서 오른쪽 대로변을 따라 직진한 다음, 첫 번째 사거리에서 연방정부사무소가 있는 쪽으로 대로변을 건너 첫 번째 골목에서 우회전하면 된다. MRT 중산역 3번출구를 이용하면 약 550m 정도다. ◆**구글지도 검색**: theisland

01

02 03

01〉 목조 천장이 그대로 남아 있는 카페 내부 | 02〉 입구의 디딤돌에는 이곳의 주소가 새겨져 있다. | 03〉 비엔나커피(維也納咖啡)

타이완 최초 양약방이 찻집으로,
ASW 티하우스

ASW TEA HOUSE

ASW 티하우스는 중국 남부의 전통 민남(閩南)식 건축물들이 그대로 남아 있는 디화지에(迪化街)에 위치한다. 디화지에의 고풍스러운 건물을 마주하고 있노라면 현대가 아닌 과거로 시간여행을 하는 기분을 느끼게 된다. ASW 티하우스는 그런 시간여행과 잘 어울리는 찻집이다. 이곳은 타이완 최초 양약방인 따다오청(大稻埕) 왓슨스 약국(A.S WATSON & Co.)이었던 곳으로 찻집 이름인 ASW는 따다오청 왓슨스 약국의 이니셜이다. 왼쪽에 있는 입구에서 계단을 올라 찻집으로 들어서면 찻집이 아니라 멋진 도서관에 초대된 느낌이다. 이곳은 3명의 다른 분야의 디자이너들이 경영하는 찻집으로 영국풍 결합 도서관을 콘셉트로 디자인한 곳이다. 브런치, 차와 디저트의 세트메뉴, 커피나 차 종류는 물론이고 와인도 즐길 수 있다. 창밖으로는 융러(永樂)원단 시장이 보이고 디화제 거리에 사람들이 바쁘게 움직이는 모습을 바라보며 마시는 차 한 잔. 100년이 된 찻집에서 이곳이 가장 번화했던 100년 전 타이베이를 상상해보는 것도 좋겠다.

ASW 티하우스 이용 안내

◆**영업시간:** 09:00~18:00 ◆**주소:** 台北市大同區迪化街一段34號2樓 ◆**전화번호:** 02-2555-9913 ◆**기타:** 부가세 10%는 별도 ◆**페이스북:** www.facebook.com/aswteahouse ◆**가는 방법:** MRT 베이먼역(北門站) 3번출구에서 왼쪽의 타청지에(塔城街) 방면으로 길을 건넌 다음 디화제 입구 간판을 지나 약 50m 직진하면 왼쪽에 있다. ◆**구글지도 검색:** ASW TEA HOUSE

01

02

03

01〉 타이완 최초의 양약방이었던 곳은 현재 도서관을 콘셉트로 한 찻집으로 운영되고 있다. | 02〉 창밖으로 디화제 거리의 모습을 볼 수 있다. | 03〉 브런치 세트메뉴

100% 타이완 커피, 산커피

森高砂咖啡, San Coffee, 삼고사가배

타이베이는 미국의 한 신문에서 세계 10대 커피 도시에 뽑힐 정도로 커피로도 유명하다. 또한 타이완 역시 커피가 생산되는 나라로 전문가들에 의하면 타이완의 커피는 매우 품질이 좋다고 한다. 타이완에서 생산되는 커피는 대부분 현지에서 소비되기 때문에 타이완을 여행한다면 타이완에서 생산되는 커피를 맛볼 수 있는 산커피로 가보자. 한눈에 보기에도 오랜 시간이 느껴지는 건물 외관이 예사롭지 않은데 이 건물은 제2차 세계대전 당시 타이완 사람이 처음으로 운영한 카페 '베르테르카페(維特咖啡廳)'가 있던 곳이다. 전쟁이 끝난 뒤에는 '헤이메리언클럽(黑美人大酒家)'으로 운영되기도 했는데 시간은 돌고 돌아 처음으로 되돌아왔고, 다시 그윽한 커피향을 풍기는 카페로 운영되고 있다. 이곳에서는 오직 타이완 각지에서 생산한 커피만을 취급하고 있다. 무엇보다 농가와 직접 협력해 커피 원두의 재배, 처리방식을 개

량하고 직접 볶고 포장하는 등 타이완 커피의 자부심이 가득한 곳이다. 커피 외에도 타이완의 명차를 즐길 수 있으며 생두 등 커피 관련 제품을 구입할 수도 있다.

산커피 이용 안내

◆ **영업시간:** 12:00~22:00 ◆ **주소:** 台北市延平北路二段1號1樓 ◆ **전화번호:** 02-2555-8680 ◆ **홈페이지:** www.sancoffee.com.tw ◆ **가는 방법:** MRT 베이먼역(北門站) 3번출구에서 왼쪽의 타청지에(塔城街) 방면으로 길을 건넌 다음 디화제 입구 사거리에서 우회전 후 대로변을 따라 직진하면 된다. 베이먼역에서 도보로 약 10여 분 정도 소요된다. ◆ **기타:** 둥먼(東門)에도 지점이 있다. ◆ **구글지도 검색:** San Coffee

01

02

03

04

01〉 산커피 내부 ㅣ 02〉 핸드드립 중인 바리스타 ㅣ 03〉 드립으로 내려진 커피를 차갑게 혹은 뜨겁게도 마실 수 있다. ㅣ 04〉 타이완에서 생산되는 커피를 구매할 수 있다.

I ❤ Taiwan

PART 4 꽃보다 타이완,
그것이 알고 싶다

타이완
영화 속 그곳

▶ 주펀을 스타로 만든 영화

비정성시 悲情城市, A City Of Sadness, 1989

영화 한 편이 완전히 잊힌 도시를 살리는 경우가 타이완에서도 벌어졌으니, 그 주인공은 바로 영화 〈비정성시〉다. 주펀에서 촬영된 〈비정성시〉는 일제 패망(1945년) 이후 국민당 내전을 거쳐 2·28사건(1949년)까지 한 가족(임씨 일가)이 타이완 격변의 현대사를 거치면서 비극적으로 몰락해가는 과정을 담담하게 그리고 있다. 이 영화는 제46회 베니스 국제영화제에서 최우수작품상인 산마르코 황금사자상을 수상했고, 감독 허우샤오셴(侯孝賢)과 배우 량차오웨이(梁朝偉)를 스타덤에 올려놓았다. 비극적인 역사의 소용돌이에 휘말린 사람들이 고난 속에서도 꿋꿋이 견디며 살아간다는 주제를 품고 있지만 영화의 전체적인 분위기는 매우 어둡고 을씨년스럽다. 골드러시 행렬이 멈추고 난 뒤 폐허가 된 주펀의 스산하고 쓸쓸한 분위기는 영화의 어두운 공기와 절묘하게 맞아떨어졌다.

〈비정성시〉가 크게 흥행하자 영화 촬영지인 주펀 역시 인기 관광지로 급부상하면서 새로운 골드러시 행렬이 지금껏 이어지고 있다. 세계 영화인이 꼽은 최고의 중국영화 〈비정성시〉 덕분에 주펀은 타이완 최고의 여행지가 되었지만, 영화 속에 등장하고 있는 주펀의 느낌을 기대한다면 실망할 수밖에 없다. 골목마다 사람들로 미어터지는 주펀은 이미 영화 속의 주펀이 아니다. 하지만 모든 것이 다 변해버린 영화 속 주펀의 풍경 중에 유일하게 변하지 않은 것이 하나 있으니 바로 산이 바다까지 이어지는 수묵담채화 같은 풍경이다. 좀더 깊숙하게 타이완을 이해하고 좀더 오래전의 주펀을 느낄 수 있는 영화 〈비정성시〉다.

▶그때 그 시절, 완화의 생생한 풍경

맹갑 艋舺, Monga, 2010

〈맹갑〉의 주인공 이문은 전학 온 첫날 닭다리 하나 때문에 조직폭력배 두목의 아들, 조직폭력배 조직원의 아들, 결핍된 환경에서 자란 아이 등이 있는 패거리와 운명적으로 얽히며 어울려 다니게 된다. 이문은 이들과 어울리면서 평생 왕따였던 생활에서 벗어나 해방감을 맛보게 되고, 패싸움을 일삼던 중 의도하지 않게 살인을 저질러 진짜 건달의 세계에 접어든다. 아…. 어디에선가 본 듯한 느낌이 드는 이 영화! 맞다. 바로 한국영화 〈친구〉(2001)와 내용이 흡사하다.

〈맹갑〉이 촬영된 타이베이의 남서쪽 완화(萬華) 지역은 예전에 '맹갑'이라고 불렸던 타이베이 시의 발원지다. 영화 곳곳에 등장하고 있는 룽산쓰, 보피랴오 리스제, 화시제 야시장은 1980년대 완화의 모습을 그리고 있지만 지금의 모습도 영화 속 풍경과 별반 차이가 없어 돌아보면 반가움이 배가 된다. 특히 완화 지역의 실세로 등장하는 두 조직폭력배 중 하나의 우두머리인 '게타'의 집이 보피랴오 리스제 촬영 세트장 안에 고스란히 남아 있어 영화 〈맹갑〉을 생생하게 느끼게 한다. 보피랴오 리스제의 옛 풍경은 출사 장소로도 각광받고 있어 타이완 관광객도 어렵지 않게 만날 수 있다. 거친 조직폭력배의 세계를 다루고 있음에도 1980년대 히트곡인 에어서플라이(Air Supply)의 〈사랑 외의 모든 것(All out of love)〉이 삽입되어 진한 복고 감성을 느낄 수 있어 우리 정서에도 잘 맞는 편이다.

▶ 음표 따라 떠난 단수이 여행

말할 수 없는 비밀 不能說的秘密, Secret, 2007

〈말할 수 없는 비밀〉은 우리나라에서도 선풍적인 인기를 끌었던 영화다. 이 영화를 본 사람들은 누구나 한 번쯤 이 영화 때문에 '타이완 단수이에 가고 싶다.'라는 마음이 들 만큼 영화의 내용과 촬영지가 모두 매력적이다. 피아노에 천부적인 소질을 가진 샹륜(저우제룬)은 예술학교로 전학을 온 첫날, 신비한 피아노 연주 소리에 이끌려 100년의 역사를 가진 음악실에서 운명적인 첫사랑 샤오위(구이룬메이)를 만나게 된다. 20년의 시공간을 넘나드는 비밀스러운 타임슬립의 구조를 가진 이 영화에서 쇼팽의 피아노 음악은 또 하나의 주인공이다. 영화의 가장 중요한 장면에서 어김없이 등장하는 쇼팽의 〈흑건〉〈백건〉〈왈츠〉 그리고 〈왕벌의 비행〉은 두 주인공을 이어주는 역할을 하는 동시에 주인공과 관객을 이어주는 역학을 하고 있다. 무엇보다 타이완이 배출한 세계적 스타 저우제룬은 4살 때부터 배운 피아노 실력을 유감없이 발휘하며 영화 속에서 직접 피아노를 연주해 화제가 되었다. 게다가 감독·각본·주연이 1인 3역을 해낸 저우제룬이 이 영화를 촬영할 당시 나이가 27세라고 하니 정말 놀랍기만 하다. 그렇다고 영화가 유치할 것이라는 고정관념은 금물이다.

하늘을 향해 뻗어 있는 야자수 교정을 배경으로 단장가오지중쉐의 이국적인 교정은 말할 수 없을 만큼 아름답고 쇼팽의 음표는 단수이로 오라고 유혹하는 듯하다. 실제로 저우제룬이 졸업한 학교 단장가오지중쉐에서 대부분의 촬영이 이루어졌다. 혹시 아는가? 교정을 한 바퀴 돌고 나면 "널 만난 것 자체가 기적이다."라는 운명의 상대를 만날 수 있을지.

▶ 달라도 너무 다른 느낌, 핑시셴

풍경 자체가 영화가 되는 곳이 있다. 협곡 사이로 놓인 철로를 따라 여러 개의 굴을 통과해야 도착하는 곳, 철로 옆으로 다닥다닥 붙어 있는 집들이 그대로 영화의 한 장면이 되는 곳. 바로 핑시셴을 타고 가면 볼 수 있는 풍경이다. 이곳은 이런 독특한 모습 때문에 종종 영화 촬영지로 선택되었다. 〈타이베이에 눈이 내리면〉 〈연연풍진〉 〈그 시절, 우리가 좋아했던 소녀〉 등이 핑시셴이 지나가는 마을을 배경으로 하는 영화다. 모두 비슷한 느낌의 마을이지만 영화에서는 전혀 다른 느낌으로 만나게 된다. 때로는 행복하고 때로는 가슴 저미고 때로는 안타깝게 그려진다. 그러나 어느 영화에서든 핑시셴의 고즈넉한 간이역 풍경은 도시와는 다른 노스탤지어로 남는다.

타이베이에 눈이 온다면 臺北飄雪, Snowfall in Taipei, 2009

장래가 촉망되는 인기 여가수 메이(통야오)가 목소리가 나오지 않자 시골 마을 징통으로 숨어들어 오며 영화가 시작된다. 도시의 유명한 가수인 메이가 샤오모(천보린)와 순박한 시골 사람들의 도움으로 목소리를 되찾고 자신이 있던 곳으로 돌아간다는 내용을 담고 있으며, 지금의 핑시와 가장 닮은 모습을 그리고 있다.

연연풍진 戀戀風塵, Dust in the wind, 1986

영화 〈연연풍진〉의 스펀과 핑시는 두 주인공의 고향인 광산촌으로 그려진다. 1965년 자신의 꿈과 미래를 포기하고 고향을 떠나 가족들의 생계를 책임질 수밖에 없었던 고단했던 시절에 관한 영화다.

그 시절, 우리가 좋아했던 소녀

那些年，我們一起追的女孩, You Are the Apple of My Eye, 2011

영화 〈그 시절, 우리가 좋아했던 소녀〉에서 징통은 짧은 한 장면이지만 가장 임팩트가 있는 장면으로 등장한다. 영화에서 서로 첫사랑이었던 상대와 소원을 이루어준다는 천등을 날리게 되는데, 아이러니하게도 천등은 두 사람이 어긋나는 결정적인 계기가 된다.

매력 만점
타이완 편의점

식도락의 천국이라 불리는 타이완은 편의점마저도 예사롭지 않다. 보이는 곳마다 들어가 편의점 투어를 해도 좋을 만큼 정말 다양한 먹거리가 있는 타이완의 편의점은 여행자의 호기심을 자극하는 곳이다. 특히 훼미리마트와 세븐일레븐 두 편의점 업체가 전체 외식시장에서 차지하는 비율이 무려 8%라고 한다. 편의점을 레스토랑같이 이용한다고 생각해도 좋다. 타이완 편의점의 색다른 매력을 느껴보자.

▶ 편의점의 다양한 상품

노코 케이(濃厚 系): 편의점 쇼핑 목록 1호인 액상으로 된 인스턴트 밀크티로 화장품 케이스와 비슷하다고 해서 일명 '화장품통 밀크티'로 유명하다. 맛은 진한 편이며 유통기한이 짧기 때문에 구매할 때 유통기한을 살펴봐야 한다. 특히 빈 통은 필통이나 연필꽂이로도 이용할 수 있어 더욱 인기가 높다.

달리치약(黑人, Darli): 미백 효과와 입 안에 퍼지는 향이 좋다고 해서 홍콩 쇼핑 목록에서 빠지지 않고 등장하는 달리치약. 이 달리치약의 본사가 바로 타이완에 있는데 치약브랜드로 유명하다. 14일 정도 사용하면 효과를 볼 수 있다고 한다.

타이완 맥주: 타이완 맥주는 국제적인 상도 탈 만큼 맛이 좋다. 다양한 과일 맥주(파인애플맛, 포도맛, 망고맛, 사과맛)도 인기가 높은데 이 중 망고맛 맥주는 특히 인기가 높다.

각종 도시락: 편의점에서는 다양한 도시락을 판매한다. 메인 요리에 밥과 반찬 3~4가지 정도가 들어 있다. 그 밖에도 마파두부밥, 면 요리, 스파게티, 만두, 죽, 김밥 등 종류가 다양하다.

우롱차(烏龍茶)

타이완은 세계적인 우롱차 산지로 다양한 우롱차를 편의점에서도 즐길 수 있다. 보통 우탕(無糖, 무가당), 텐웨이(甜味, 단맛), 웨이텐(微甜, 약간 단맛)으로 나뉘어 있다.

차예단(茶葉蛋)

어묵, 핫도그 등과 함께 편의점에서 파는 대표적 간식거리 중 하나다. 찻잎을 우려낸 물에 삶은 달걀로 찻잎 향기가 나며 별도로 소금을 안 찍어도 간이 배어 있다.

모듬 과일(계절별 과일)

훠룽궈(火龍果)   **바라**(芭樂, 구아바)

푸딩의 종류도 참 다양하다.

장즈사오러우판(薑汁燒肉飯)

생강 소스 돼지고기 볶음밥 도시락이다. 볶음이나 튀김, 소스에 절인 고기, 카레 등 다양한 도시락을 판매한다.

우리나라의 무말랭이도 판매하고 있다.

Tip. 차 문화가 발달한 타이완답게 간편하게 마실 수 있도록 티백 형태로 된 다양한 제품을 만날 수 있다. 이 중에서도 특히 한국 사람들에게 인기가 높은 제품은 바로 영국식 홍차인 밀크티를 간편하게 티백으로 맛볼 수 있는 '3시 15분 밀크티(3點1刻)'다. 오후에 차 한 마시면 좋겠다 싶은 3시 15분을 제품 이름으로 쓰고 있을 정도니 그 맛이 궁금하지 않을 수 없다. 이 제품이 얼마나 인기가 많은지 온라인 쇼핑몰에서 수입해 판매하고 있을 정도다. 오리지널, 로스티드, 얼그레이, 로즈 후르티의 4가지 종류가 있다. 아쉽게도 편의점에서는 구매할 수 없고 대형마트(시먼딩 까르푸 등)에서 구매가 가능하다.

어디서 사면 좋을까?
펑리수 鳳梨酥

일명 '파인애플 케이크'로 불리는 펑리수는 타이완 관광 선물로 가장 인기 있는 품목이다. 타이베이 시내 곳곳은 물론이고 유명한 관광지마다 펑리수를 찾기가 그리 어렵지 않을 만큼 흔한 것 또한 펑리수다. 워낙 다양한 곳에서 다양한 종류의 펑리수를 팔고 있는데 집집마다 맛이 다르다. 파인애플 성분 함량이 모두 다르고, 과육이 있는 것도 있고 없는 것도 있으니 함량을 비교해보고 맛을 본 다음 구매하도록 하자. 펑리수는 유통기한이 짧기 때문에 유통기한을 꼼꼼하게 살펴보고 구매하는 것이 좋다.

치아더 佳德鳳梨酥, Chiate

우리나라 사람들이 가장 많이 찾는 펑리수 가게다. 1975년 개장한 이후로 꾸준한 인기를 누리고 있는 치아더는 2006년 처음으로 실시한 타이페이 펑리수 대회에서 우승을 거머쥐었을 만큼 자부심이 대단한 곳이다. 타이페이 내에서도 합리적인 가격과 품질 좋은 제품으로 사랑받고 있는 곳이다. 오리지널 펑리수 외에도 딸기 등 다양한 펑리수가 있고, 계란과 단황을 넣어서 만든 펑황수(鳳黃酥)도 인기 제품이다. 신용카드를 사용할 수 있으며 여러 곳의 계산대 중 오른쪽 2군데만 신용카드로 계산이 가능하다. 치아더는 독일식 베이커리 방식을 취하고 있어 펑리수 외에도 현지인들에게는 다양한 빵 종류로도 인기가 많다.

치아더 이용 안내

◆ 이용시간: 08:00~21:30   ◆ 주소: 南京東路五段88號   ◆ 전화번호: (02) 8787-8186   ◆ 홈페이지: www.chiate88.com   ◆ 가는 방법: 지하철 송산선 난징삼민(南京三民)역 2번 출구에서 직진, 도보로 3분 이내   ◆ 기타: 직접 매장을 방문하지 않고 쇼핑 웹사이트를 이용해 출국일에 공항에서 수령할 수도 있다.   ◆ 구글지도 검색: 치아더 펑리수

선메리 聖瑪莉, SUNMERRY

타이베이 시내에 여러 군데 지점이 있는 프랜차이즈 베이커리. 단순한 베이커리 가게로 보이지만 이곳에서도 펑리수를 구매할 수 있다. 따로 펑리수가게를 찾아가지 않아도 융캉제 입구에 위치하고 있어 접근성도 뛰어나다. 오리지널 펑리수 외에도 호두 등이 들어간 펑리수가 있으며 오리지널과 호두 펑리수를 섞어서 구매할 수도 있다. 선메리는 일본식 베이커리 방식을 취하고 있으며 베이커리 전문점으로 현지인들에게 사랑받고 있으며 펑리수 외에도 누가쿠키 등이 인기가 높다.

선메리 이용 안내

◆ 이용시간: 07:30~22:00 ◆ 주소: 台北市信義路二段186號 ◆ 전화번호: (02) 2392-0224 ◆ 홈페이지: www.sunmerry.com.tw ◆ 가는 방법: 지하철 신이셴 둥먼역 5번 출구에서 직진 도보 1분 이내 ◆ 구글지도 검색: 썬메리

신둥양 新東陽

타이베이 101빌딩, 타이베이처잔역, 시먼딩을 비롯해 타이베이 시내를 다니다 보면 흔하게 타이베이 시내 곳곳에서 만날 수 있는 신둥양은 식품 전문매장으로 여행객들이 한곳에서 선물용 식품을 구매하기에 안성맞춤이다. 펑리수를 비롯해 육포 종류, 차 종류 등 타이완 기념품으로 인기가 높은 식품 종류를 한자리에서 구매가 가능하다는 장점이 있다.

신둥양 이용 안내

◆ 홈페이지: www.hty.com.tw

써니힐

타이완 현지인들에게 가장 많이 추천을 받은 곳이 바로 써니힐로 맛 또한 수준급이다. 써니힐은 펑리수를 쌓아두고 판매를 하는 다른 곳과 달리 고급스러운 카페로 꾸며진 실내 분위기로 차별화하고 있다. 써니힐을 방문하면 구매 전에 맛을 볼 수 있도록 펑리수 1개와 우롱차가 무료로 제공된다. 물론 구매를 하지 않아도 상관은 없다. 무엇보다도 에코백에 넣어주는 포장은 정성스러운 느낌이 더해져 있기에 선물로도 손색이 없다. 펑리수 외에도 파인애플 주스도 판매하고 있다. 다른 곳에 비해 고급스러움이 더해졌기에 가격은 조금 비싼 편이지만 맛에 대한 평가는 좋다. 타오위안 공항점(제2청사)에도 입점해 있으며 가오슝(高雄), 난터우(南投)를 비롯해 싱가포르, 일본, 홍콩에도 지점이 있다.

써니힐 이용 안내

◆ 이용시간: 10:00~20:00 ◆ 주소: 台北市民生東路五段36巷4弄1號1樓 ◆ 전화번호: (02) 2760-0508 ◆ 홈페이지: www.sunnyhills.com.tw ◆ 가는 방법: 지하철 원후센 중산궈중(中山國中)역에서 택시로 10분 이내 / 송산공항에서 도보로 약 15분 정도 소요되며 택시 기본요금 이내 ◆ 구글지도 검색: 써니힐

  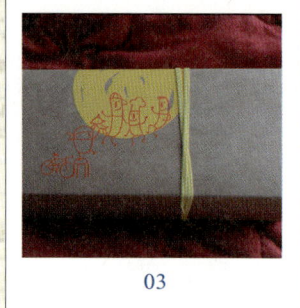

01 02 03

01〉 구매 전에 맛을 볼 수 있도록 펑리수 1개와 차가 무료로 제공된다. 물론 구매를 하지 않아도 상관없다. | 02〉 펑리수 외에 파인애플주스도 판매하는데 얼음을 넣고 희석해서 먹으면 된다. | 03〉 포장 디자인이 깔끔하다.

interview

『난생 처음 타이완』
저자 심층 인터뷰

Q 『난생 처음 타이완』 책 소개와 이 책을 통해 독자들에게 전하고 싶은 메시지는 무엇인지 말씀해주세요.

A 책 제목 그대로 '난생 처음 타이완'에 가는 사람들이 가장 알고 싶은 것에 관한 내용을 담은 여행정보서입니다. 타이완 여행을 위한 기본적인 내용부터 무엇을 보고, 무엇을 먹어야 하는지에 대한 고민 해결에 도움을 드리기 위해 이 책을 만들었습니다. 비행기 안에서 이 책을 펼친다고 해도 불편하지 않도록 여행코스를 비롯해 음식, 교통 정보까지 상세하게 수록했습니다. 이 책을 보고 따라간 여행이 제대로 된 여행이 될 수 있도록 최선을 다했습니다. 하지만 아무리 좋은 여행안내서가 있다고 하더라고 궁극적으로 여행의 질을 결정하는 것은 여행자의 몫입니다. 이 책은 여러분이 만들어갈 여행의 길동무가 되어드릴 것입니다.

Q 근래 여행지 중에 타이완이 대세라고 합니다. 타이완이 인기가 높은 이유는 무엇이라고 생각하시나요?

A 타이완을 여행하기 전까지 저에게 타이완은 단순히 더운 나라에 중국과 비슷하다는 이유만으로 여행지 결정의 우선순위에서 항상 제외되는 곳이었습니다. 그래서 이미 타이완 여행을 다녀온 사람들이 다른 어떤 나라보다 여행의 만족감이 높은 이유가 참 궁금했습니다.

우선 타이완은 한국에서 2시간 30분이면 도착하는 지리적으로 가까운 곳입니다. 그리고 무엇보다 비슷한 비행 시간으로 다녀올 수 있는 인근의 다른 나라와 비교해볼 때 항공권, 현지 물가 등 여행 비용이 훨씬 저렴한 것이 가장 큰 장점입니다. 게다가 온갖 산해진미가 넘쳐나는 먹거리, 고대의 역사와 최첨단의 현대미가 공존하는 도시, 경이로운 자연경관까지 여행자들이 오감 만족을 충분히 느낄 수 있는 곳입니다. 한마디로 천의 얼굴을 가진 타이완이라고 할 수 있습니다. 게다가 처음 가는 여행일지라도 불편함을 거의 못 느낄 만큼 관광 인프라 구축이 잘되어 있는 편이고, 타이완 시민들도 매우 친절합니다. 이런 다양한 매력 덕분에 타이완이 인기가 높을 수밖에 없고 여행자들의 타이완에 대한 만족도도 당연히 높을 수밖에 없는 것이 아닌가 싶습니다.

Q 이 책은 타이완 초보 여행자를 위한 맞춤형 책이라고 하셨습니다. 어떤 특징이 타이완 여행 초보자들에게 도움이 될 수 있을까요?

타이완 여행이 처음인 사람들에게 가장 불편한 것이 무엇일까 생각을 해보았습니다. 꼭 타이완이 아니더라도 해외여행이 처음이라면 가장 큰 고민거리는 '일정을 어떻게 계획 하느냐?'일 것 같습니다. 그래서 여행정보서를 구매하기도 하지만 타이완 전체를 여행할 목적이 아니라면 주로 여행하게 되는 타이베이나 근교를 제외하고 다른 부분은 무용지물이 됩니다. 게다가 책이 있다고 하더라도 여행지의 위치를 일일이 파악해서 자신만의 여행 일정표를 짜는 데도 상당한 시간을 들여야 합니다. 그렇게 공을 들인 여행 일정표를 가지고 막상 여행을 해보면 가장 큰 문제는 여행정보서에 단 몇 줄로 설명된 길 찾기가 생각보다 힘들다는 사실입니다. 해외여행 경험이 있는 사람이라면 다들 한 번씩은 느껴보셨으리라 생각합니다. 하지만 이 책은 위에 언급한 문제들을 상당 부분 해결할 수 있다고 생각합니다.

Q 타이완은 우리나라에서 가까운 여행지입니다. 개인의 일정에 맞게 타이완을 여행하는 일정표를 짤 때 어떻게 하면 최적의 여행 일정을 짤 수 있을까요?

A 처음 타이완을 여행하는 대부분의 사람들은 수도인 타이베이와 타이베이에서 가까운 근교 여행을 주로 하게 됩니다. 타이베이의 경우 주요 여행지들은 지하철로 모두 이동 가능하며 지하철 시설 또한 매우 쾌적한 편입니다. 따라서 '지하철 타고 떠나는 타이베이 여행'이라는 콘셉트로 여행을 계획하면 최적의 여행이 될 것이라 생각합니다. 여행지가 가장 많이 분포되어 있는 노선은 파란색의 반난셴과 빨간색의 단수이셴입니다. 가급적이면 지하철역이 너무 멀리 떨어지지 않게 계획하는 것이 좋습니다. 하지만 타이베이 근교 여행의 경우는 대중교통을 이용

하게 되면 여행 일정에 따라 1~2군데 정도밖에 볼 수 없어서 많이 아쉬울 수 있습니다. 그러므로 타이베이 근교 여행은 여행객들 사이에서 큰 인기를 누리고 있는 택시투어를 강력 추천합니다. 택시투어를 이용하면 근교 여행지로 인기가 높은 예류, 핑시, 주펀, 진과스를 하루 동안에 다 돌아볼 수 있습니다. 대중교통을 이용하는 것에 비해 비용은 다소 비싼 편이지만 택시 1대 가격으로 4명이 나누어서 요금을 지불하는 시스템이라 생각보다 비싼 가격은 아닙니다. 무엇보다 타이완은 무척 덥기 때문에 노약자나 아동을 동반한 경우 근교 여행을 계획한다면 택시투어를 이용하는 것이 좋습니다.

 책을 읽으면서 타이완에 대한 자세하고 친절한 설명이 마음에 와 닿았습니다. 이렇게 책을 만들기 위해 어떤 노력을 기울이셨나요?

 타이완을 처음 여행하는 사람들을 위해 짧게 가더라도 제대로 된 여행이 될 수 있도록 오랫동안 상당한 준비를 했습니다. 준비 기간도 상당했지만 무엇보다 현장에서 살아 있는 정보를 담기 위해 땀을 많이 흘렸습니다. 취재 여행에서는 기존에 수집한 정보들을 하나하나 전부 확인했고 일반 자료 등에는 나오지 않는 새로운 정보를 찾기 위해 여행지 관계자들과 현지인 인터뷰를 많이 진행했습니다. 특히 타이완에 살고 있는 지인을 통해 도움을 받았는데 미심쩍은 부분이 생기면 직접 타이완 친구들을 통해 정확한 정보를 알려주는 등 저에게 큰 힘이 되었습니다. 또한 건축 등 전문적인 분야에 관해서는 국내의 해당 전문가들에게 따로 자문을 구하는 등 노력을 많이 기울였습니다.

Q 이 책의 사용설명서가 있다고 들었습니다. 이 책의 사용설명서에 대해 간단하게 한 말씀 부탁드립니다.

A 이 책은 총 5박 6일의 일정으로 구성되어 있습니다. 그러나 자신의 여행 일정이 5박 6일이 아니라고 해도 큰 문제는 없습니다. 일정별로 구성되어 있기 때문에 추천 일정을 보고 2박 3일이든 3박 4일이든 자신이 원하는 일정을 선택해 여행을 하면 됩니다. 또한 추천 여행코스를 따르지 않더라도 타이베이를 여행하는 사람들이 가장 많이 찾는 명소는 대부분 소개했고, 소개된 모든 여행지는 찾아가는 방법까지 자세히 안내가 되어 있기 때문에 이 정보를 토대로 자신의 일정에 맞추어 자신만의 여행 일정을 재구성하는 데도 크게 불편함이 없을 것이라 생각합니다.

Q 타이완을 다녀오시면서 여러 가지 재미있는 에피소드가 많았다고 들었습니다. 재미있었던 에피소드를 하나 소개해주세요.

A 시먼딩의 일화가 가장 기억에 남습니다. 우리나라의 명동과 비교되는 시먼딩에서 우연히 현지인 인터뷰를 통해 매우 유명한 로컬푸드가 있다는 정보를 얻었습니다. 좀더 자세히 알려달라고 하니 스마트폰 검색을 통해 타이완 블로거의 맛집 포스팅을 보여주었는데 시먼 현지인들이 다니는 곳에 위치한 싸이먼톈부라였습니다. 톈부라는 CNN에서 타이완 사람들이 꼭 먹는 음식 40가지 중 하나로 선정되었을 만큼 매우 대중적인 음식으로 우리나라와 비교하면 어묵 혹은 어묵탕 정도로 생각하시면 됩니다. 관광객들도 거의 오지 않는 곳이라 주위 타이완 사람

들이 계속 저를 신기하게 쳐다봤죠. 그런데 텐부라를 한입 먹어보니 어묵과 생긴 것만 비슷하지 짜기만 하고 너무 맛이 없었어요. 텐부라를 먹는 절 지켜본 앞자리 현지인이 매운 걸 못 먹는다는 저에게 계속 매운 소스를 넣어서 먹으면 더 맛있다고 추천을 해서 조금만 넣고 다시 먹는 순간…! 그다음은 상상에 맡기겠습니다. 결국 소스를 추천하신 분이 밥 먹다가 말고 근처 편의점으로 뛰어가 물과 음료수를 잔뜩 사 들고 오셔서 연신 미안하다고 어쩔 줄 몰라하셨어요. 음식도 문화라고 하니 내 입에 좀 안 맞는 음식이라도 한번 도전해보는 것이 여행의 좋은 추억이 될 것 같습니다.

Q 타이완을 이번 겨울 여행지로 강력 추천하셨습니다. 가장 인상적이었다거나 꼭 추천하는 여행지가 있다면 소개해주세요.

A 천의 얼굴을 가진 타이완은 모든 곳이 전부 멋진 여행지이기 때문에 어떤 곳을 추천해드려야 할지 고민이 됩니다. 겨울은 가는 해를 보내고 새로운 해를 맞이하는 계절인 만큼 타이베이 근교에 위치한 핑시를 추천하고 싶습니다. 핑시는 철로 옆으로 집들이 늘어선 동화같이 아기자기한 마을이라 매우 이국적이고 감성이 넘치는 곳입니다. 그리고 무엇보다 핑시에서는 자신이 원하는 소원을 적은 천등을 날릴 수 있습니다. 이곳에서는 해마다 정월대보름에 수천 개의 천등으로 하늘을 뒤덮는 천등축제가 열리고 있습니다. 미국의 디스커버리(Discovery) 채널에 소개되면서 전 세계 2대 페스티벌로 선정될 만큼 사진으로만 보아도 장관입니다. 한 해 동안 꼭 이루고 싶은 소원을 적어 천등을 날리며 소원을 빌어보는 것도 아주 특별한 추억이 될 것 같습니다.

Q 혹시 타이완 음식이 우리와 잘 맞지 않아서 고생하는 경우는 없나요? 타이완 음식에 대해서 이야기해주세요.

A 해외여행에서 가장 걱정되는 부분이 음식이 입에 맞지 않으면 어쩌나 하는 두려움입니다. 타이완 음식은 어떤 것을 먹어도 대부분 우리 입맛에 잘 맞는 편입니다. 제가 매운 음식을 잘 못 먹고 느끼한 음식은 좀 가리는 편인데 먹는 것 때문에 불편한 것은 거의 없었습니다. 심지어는 시장에서 이름조차 모르고 먹은 음식들도 하나같이 모두 맛있었습니다. 일단 타이완은 바다를 접하고 있기 때문에 싱싱한 해산물이 풍부합니다. 해산물의 종류도 굉장히 다양할 뿐아니라 가격은 우리나라의 절반 정도 밖에 되지 않아서 해산물을 좋아하는 분이라면 횡재했다는 생각이 들 것 같습니다. 그밖에도 타이완 현지 음식에 중국과 일본 등 여러 나라의 음식 문화가 고루 섞이면서 다양한 종류의 음식이 있어, 타이완은 온갖 산해진미들을 만날 수 있는 식도락의 나라라고 해도 과언이 아닙니다. 기회가 되면 소위 '먹방 투어'만으로 내용을 엮어도 한 권의 책을 만들 수 있지 않을까 생각합니다. 게다가 음식 가격이 정말 저렴해서 타이완에서는 허리띠를 사정없이 풀어도 부담이 없습니다.

Q 타이완을 여행할 여행자들에게 꼭 해주고 싶은 이야기가 있다면 말씀해주세요.

A 타이완은 날씨가 참 변덕스러운 곳입니다. 아침에 굉장히 쾌청하고 맑은 날씨였다고 하더라도 점심을 지나면 흐리거나 비가 내리기도 하는 등 날씨를 종잡을 수 없습니다. 따라서 우산을 필수로 준비하셔야 합니

다. 타이완은 아열대 지방이라 겨울 날씨가 우리보다 춥지 않을 것이라고 생각하기 쉽습니다. 물론 기온은 훨씬 높지만 난방시설이 없고 날씨 또한 습해서 생각보다 꽤 쌀쌀하게 느껴지기 때문에 겨울에 여행하실 분들이라면 보온에 신경을 쓰는 편이 좋습니다. 반면 여름에는 기온이 무척이나 높고 습하지만 실내는 냉방시설이 잘 되어 있기 때문에 여름에 여행하신다면 얇은 긴팔 옷을 준비하는 것이 좋습니다.

여행은 아무리 철저하게 준비를 한다고 하더라도 항상 변수가 생기기 마련입니다. 그러나 그런 변수를 어떻게 생각하느냐에 따라 여행이 즐거운 추억이 되느냐 악몽이 되느냐가 결정됩니다. 여행자의 마음가짐에 달려 있으니 그저 허허실실의 마음으로 과정 자체를 즐길 수 있다면 최고의 여행이 될 것이라 확신합니다.

스마트폰에서 이 QR코드를 읽으시면
저자 인터뷰 동영상을 보실 수 있습니다.

독자 여러분의
소중한 원고를 기다립니다

메이트북스는 독자 여러분의 소중한 원고를 기다리고 있습니다. 집필을 끝냈거나 혹은 집필중인 원고가 있으신 분은 khg0109@hanmail.net으로 원고의 간단한 기획의도와 개요, 연락처 등과 함께 보내주시면 최대한 빨리 검토한 후에 연락드리겠습니다. 머뭇거리지 마시고 언제라도 메이트북스의 문을 두드리시면 반갑게 맞이하겠습니다.